上田　薫　講演集

「今、何をなすべきか」

中川　義三　編

目次

はじめに

上田　薫先生の講演の特長は、聞く者に前向きな希望と、明日に向かう勇気を与えてくれることです。先生のお話は、「先生、大変だね。私は、教育についてこう思うんだよ。しかし、いいんだよ。自分のペースで、自分で考え、納得できることをやってごらん。自分らしく、しっかり考えて、そのことについて、一生懸命取り組んでごらん。それしか、みんなが幸せな生活を送れる世の中を切り拓いていく方法は、ないんだからね。」とお話しいただいている様で、お話しを聞いているだけで、新たな取り組みを進める気力と、目標に向かってもう一歩踏みだそうとする勇気が湧いてくるのです。

また、先生の講演は、教師として、人間として、自分らしく進むべき確かな道を示してくれます。

私が不登校の児童を担任し、その対応に悩んでいる時でした。当時、不登校・登校拒否ついては有効な実践報告も少なく、その対応についての書物を読んでみても、先生方に相談してみても、明確な方向性を見つけることはできませんでした。私は、担任する子どもと保護者と共に、登校拒否の状態に取り組む中で、「本当に、どうしたらいいのだろう。」と悩み続けていました。

そんなある日、上田先生が講演会で、登校拒否についてお話くださったのです。

先生は、「登校拒否をしている子は、まだ、自分の意志を表現できているから幸せかもしれません。ある意味心配なのは、黙って学校に来ている子どもたちです。」とおっしゃったのです。

このお話を聞いて、私は目の前が急に開けたように思いました。

「登校拒否は子どもたちの意思表示なんだ。この子の登校できない原因を共に考え、この状態をこの子の将来にどう活かすかを考えることが大切なんだ。」

私の登校拒否に対するとらえはそれ以前とは一変して前向きになり、その子や学級内での他の子との関係、保護者との対応など、私自身の登校拒否児童への対応が積極的、意欲的になり、新しい展望とやる気が生まれました。

その後、上田先生の「黙って学校へ行っている子どもたち」への心配は現実のものとなり、女子小学生の同級生殺害など、教育界ばかりでなく、日本全体を震撼させるような事件が表面化し始め、今も「学校に通ういい子」の事件は後を絶ちません。

上田先生のお話は、先生の深く、哲学的で、個性的な考察の上に成り立っています。また、先生ご自身の過酷な戦争体験や、文部省や多くの大学・研究所等での勤務、何千という学校への訪問などの長く幅広いご経験に基づいています。

右の出来事で分かるように、上田先生の講演は、私たちには考えられない先見性を持ち合わせ、話を聞いた者自身が、話の内容が正しかったことを、後に事実として確認することとなるのです。そして、先生のお話への信頼は、さらに深まるのです。

この講演集は、教職を希望する学生さんや、教職について間もない新任の先生のための『問題解決学習の入門書』というだけではなく、ベテランの先生方がもう一度自分の教育実践と人間としての生き方について振り返るため、そして、教育に関心のある方が子どものための教育について考えるために、手元に置いていただければと思います。

この本のどのページを読んでも、上田先生の語り口は、ゆっくり、やさしく、親しみやすく、言葉一つ一つに親近感と信頼感が感じられます。

今ここに、この本を手にされたあなたは、上田先生の叡智にあふれ、温かく、やさしい言葉に触れ、明日からの学校生活、そればかりでなく、あなたの人生に、大きな希望と勇気を与えられることと思います。

読者の方々の明るい、希望に満ちた今日、そして明日に、この本が必ず役立つことをお伝えして、はじめの言葉といたします。

上田先生よりの文

ここに集められたものは、私の七十代後半六年（一九九三年十二月～一九九九年八月）にわたって、冬と夏年二回実施した連続講演の記録である。私の講演を文章化したものは無数といってよいほどあるが、このシリーズのように、まとまってスケールのあるものは珍しい。正確に筆録してもらったものに、また十分時間をかけ、手を入れたと記憶する。

岡埜元江さん主導の会だったから場所は奈良市で、年末と八月末に開かれた。（第二回のみ七月末）当時の名称は「今を生きる教育の会」といい、近畿一円というよりもっと広い範囲から、定連のようにして粒よりともいうべき数十人が集まった。毎回、朝から始めて、昼食を共にし、午後にまで及んだ。岡埜さんに不測のことあって出版の計画はひとたびは頓挫しだれもが諦めていたのを、中川義三さんの不屈の粘りのおかげで、かくのごとく陽の目を見ることになったのである。

現在私は九十五歳、もはやいのちの尽きる寸前で、タイミングとしては奇跡的というべきであろう。思いもかけぬ長生きをしながらも、少なからず心残りのあったこの企画が今日実現するということ、喜びとともに骨折られた人への謝意が大きい。

私の考えは若いときから今日まで一貫して変わらぬと思うが、文部省から名大、東京教育大、立大の教授、そして、都留文大学長、最後は信濃教育会の教育研究所長再任で終止符を打つまで、相当長い年月だった。その終わりの時がまさに平成七年の春で、この講演を始めたのはその直前であった。

当時の私はなお全く健康だったが、一切の職業とくに役職から解放されたゆとりはまことに得がたいものであったと思う。そのため、この講演はしめくくりのような感じで、かみしめるように論じたと思うが、そのときはまさかまだ二十年も生き残って、執筆や講演を続ける未来があるとは夢にも思っていなかった。

しかし、やはり八十代以降は晩年も晩年、いささか趣を異にすることになるが、それは八十代直前の『子どものなかに生きた人間を見よ』『よみがえれ教師の魅力と迫力』の二書と八十代半ばから後の著書をくらべてみればはっきりしよう。考えてみればそういう意味でこの連続講演のとき、私は自分として大変重要な峠の上にいたということである。

私の本籍は東京だったが、関西で生まれ関西で育った。奈良も幼少時からの懐かしい場所である。とくに京大で哲学を学びながら戦争に行く寸前を、大和奈良の古寺旧跡歩きに没頭させた秋の日の記憶はいまもなまなましい。そのような場違いというべきことをこの文章に付け加えるのも、あるいは老残の故か。実をいえば、たまたまのように二十年前の貴重な思い出が現前して、老いも今はどこかほのぼのとした光をにじませている感じなのだ。

しかしやはり最後にひとこと。病みかつ老いた岡埜元江さんの思いを、中川義三さんの力でこのように立派に成しとげることができ、元江さんもきっとこの上なく喜んでおられよう。思えばこれはほんとうに長い間の彼女と私の親愛の結実とでもいうべきものであった。初志で共に波濤を越えつづけたころが懐かしい。私の眼には昭和三十年代、関西授業研究の世界にさっそうとデビューしたごく若き日の元江さんの姿がなお焼きついている。

平成二十七年五月

上田　薫

第1章　「今、何をなすべきか」

1　登校拒否をめぐって

1　目標がない中を進む

教育の世界においても、今は大変難しい状況にあります。向かう方向に答があって、それを探求していくのが難しいというのではなくて、答が分からないということなのです。分からない答を求める。そういう生き方については、日本人はあまり慣れていないのです。戦争に負けて、占領軍がやってきて、新しい憲法ができた。そうすると、それに向かってひたすらに努力していったわけです。

その目標が、途中で経済的な面に置き変えられたということもありますが、みんなで骨折って日本の国を太らせてきたのです。目標に向かって努力してきた。教育の世界においても、道徳的にはうまくいかない面があるけれども、一応勉強ができて、運動も体力もしっかりついてきている。その点まず、日本はよい状態になってきたと言えましょう。

そこまではよかったのですが、でもそこから、どういう方向へ行くのがよいか分からなくなった。もっとよくなれと言って努力しても、道が開けるかどうか分からなくなってしまったのです。それが現在であると言えます。今、日本はなやんでいる。政治改革もやりたいけれど、昭和五十年代あたりから、行き先について見当がつかないわけです。

昔、「追いつけ、追い越せ」ということがありました。それは誰かの背であって、それを目標に追いつけ追い越せであったが、追い越してしまったら何処へ行ったらよいか、分からなくなってしまったのです。そういうことについて、我々はあまり心配していないのですが、それは非常にこわいことであるわけです。目標がなくなってしまっただけでなくて、今までのような目標の作り方ではダメだと言われると、どうしてよいか分からないのです。

大げさみたいだけれども、先生方は毎日授業をしていらっしゃる子どもたちを、何とかしなければと思いながら、どうしたらよいか?ですよね。今、偏差値なんか出したりしますけども、今までのように点数ばかりではいけないのでは、と思われます。学校社会も評判が悪くなってきているし、だんだんくずれてくるようです。どうすればよいか?ですね。道徳か修身か知らないけれど、そういう教科書そっくりの子をつくろうとしても、それはできない。では、何をねらうべきかですが分からないんです。

分からないけれども歩いているのです。先が見えない。今までは目標があって、それに向かって歩いていった。でも、今は目標がないのに歩いているわけです。先が見えないのです。本当に歩いているのか、どうか?ですね。

2　結果を重視する社会

登校拒否という問題は、昭和四十年代以降問題として出てきたのです。この問題を、これだけ騒いで、みんな一生懸命やっているのだから、少しは減るはずですね。でも、ふえているのです。原因を考えてみても、学校と子どもと家庭が互いに責任を回避しているのです。学校は「家庭の責任」だと考え、子どもは「学校の責任」だという。親はもちろん、自分のせいではないと思っているわけです。これは、今言ったような目標がなくなっていることの表れであると思います。考えてみると、登校拒否は現在の典型的な問題なのです。今、大人の社会でも、特に中間管理職、いや、校長先生だって登校拒否をしている。ノイローゼになって、病院に入っているのです。

昔の人は、どういうわけか登校拒否はしなかった。子どもだけではなくて大人もです。今は、子どもも大人も登校拒否をする。それは何かと言えば、学校だけの問題じゃなくて、まだそこに何かがあるのです。学校社会とか、授業体制とかに問題があるのかも知れないが、それはむしろ結果です。たまたま受験体制があったので、人々はそれにとりついてしまったのです。苦労しているといっても、そこには目標があって、はっきりしているのです。目的の学校に入れればよいのです。入りさえすれば後はどうなってもよい、簡単明瞭なのです。

どうも、昭和三十年頃から、日本人は目標を簡単にしてきたようです。明確にすることは、よいことです。明確にすれば、それに向かって努力をします。努力するけれども、ことは簡単なわけです。要するに結果がよければそれでよい。過程ではなく結果を重視する。相手がどうなってもよい、もうければとにかくよい、ということに慣れてきているのです。

大学紛争の折、学生に言われたのです。「イエスか、ノーか」と。「そう簡単には言えない」と言っても、「それでは分からん」と言うんです。「小学生の頃から○×式でやってきたのだから、今更、複雑なことは考えられない。だから賛成か反対か、はっきり言ってくれ」というわけです。これには作戦も入っているんだろうけれど、日本人の大半は、シンプルな物事の把え方、選び方で生きるようになってきているんですね。私は、登校拒否の原因なども、そこにあると考えざるを得ないですね。

3　登校拒否を生み出す問題

登校拒否には、色々あるでしょう。「先生が…」「お母さんが…」「友達が…」などあるでしょう。でも、そういう状態があっても、登校拒否をしない子はしないのですよ。要するに学校へ行こうとしても、お腹が痛くなって行けないようになるわけです。拒否反応というのは、頭の問題じゃなくて、生理的に行けなくなってしまう体質があるとしか考えられない。クラスの中に何人かそういう体質の子がいて、その子が登校拒否の可能性があるわけです。そう考えてみると、やはり、可能性を持った子が多くいるとみるべきです。だから先生も親も大丈夫と思っていても、あぶないわけです。子ども集団が、そういう体質になっている可能性があるのです。

私は、これから先、登校拒否の子どもの数は減らないと思います。また、学校に来ていても、登校拒否と同じような現象の子がいるということにも、配慮しなければと思います。

登校拒否の子どもだけをとらえて、別扱いをすれば事が片付くというものではない。登校拒否をすることによって、むしろ幸せになる子だっているかもしれないのです。どうも教師は、そう考えていないようです。

登校拒否的な反応を起こしやすいような状況やあり方に対しては、教育の対象にしなければならない。そういうことを変えていくのが、教師の役割なのだと考えるべきでしょう。現実に一人、二人と登校拒否の子どもが出てくるのを、すべて教師の責任とするのは間違いであると思います。けれども、登校拒否の子どもが出てくるということは、それだけ難しい問題が、そのクラスに、その学校に存在しているということなのだと自覚してもらいたいですね。

このように物事を把えていくことができる、私流に言えばセンスというか、そういうものがこの三十年ばかりの間に、根本的に欠けてきているのではないかと思います。それ以前は、よかったというわけではないけれども、登校拒否はおきていないのだから、その面においては健全であったと言うことができそうです。我々の若い頃も非行はあったし、すべてが上等であったと言えない。今よりお粗末なことは多々あっただろうけれども、今のような不可思議なことをしでかす態勢というのが、まだなかったのです。

4　問題に自分自身をぶつけていく

今では、科学万能・物量万能で、そういうものを積み重ねていけば、何とか解決できるよと思い込んだり、お金をふんだんに使っていけばそんなものは消えるよと考えているようだけれども、消えますかね。登校拒否より、もっとこわい自殺や人殺しまでおきているのですから。子どもが親を殺した、ということがありましたね。それは突然異変ではないということです。殺さずにはいられない何かがあるということです。

登校拒否もおなじことです。ショックなことですが、まさか、うちの子がと思うけれども、それは分らないことなのです。社会にも、学校にも、家庭にも、一種のスモッグみたいなものがはりつめていての行為になるわけでしょう。それを何とかしようというよりも、しようとしないのが問題なのです。

政治改革だって同じことです。あの代議士は、と言いながら誰も何もしない。選挙の時だって「一票ぐらい入れたって仕方がない」と言って投票に行かない人だっているのです。これも一種の登校拒否現象なのです。自分で大事に思っていることとそうでないもの、大事に思っているけれども行動しないことなど勝手に区別してしまう。すると色々なことが起きてくる。私は、こうしたことは、バランス感覚がないからと思っています。

あれこれ気を遣うことが足りない。政治家はよく根回しというのをやると聞いています。人間が生きていくためには、あれこれよい意味で気を遣う根回しが必要なのです。私の言い方で言うと、後始末が必要であるということです。肝心のこの「詰め」をやっていないから、折角色々やっても成長が得られないのです。私の言ってる「カルテ」だって同じことです。どこが大事なのかを見ていないで、ただつくるために書くではその結果は期待できません。

カードというものを最近よく使っていますね。私は慣れていないので駄目だけれど、あれは信用でしょう。人に対する信用と同時に、自分に対する信用でしょう。カードを使うことに心配はないのですね。昔は、カードなどはなかったから現金を持って行った。不便だっただろうけれども、使う感覚があったのです。今は、カードで悪い事をしています。それはカード制度が悪いのではなくて、人間をひとまわり大きくしなければ、本当はカードなんか使えないということでしょう。

その辺のところをおさえないで、あまりなく、流行だとか便利だとか言えばそれに乗ってしまうのですね。それがこわいのです。昔へ戻ることができないのだから、どうすることが最もいいのか、もう一度自分を問題にぶつけてみるということですね。

2 失敗の価値

1 人間は失敗する動物である

「問題解決が重要である」というのは、そこにあるわけです。今の問題解決学習は、ややもすると即席で、スーパーへ行って買ってきたものを並べるだけのようなものになっていないか。バランスを考えて、自分の力で自分の能力に合うように検討しないと、自分を見失いセンスがなくなってしまいます。良いと思ったものをただ真似た問題解決学習に、なってしまう心配があるのです。

私は、登校拒否の問題は、先生が解決への努力をしないと、どうにもならないと考えています。教師の人間観・人生観をしっかりしていくということでしょう。一番の基本を言えば、「人間は失敗する動物である」ということです。つまずくのがあたりまえであって、つまずかないことがおかしいよ、という見方で教室が動いておれば、登校拒否が起こらない。非行もおこらない。学力もついてくると思います。つまずいて、それを乗り越えるから学力になるわけです。つまずかないでいる学力は、非常に不安定であるわけです。つまずくとか失敗するとかを、いかに大事にするかということです。そういう考え方がおかしくなってきたのは、昭和三十年代の日本列島改造論がでてきたそのあたりからです。それが昭和四十年代、五十年代へと進むにつれて、「間違い」とか「つまずく」というのは敵だ、そんなことをしていると駄目な人間になるんだという考えが、大勢を占めるようになってきました。

日本はその頃、全体的に余裕があるからだったのでしょうね。昔は浮浪者が、東京・上野なんかにたくさんいたわけでしょう。今は、そういう人は探したっていません。そういう人がいるというのはいいとは言えませんが、精一杯に生きるという人の姿があったわけでしょう。順調に行かないとすぐ自信を失ってしまうという方向に、学校教育も家庭教育も向かってきているんじゃないでしょうか。

むしろ「間違い」、「つまずく」、「失敗する」ということの価値を認めることが大事なのです。でも、今、それを認めるとなると、「どうしようもないよ」と親も先生も思うでしょう。それが学歴社会なのです。だからと言って、大学の教師は大学入試でいい点数で入ってきた学生が、いい学生だとは思っていないですよね。しかし、テストをするには、ああいうやり方しかないのです。だから、有名校へはいっていることも、そこで何が得られるか、どう学習をするかということと直接結ばないから、どこか、ちぐはぐになるのは当たり前です。そういうものが多いから、登校拒否が起こるのです。学校がいやになったというのでなくて、何か白々しいものが学校を支配している。実力よりも名前の方が大事であると、社会も親もそう思っている。先生も大多数そう思っているかも知れません。

2　子どもたちの疑問とつまずきを大切にする

しかし、子どもたちの中には、「おかしいな」と思っている子もいるわけですよ。でも、「おかしいな」

と思った時に、それを追求することはできないのです。「そんなことを考えてる子は馬鹿だ」とか、「あまり好ましい子ではない」ということになってしまう。「どうしようか」と悩むことができるようならば、まだ救われるのですがね。悩まないままの子が好ましいという方向に押しやられてしまうから、登校拒否になってしまうのです。

今の学校では、手を上げて発表をしない教室が多い。間違えれば笑われるから、二度と発表しなくなってしまう。友達が間違ったときには笑わないというのは当り前のことです。人間としてね。しかし、笑うのは当然のように先生から笑っているのでは、学校に行きたくなくなる。教室へ入るのがいやな子が出てくるのは、当り前でしょう。

何も道徳的に落ち目になった子を、いたわろうというのではないのです。自分もつまずく、間違いもある。つまずかない世界ってないのですね。そのつまずきからいいものが生まれるようにするには、どうしたらよいかと考えれば、自然に笑わなくなるでしょう。

3　教室も「弱肉強食の世界」で良いのか

今は弱肉強食なんですよ、問題は。資本主義も行き詰まってきたし、社会主義もダウンした。今まで歩んできた弱肉強食では駄目だ、ということになるのです。もっと相手のことを考えねば、商売だって出来ないでしょう。けれども、そういうことは不徹底ですね。商売というのは相手のこともよく考え、相手ももうけられるようにしないと本当の商売にならない。そうでないと成り立たない。そうでなく、自分だけもうければよいという商売が出てきたら、どこかにアンバランスがおきて、結果自分がそのマイナスをかぶることになるでしょうね。

教室には、できる子、できない子がいます。それが、できる子ができなくなる時もあるし、できない子ができる時もあるというようになっていくと、人間としてバランスがとれるのです。ところが、一方はいつもできて、一方はいつもできないということであっては、始末が悪いでしょう。今は学力の差があっても、能力別に学習するのは人権問題だと言って全部一緒にやっています。学力差ができるのは当然なんだから、これは平板な考え方ですよ。昭和三十年代以降、特にそうなってきています。これは文部省が悪いのではなく、社会全体が駄目なのです。ひたすら、悪平等の民主主義に安住してきたのです。一人一人が異なる、これが民主主義本来の原則なのです。そうすると平等ではないのです。だのに、悪平等がますます進んできています。

ここで何とかしないと、学校（教師）も困ると思います。これからはどう生きるかということですね。確かに、昔流の戦国時代の弱内強食は、いけないと思っているわけでしょう。けれども、そうでない状態にどう向かうかというと、ただ形式上の平等ということを要求し合うというだけで、後始末をしないのが今の状況です。具体的には、人間の失敗というものを、もっと正面にすえて考えていかなければと私は思います。子どもたちに対しても、失敗をしている子どもを大事にする。その失敗をどう生かすかということです。大事なのは、学習自体失敗を追求するということ。それが、実は失敗を大事にするという学習をすることです。

４　「地球規模の環境・高齢化の問題」をどうするのか

地球で言えば、人間の住むよい環境は少なくなるし、人口は増えていくし、これをどうしたらよいかですね。独裁的な国をつくって、頭のすぐれた人間だけを残すということになるのでしょうか。また、病気になっても手当てをしなくなるのでしょうか。老人はどんどん殺してしまうとなると、無駄なことはなくなる。福祉にもお金を使う必要がなくなるでしょう。そうすれば狭まってきた世界でも、何とかもっていくという考え方があると思いますね。下手をすると、そういう可能性が頭を出すことだってあると思われます。権力というものをとると、なんでも出来るから。事実、発展途上国は人口が増えてきている。これらの人々を今後どうするかという問題は、世界の問題です。

日本は、老人が増えていく。それに伴い福祉の費用も増加していくわけだから、それでやっていけるのかどうかです。老人を支えていく若い人が減っていくのだから、老人福祉がダウンするのは決まっているのですよ。そうなると、老人というのはそんなに永く生きなくてよいというモラルができてくることになるかも知れません。

日本は、こういう問題に頬かぶりをしているわけですね。何とかなるということでしょうが、何とかならないですよ。国家予算でカバーできなくなるのだから、老人や働けない弱い人たちをこれからどうするかということです。今は横に置いているようですが、福祉という問題は、日本だけでなく人類全体が考えなければ行き詰りになりますよ。人類がもろに体当りして考えねばならない問題が、今できているのです。このままゆけば、弱肉強食の考えが出てこないとも限らない。そうした全人類的な問題の発端が、登校拒否という問題であるのです。その登校拒否に対する解決がないのです。これは何か一種の抵抗であり、不安ですよ。何か信頼できないということです。親切な人がいない、ということもあるでしょう。けれども、一人や二人の人が親切にしてくれても、安心はできないでしょう。世の中がもっている仕組みに、問題があるのですから。

5　子ども一人一人が、自分の行動に責任を持つ

それを克服するのに、どういう手があるかですね。私は非常に暗さを感じます。でもまずやることは、一人一人の子ども（人間）が、自分で自分を始末（行動に責任をもつ）することができるようにすることです。今は、頼ることしかないわけです。頼るというのはいいことです。人に頼るのも、神様に頼ることも結構なことですが、それにはすべて限度があるわけです。それが教育の問題として出てくるのだと思います。要するに人間は失敗続きだ。その失敗をどう打開していくのか。打開したと思うと、また失敗をする。失敗の連続の中で、自分をどういうふうに動かしていくのか。それを考えたときに、自分の道がでてくるのだと思われます。

民族の問題も、もう少し静かに謙虚にしていれば、打開の道もあるかも知れない。けれども、民族に関しては、どうしてもはっきりと前面に打ち出してしまいます。「あの民族と一緒になるのはいやだ」ということです。これでは、弱肉強食にならざるを得ない。ここで国連が出てくるのだけれど、うまくいかない。これはやはり、人類は民族のエゴ、国家エゴであるということですね。外交というのは、やはり民族

が損をしないようにやるということであって、自国が危険をおかしてほかの国を助けるなんてことは、現在はあり得ないですね。

そうしたことに合わせて、教科書の作成も、検定も、指導要領も考えられているのです。共存・共栄という言葉ですが、どうやって共存し得るかというのは、世界の原理的問題です。学級で言えば、勉強ができる子できない子が、どうやって共存し得るかということなのです。先生からいえば学力をつけなければいけないのだから、できない子にいつまでもかまっていられない。どうしてもできる子をほめて、できない子を叱って、という意識があるのでしょうね。そこから、どうやって抜けるかということが大事なのです。

日本が政治を変えねばならないということも、学校社会が崩壊し始めたこともその一つなのです。世界がつながって動き始めると、どうしても、一つの局所だけをみて、自分のことにこだわっていることは許されなくなります。北方四島の問題も難しくなってきているが、あれは世界の問題として考えるべきです。するど、戻ってこなくなるかも知れないですね。四島をどうしてももどしてもらうとなると、世界の中には、昔イギリスに取られた領土も、アメリカに取られた土地もありますから、それを言い出してくる可能性があります。困るのはロシアだけではないのです。日本は自分の国のことばかりではなしに、日本が戻してもらえば次はどこの土地のことであり、その次は何という国になるのか。そこまで世界的に広げて、案を出していかなければダメです。

日本はただただ四島を戻せというだけだから、他の国からみれば、だだっ子になってしまうわけですね。だからもっと分母を大きくして、大きな基盤のもとで考えないと、今の憲法だって意味をなくしてしまいます。でもそれをどうしたわけか、やりたがらないのが今の姿なのです。こういうことを言うとアンリアルに思われますが、外国から見ると案外そうではないようです。外国の人は、狭い自国だけの理解に閉じこもるということへの限界を感じています。だから日本があえて言い出したら、理解すると思います。一番理解しないのは、日本人なのですね。

6　目の前の成功に、こだわりすぎない

いろいろなことを言いましたが、言いたいことは一つなのです。要するに、目の前で無難にいく、成功するということに、あまりにもこだわりすぎている。これがいかに不自然なことかということを、考えなくなってきているということです。だから、いろいろな所で事件が起きてくる。登校拒否もその一つです。いじめもそうでしょう。自殺もそうでしょう。多くの非行もそうでしょう。自分を持ち切れなくなってくるのですよ。

それは、言い替えれば、本当の信頼関係がなくなっているということでしょうね。子どもは、先生を信頼していないということでしょうね。先生も子どもを信頼していないのかも知れませんが、信頼がないところで指導をしても、目の前は何とかできても、本当の成果はあがらないのです。

そういうことについて、認識を持てる教師になってほしい。そういう教師を、大学でも育てなくてはいけないと思います。大学生だって、小学校から出発してきたのだから。子どもたちが○×式のテストに馴れ、学校は点数をとるところだと考えることによって、様々な問題が起きてきたのでしょう。今のような、

受験に強い子がよい子なのだとする考えは、決定的な矛盾なのですね。

それを破る仕事を、我々は今やらねばならない、というのが私の問題意識なのです。でも、多くの人はそう感じてくれません。私は、世の中全体が、変わらなくてはならなくなってきていると思います。ことを正面から見ないで、なるべく狭く、都合のよいところへ持ち込んで見ることにこだわりすぎているから、だめなんですね。

世界の首脳が集まって開くサミットだって、ひたすら自分の国の利害を背負ってでは、問題の解決になりにくい。自国の利害は半分にして、話し合ってもらいたい。世界が新しい方向に向かおうとしているのに、現実は遅れていますよ。そういうあおりを受けて、登校拒否など一連の問題がおきていると思います。これでは、先生方は犠牲になっていると言えますね。

第2章　「問題解決学習を考える」①

1 あたりまえのことを辛抱する

1 担任として、すべてのことをうまく取り計らうよう期待される

私が、今日お話しするのは、問題解決学習にどういうふうに取り組むかということにかかわった観点から、子どもとどういうふうに対応するかということを考えてみたいのです。学校の先生は、毎日毎日授業に取り組むのですが、どうしてもうまくいかない。色々なことが起こってくる。

子どもたちが幸せに育ってくれることを教師は願いながら、毎日の取り組みを進めているのです。そのためには、どうしたらいいか。何が大事なのかですね。問題解決学習を進めていると、色々な問題が起こってきます。毎日が忙しくあわただしいです。そうした中で、時には登校拒否の子どもが出るかも知れません。これは一応、問題解決学習と関係がないのですが、教師は、「私は問題解決学習をしているから、登校拒否の子どもが出てもしばらく待って下さい」と、おあずけにはできないのです。全部一手に引き受けなくてはならないのですね。

教材研究をやって指導の工夫もしていたが、登校拒否の子どもが出てしまった。今までの苦労が、全部死んでしまった。その子の対応に追われてしまう。だからといって、他の子の学習も、しつけもやっていかねばならない。そういうことをどうやってするのか。非常に難しそうだけれども、担任としては、子どもからも親からも、すべてうまく取り計らうということを期待されているのです。

2　家庭の問題も学級の問題も、解決できないことが沢山ある

問題解決学習というのは、社会科の先生がうまくやっていると思われがちですが、なかなかうまくいかないのです。教師の仕事は難しいし、面倒なのです。考えてみると、うまくいってばかりというのはないでしょう。いつもうまくいっている人は、本当にいるのだろうか。

登校拒否の子どもがクラスにいると、学校へ来なくなるのだから厄介です。でも、仕方がないと言えばそれまでだし、強引に何とかすれば、一時的に解決したように見えるかも知れない。でも、こういう子の場合は面倒な人間関係があるだろうから、簡単に解決はできないですね。

どこにでも起こり得ることとして、母親と祖母の関係の場合もあります。それは家庭の問題には違いないのですが、「学校は知りませんよ」と言って放っておくわけにはいかないですね。子どもはその中に挟まれてしまって、その問題を背負って学校へ来ているのだから。しかし、担任はその中へ入っても、どうにもならないですよね。登校拒否という問題によって、複雑なことの中に、先生もはめ込まれてしまうのです。

これは、家庭で起きた問題ですが、学校で起こる問題だって、意外なところにありますよね。どうもうまく指導できない、という先生の悩みがあります。隣の学級はうまくできているようだけれど、こちらは宿題もやってこない。どうしてよいか分からない。こんなことがよく起きます。担任が迷い迷いしながらやっていること、子どもたちだって学習しながら迷います。「隣の学級はよいのに」と思うわけです。「僕らの先生はしょぼんとしている」「頑張ってくれない」など、子どもの目に映るのです。登校拒否なんかは、

そういう中で起こるのです。忽然として起こるわけではないのです。中には生理的な条件によって起きる場合もあるかも知れませんが、そういうのは例外であって、みんなごく普通の悩みごとの中で起こるものであると思います。

3　問題に、辛抱強く取り組み続ける

問題解決学習はよくやってほしいけれど、どの先生も忙しいのです。学級に登校拒否の子が出てくるし、子どもたちの間でもめごとが起きるし、いじめもあるし、その他の非行行為も起きてくる。すると、その解決に努力しなければいけなくなる。とても、問題解決学習の実践どころではなくなりますね。

そういうことと、問題解決学習と、実は関係がないとは言えないのです。とにかく、問題解決学習は、簡単にできるものではないですね。今、問題解決学習が大事だといいながら、それがなぜ必要かということをはっきりさせていないのです。それをやると何かいいことがあるというので、みんなでやり始めるけれども、途中でいき止まりです。辛抱ができなくなります。何かいいことがあると思って始めたけれども、何も出てこない。子どもが生き生きしてくると言うけれども、それもしてこない。いや、いつまで経っても子どもが思うようになってこない。いやになってきますね。問題は、いつもこんなところでぐるぐる回っているんです。私は、辛抱が大事と思いますよ。人間、生きていると、辛抱しないとどうにもならなくなるのですね。今の若い人はどうでしょう。ちょっとうまくいかないと直ぐいやになり、他のことに変わっていくようです。子どもたちも、そういうところが多いですよね。

けれども、人間というものは本来、そんなにうまくいくような生き方ができるわけではないのです。人間はこんなに大勢いるんだから、食うか食われるかの競争ばかりやっている。日本の国はお金があって食べ物が充分あるけれど、隣の国が困っているとすれば、そっちの方はもっと大変ですよね。恵まれた国にいれば恵まれた家庭にいれば、あまり辛抱しないで生きていけそうですが、これは比較の上での相対的な見方なのです。

それに人間というのは、食べる物も着る物も、たくさんあったって悩みはありますよ。悩みがあれば、辛抱しなくてはいけないのです。私の言い方でいえば、問題解決学習っていうのは、どうやって辛抱するかってことなのです。それは、自分だけがみじめで他の人は皆幸せというのではなく、それぞれみんな苦しいことがあって、それを「どういうふうに乗り越えるか」ということで、みんな辛抱し合うということなのです。辛抱なんかしなくてすむ世界が欲しいけれど、そうはいかないのですね。どんなにお金があったって、辛抱しなくてはいけないことがあるのです。

4　積極的な辛抱をする

学校というところはしっかり勉強して、テストでいい点をとって、そして、いい学校へスーッと入っていけば一応いいわけですが、それでも随分辛抱しているわけですよ。今の子どもたちは学校で勉強して、塾へいってまた勉強する。何だか遊ぶ暇がないような生活をしていますね。もうそれに慣れてしまって、辛抱なんかしていないと言うかも知れないけれど、「辛抱ではない」とは言えませんよね。そういうことまでしてなぜ耐えていこうとするのか、乗り越えていこうとするのかが問題なのです。それは与えられたものだから、向こうからやってくるから我慢してやりましょう。後でいいことあるから、ちゃんと勉強したら「お小遣いをあげます」とか、「あとでおやつをあげます」とかいうことで、それをあてに勉強するってことありますよね。そのために辛抱しているのです。これは、向こうからやってくるもののために、受け身の辛抱なのです。

問題解決学習はというと、受け身でない辛抱をやろうとしているのです。辛抱にはいろいろあります。寝ないで辛抱するとか、食べないで辛抱するとかありますけれど、同じ辛抱をするなら受け身ではなく、消極的でなく積極的な方へ転換していくという、それが問題解決学習なのです。そうなるといろんな面倒な取り組みと、実は決して無関係ではないのです。

2　人間の教育として自然のこと

1　解ろうとする、積極的な姿勢を育てる

そういうふうに考えてみると、人間というのはこの地球上に大勢いるのだから、食べる物だって無限にあるものではない。それをうまく分け合っていかなくてはいけないのだから、食べたい時に食べられない。また、自分の思うような広々としたところで生活したいのだけれども、そうはいかない。狭いところで生

活しなければいけないのですね。

そうことに関して、積極的に自分を向けていくにはどうしたらよいのか。問題解決というのは、言葉の通り問題があって、それを解決しようとすることです。食べ物が少ない時には、それをどうしようかという問題があります。住む場所がないからなんとかしなければ、という問題があるでしょう。おとなしく言うことを聞いていれば、何とかなっていくという具合にはならない。自分で、積極的に打開していかないとだめですね。消極的であれ積極的であれ、やっていることは表面的にはそんなに違いがないかも知れません。だけど、姿勢としては全然違うのです。

まあ、学習というのは先生から与えてもらって、それを受け取って言う通りに書けば丸がついてきて、テストの点もいいことになりますね。その上通知表もよくなるし、入学試験の時にもうまくいく。でもそういう仕掛けというのは、自分からでなく消極的ですよね。それに対して、自分で解らないことを解ろうとしていく営み。難しいところは研究してみる。すると、次々と解らないことが出てくる。そういう構え方に、子どもを育てていったらどうでしょう。どういうことになるか。

2　難しい問題を、乗り越えていこうとする力を育てる

今、文部省では、態度とか関心とか言っています。けれども、態度や関心に関しては、テストで採点しにくいですよね。これは、自分で積極的に乗りかかっていこうとする、そういう場でしょう。文部省は、学力という場で把えましょうといっているのですが、はなはだ難しいですよ。どれだけ覚えましたか、こ

れは書けますかというのでやるとできやすいが、そうでなくて、どういう態度でやったのか、どういうところを見てたのかでは、そんなことどう評価するか困るのですね。

問題解決というのは、その困る方にあるのです。何と言ったらよいのか、自分で問題を突き出していく。学力というのは、考えてみると、すぐ知識の量が問題にされる。だけど、生きた社会である会社などでは、「あの人にやらしたらできるだろう」「難しいけれども何とか乗り越えてくれるだろう」ということで評価されるわけですね。だから、難しい問題に当たるとファイトを燃やして、それを乗り越えていこうとする人こそが、世の中から求められているのです。すると、実際の世の中での学力も、問題解決的なのです。

今までは学歴社会で、どこの学校を出てということだけで信用されて、会社などもやとってくれたのですが、だんだんそうはいかなくなってきました。終身雇用というのも、無くなってきています。会社で人員整理をする場合、「一生懸命に仕事をしてきたから残して欲しい」といっても「もう、いらなくなったよ」と言われる。人情もないと言われるわけだけれども、「この人は、こういうふうに働けるぞ」「こんなに役に立つぞ」「いろいろ問題ができるよ」というと、初めて会社に認められる。また、新しい職につけるようになってくる。今までは与えられたものを受け止めて、忘れないようにしておく。それを元手にして何とかしていきましょうという形でしたが、それは本来おかしいんじゃないか。何をやれる人なのか、こういうふうに役に立つんだということが軸になってきています。問題解決学習のねらいは、そういう意味において、人間の生き方としてノーマルであると思います。

3　いつも積極的に、物事に対応する

問題解決ができるということは、いつも積極姿勢で物事に対応しているということです。今日は学校へ行って何をしようか、こんなことをやるんだという気構えで登校する。今、世の中はそういうふうに動いているとみるべきでしょう。こう考えてくると、問題解決学習はごく自然なのです。

従来のような、テスト一辺倒な学習というものは、もう最盛期を過ぎたのですね。「問題解決学習は面白いですよ」というように趣味でやっているようなものでなく、喰うか喰われるか、これからの社会でどう生きるか。本当にみんなが幸せに生きるような社会をつくれるかどうか、真剣勝負なのです。だから、学習方法のごく当たり前のやり方として、出てきているということなのです。だから、もう逃げようがありません。でも、今はね、いい子を育てるという今までのやり方からみて、問題解決学習は余分なことではないかという感じ方をしている人が、まだ残っているとも思われます。

こうなってくると、先生方は、問題解決学習をしぶしぶやるということではなくなる。それは、我々が生きていく基本なんだし、学校というものの根本的な在り方です。だからといって、あせってもうまくいくかどうかですが、心構えが違うでしょう。そこを文部省ははっきり言わないもので、「態度」とか「関心」とかと言っているので分かりにくいけれども、知識よりは態度を重視するということです。転換してきたのですね。そういうことからいうと、問題解決学習をやるのは当たり前であるのです。その当たり前という感覚をもう少し持つことによって、逃げなくてすむのです。

4　形や類型に、捕らわれること無かれ

それで、私の言いたいことは、形に捕らわれるというか「字はこういうふうに書くのですよ」「教科の勉強はこういうふうにするのですよ」というようなやり方、「しっかり覚えておきましょう」というような勉強、それは一概に悪いとはいえないけれど、ややもすると「こんなふうに勉強すると心配ないですよ」というような安易なところへ、我々が逃げやすくなるのです。「今年の夏は暑い、異常気象だ」ということがありますね。でもこの場合、ほとんどの年が正常な気象でなくては、異常だとは言えないわけです。でも異常が起きれば、その異常に対応しなくてはいけない。雨の少ない年もあるし、風の吹く年もあるし、それに適切に対応しなくてはならない。すなわち、問題を解決しなくてはならないのです。正常でないのは、いやと逃げてはいられない。

平均値で人間が生きていれば、あまり問題解決をしなくてもいいかも知れませんが、うちの子は平均値で何も事は起こさない。誉められもしなければ、けなされもしない。すると、一種の安心感というか、そんなのがあるかも知れません。けれども、そんな子は多くいるわけではないでしょう。誰だって、多いか少ないかはありますが、事は起こしますよ。事が起きれば、親はそれに対応しなくてはならない。子どもも、それを乗り越えなければならないのです。それは、問題解決学習なのです。だから、いつでも問題解決なのです。「私のところは、平均的で、正常に成長しているから別に何も考えることはないよ」という状態の子って、本当はいないですよね。あると思っているだけです。

どうも今までは、三年生はこのくらい、六年生はこのくらいと、平均的なもので子どもを見てこなかっ

たでしょうか。本当は、そんな見方ってないのですよね。本当は、乗り超えなければならない問題を残しているのですよ。無事太平に保っているということは、素晴らしいことなのかな。無事っていう言葉はあるけれど、無事っていうのは、問題解決をしなくてよいという意味ではないのです。何もしなくて、何も起こらなくて、天下泰平で昼寝してるという意味ではないのです。どこの親だって悩んでいる。昼寝をしている親なんてありませんよ。それは憧れているかも知れませんが、本当に昼寝していいとか、昼寝しかできないというのは異常ですよ。

5　問題解決学習こそが、学校・学級での当たり前の形

このように考えてくると、問題解決学習こそが、そういう在り方こそが、学校で、学級で、実践されている授業や指導の当たり前の形なのです。先生のペースで、子どもをどんどん引っ張って指導しているというのは非常にこわいです。特徴あるものをグッとおさえて、平らにして、山や谷をのっぺらにしてしまう。それはいいかも知れません。居眠りしながらでも歩けますから。でも山もないし、谷もないのですよ。そういうところに人間が育つ、そういう姿になっていって大丈夫か。世界中をブルドーザーでというわけにはいかない。山あり、谷あり、海ありの世の中を乗り越え乗り越えして、これから何十年も生きていかなければならない子どもたちです。やっぱり、教室の中でも、山あり谷ありですよ。そういうことを考えて指導に当たるとなると、問題解決の学習がどうしても大切になってきます。

問題はない方がいいですが、現実はあるのです。特に今は、問題が大変ですよ。不景気だし、経済だけ

でなく、今の社会情勢を見てみると大変な問題ばかりです、深刻な。そういう時であるだけに、問題解決学習というのは特に大切だと意識されるのです。

3 未知数のものにぶつかる

1 戦後、人間らしい生活を求めて

昭和二十年代に懸命に問題解決学習というのをやりましたが、あれは戦争に負けて、食べられなくなって、また住む家もなくなってどうするか。何とかして立て直して、人間らしい生活をしなければならないという中で、問題解決学習の重要性が分かったのです。

その後は、国民みんなの努力によって、どんどん経済的によくなった。すると、問題解決学習なんて、みんな忘れてしまったのですね。のっぺらぼうで行けるように思いこんでしまってね。本当はそうでなく、色々な問題があったのだけれど、それを問題としてやるよりも、テストの成績を上げる方が楽でやりやすい。努力はいるかも知れないが、それは単調な努力で済ますことができるからね。自分を裸にしてぶつける必要がないわけです。そうした中で経済大国にまでなっていった。でも、残された大変な問題を抱えた国になってしまったのです。

それは問題を解決しようとする姿勢を、どこかへ押しやったためです。やはり、問題解決学習が必要であったわけです。でも、それに気が付かなかったのです。今もそうですが、問題解決学習を忘れると困るわけです。非行もなくならないし、登校拒否も起きる。問題解決学習をやっていないからと言うと我田引水みたいだけれども、そうなのだから仕方がありません。

2　子どもを、人間のバランスから評価する

もちろん、漢字は覚えた方がいいし、計算だってできる方がいい。その漢字や計算が、問題解決学習としてできないのかですね。別に問題解決学習の中でやれと言っているのではないが、あの子は算数に対して、ここでこういうふうにつまづき、苦しんでいる。あの子が算数で悩んでいるのは、算数だけの問題ではない。子どもは、人間として行き詰まりにぶつかるのです。それを打開するという形で算数に向かっていくと、子ども自身の力が開けてくるわけです。そうでないと、解けない箇所だけがうまくいったというだけになるわけです。

あの子も人間、この子も人間という視点で子どもに接することが大切なのです。先生も人間なんです。今日の発表にも出ましたが、バランスが必要なんですね。バランスはいろいろなことが都合よく、まとまって関わり合っている。問題解決というのは、こうした人間のバランスでしかできないのです。

分からないことができたら、教えてもらえばできるのです。でも、それだけのことであって、他に広がりが望めない場合が多いですね。分かったことをもとにして、自分の悩みを解決していける力を持つことができれば、それは素晴らしい問題解決なのです。ある部分だけ教えてもらって、何とかいけるようにし

たということだけでは、応用も利かないし長持ちもしないでしょう。バランスがないのです。芸ごとでもスポーツでも、自分なりの努力による練習をして育ってくれば、バランスのとれた力が創られてくるのです。そうなると、見込みがあるわけですね。それを付け焼き刃的に間に合わせて、あれもできたこれもできたでは心細いですね。そういう学力では困るのです。だから、問題解決学習が必要なのです。

3　公式も法則も、無限にある

ただし、問題解決の学習をやると落ちができます。みんな完全に揃えてというわけにはいかないのです。系統学習のように順序を決めてやっていくと、落ちなく全部教えられます。だから、これも聞いたよ、これも聞いたよ、あれも教えてもらったよと安心感があるわけです。だのに問題解決学習でいくと、どうしても全部は教わらないのです。聞いたことがないよ、見たことがないよというようなことに出会います。不安ですよ。問題解決学習は時間が多く必要で、そんなにたくさんの内容をやるわけにはいかないのです。そこが大事なことなのです。

人生では、知らないこと、やったことないものにぶつかります。ぶつかった場合、一応全部知っているよとなると安心なようですが、そううまくいかないことが多いですね。そうなると、子どもは落胆しますよ。人生で出会うすべてを知っているということは、有り得ないことです。仮に知っていると思ったって、世の中は変わっていきます。だから、未知数のものにぶつかる。それは、生きるということそのものなのです。学校で我々が教育するというのは、未知数のものにどうやってぶつからせるか。まさにそれを教育しているのです。

もちろん、公式や法則を身に付けておくと、それを利用して未知数のものにぶつかれるから、そういう点はいいじゃないかと言うけれども、その未知数というのには、教えられた法則が役に立つとは限っていないのです。新しいことがどんどん出てくるのです。我々の人生っていうのは、自分で知ったこと分かったことが一番大事で、それを使いこなしていくのですが、その手がかりというのは実はわずかであって、もっと新しい手がかりをつくり出しながらいかなければならないのです。

4　知識を、自分流に大きくできる力をはぐくむ

そう考えてみると、系統学習でいくら教えたって安心できませんよ。あとは、自分の応用でいかねばならないのですから。その当たり前のことを、みんなで考えねばなりません。いろいろ学習をして知識が多くなっても、それを役立てる力がないと困るのです。今まで得た知識を、後に役立つように自分流に使えばいいのですが、その使う元になる力を今、仕入れようとしているのです。

それには、あれもこれもと、順序よく覚えていないと点数をやらない従来の考え方では困るのです。子どもは、「後で役立つような力」が付けばよい成績になるようにしなくてはと思います。従来のテスト教育は、どの子にも同じように覚えるように要求をして、その覚え方によって点数をつけていたのです。

子どもは、これから大宇宙に踏み出していくのだから、今学習していることは小さいものです。その小さいのを、どう大きくしていくのか。それが人間の勝負なのです。大きくすることができるような人間を

創らなくてはならないのです。子どもが七十年・八十年を生きていくなかで、絶えずより大きく生かしていけるように。

文部省は、態度とか、関心とかという言葉で出しているけれど、それが今話しているものに当たるかどうか。文部省は、こうしたことをあまりはっきり言ってないのですね。我々は、これが問題解決学習だと考えているのです。大変な奥の深い世界に乗り出していかなければならない。それが生きることなのだ。「その時にどうするか」ということを、学校で今やらねばならないのです。

5　裸一貫、自力で世界を拓いていく

先生も、大変なのです。生きるということは、未知の世界にぶつかってもびくびくしないで、それを乗り越えていこうとする気力というか、腹ですよね。今までのように、学歴とか縁故とかに頼ってやっていかなくてはいけないような生き方をするかどうかということです。政治家を例にとって悪いけど、二世の政治家っていうのがありますよね。親の後を受けて、その票をもらって当選します。これではね。何とも言いようがありません。政治家になるというなら、選挙区を変え、親とはここが違うぞというものを出すようにしてほしいですね。

勉強っていうのは、これとは違います。親が偉かったから自分も勉強がよくできる、そして親と同じように偉くなれるというものではありません。就職するにしても、「親や先輩の縁故を頼ればいいところへ入れてもらえるけれど、どうもそれではおもしろくない」というくらいの子どもになってもらいたい。こ

のように言ってくると、先生だって子どもだって、問題は腹があるかどうかになりますね。

私は先程、辛抱ということを言いましたが、辛抱できるかできないかは人間の勝負だと思いますよ。辛抱の仕方にはいろいろあります。親を頼ったり縁故を使ったりすることが全く悪いというのではありませんが、辛抱というのは実際はつらいことなので、すぐに頼りすぎてしまいダメになります。

裸一貫で別に頼るところがない場合は、自分でぶつかるより方法はないのですが、頼れる人がいると楽にいけそうだと思ってしまう。人間は弱いから、すぐ頼ってしまう。頼っていくと、それだけマイナスをつくってしまうことになります。そのお返しをしなければ、というように思ってくるのです。相手に一歩下がっていなくてはならないのですね。

だから、自分でぶつかって自力で自分の世界を拓くことができれば、ある意味では生き方が楽になるといえますね。不必要な気を遣ったりたり、人の顔色を伺う必要がないようになりますから。

4　子どもが世の中と向き合う

1　「私は、あの時、あれができたのだ」という自信

問題解決は難しいことですが、やはり筋目を正していくことになると思います。我々人間は凡人だから、すべての物事は比較で考えてみることになります。辛抱というのも比較ですよ。ある辛抱をしておくと、

あの時はできたのだから…という気持ちになれます。うんと苦労してあると、大変だなあと思われることでも苦労でなくなるってこともあります。どん底に落ちるということは、人間の成長の上で役に立つのです。「あそこから這い上がり、何とかやれたんだ」という自信になるのです。

ところが、あまり苦労したことがないと自信がない。ちょっと難しくなると腰が引けて、不安がるわけです。「私はあの時、あれができたのだ」という自信。それは過信であるかも知れないが、そんなに思えるようにならないと腹がすわってこないのです。楽に生きて、腹がすわっている。そういう人は、うぬぼれているのでしょうね。

2 素直にぶつかり、逃げ腰にならない

私なんかも、昔戦争に行って死にそこなったのです。一人だけ助かったというのではないけれども、仲間は大勢死にました。あの時ほんの少し居場所がずれていれば、命がなかったでしょう。そうすると、生き残って帰ったという感じが強いのです。別の言い方をすれば、命拾いをしたということになります。こうした体験というのは、人間の生き方の上に影響があります。本当に困ったなあ、どうしよう、という時にね。どうせあの時に死んでいたんだからと思うと、やっぱり気持ちが楽になります。こういうのはあまり健全でないのかも知れないが、人間というのはそういう気持ちになります。それは、かつてのあの状態と現在を比較するんです。

ひどい事に出会った人間は、それと比較するから気分が楽になります。これは心理的なものなのです。

こう考えていくと、わざわざ苦労せよというわけではないけれども、人間はつらい事に出会っても逃げない事ですね。それが力になるんだと思います。こうしたことが問題解決なのです。きれいに勝負しましょう、答えを出しましょうというのは問題解決ではないのです。問題から逃げるわけですよ。素直にぶつかることですね。逃げ腰にならないことです。こうしたことを、文部省ははっきり言わないのです。自分の人生とか生き方に対して、素直であることが問題解決学習の根本です。

3　うまくいかないときは、自分の姿勢を低くして

問題解決学習をやろうとしてもうまくいかないという方は、自分の姿勢を低くしてご覧になるといいですね。自分の回りをよく見ると難しい問題がたくさんあるのです。その中で、我々は生きているということを感じることでしょう。これは、あれもこれも知っているぞと自信ありげな態度でいることは、実はあまり役に立たないことを示しているのです。色々なことを知っているという知識の多さも同じことです。そういう正体が見えてくるでしょう。

人生というのは命を張って生きているのだから、命に張りがなくなれば、いくら知識人でも学歴があってもどうにもならないのです。お互いに生きているということは、一人一人を相手を大事にするという姿勢につながっているのです。お金とか、縁故とか、学歴とかに寄り掛かって楽に生きようと考えている人は、自分のことだけしか見えていないのでしょう。問題はその辺にあるようですが、人間というのは一方的に物事を見ているのです。私は全部見ていると言う人がいますが、そんなことはできません。

カルテというのは、子どもに対して教師の一方的な見方でなく、幾つかの視点をつくるということなのです。それをつなぎ合わせて、より深く子どもを捉えようというのです。普段の人間関係においても、「あの人に、こんなことがあったのか」と気が付くことで、相手の見方が変わることがありますね。それが問題解決的なのです。人生って、人間関係において仲がよかったり悪かったりしますが、少し時間が経ってみると、何であんなことにこだわっていたのかということもあるし、あんなことを言ってしまったけれど、少し広い目で見てみるとっていうこともありますね。そういうことを重ねて、我々は生きているのです。その生き方のよさを、子どもにどう与えるかというのが教育の根底なのです。先生というのは、人生の達人のようなものなのです。カルテなどを通して、あの時はびっくり、この時もびっくり、これもびっくりと、びっくりする度に先生の物の見方が広く深くなるのです。このびっくりを生かせば、素晴らしいことだと思います。

反対にびっくりしなくなって、「みんな知っている・分かっている」と思い込んでしまっている人がいます。何か人生寂しいですよ。人間って、びっくりしなくなったら、それで終わりです。中には、若い先生でもびっくりしなくて、人間の感覚が開店休業している場合がありますね。これは気の毒ですね。人生は楽しいことがある。楽しいことがあるというのは、つらいことがあってのことです。これが問題解決なのです。

4　問題を持ったまま、成長を続ける

これを覚えたら百点、ここまでいけばもう間違いないというような考えになると、休業しているのと同じことです。教えて、教えて、子どもを自分の思う通りに動かせる。こうなると、先生も開店休業しているのと同じです。実際に授業を見ていると、そういうのがありますね。子どもたちは、手を上げて発表している。しかし、それは教科書の先取りにすぎない授業があります。そこには、新しい発見がない。疑問が生まれないのでは、授業としての価値はどうでしょうね。正解が決まってしまうと終わりですね。問題解決学習は、正解が決まらないのです。それが魅力です。そのようになれば、若い先生でも問題解決学習は立派にできるのです。それはテクニックの上ではまだまだでしょうが、問題解決学習の本質はきちんと捉えているのです。問題解決学習は、ものまねではできません。自分の流儀でやればよいのです。自分の問題解決なのです。

私も校長をしましたが、子どもが親に、「ぼくだけ、どうして目が見えないの」と質問をしたそうです。親はどう答えたかですね。「あなたは、こういう病気をしたからよ」と説明はできるでしょう。しかし、子どもはそんな答えを望んでいないのです。その子は、「ぼくだけ、どうして……」という疑問を持っているのです。これからも、その疑問を持ったままずっと成長を続けていくでしょう。その子はこれから、その時々に、自分なりに答えを出していくでしょう。でもその答えには、終点がないのです。では、目が見えて五体満足な人は幸せなのかというと、必ずそうだとは言えないでしょう。目の不自由な人以上の苦しみを背負っているかも知れません。人間って、お互いに様々な問題を抱えて生きているのです。

私たちは、毎日の教育実践の中で、単元を決めて授業に入ります。まず導入、そして話し合いなどの活動などに入ります。こういう形態をとることが多いですね。そういう活動は、誰かの真似をしてでもできるでしょう。そういう学習の中でも、子どもは自分の問題を持って考え続けているのです。でも、授業は無限に続くものはないので、ある箇所で単元を終えなくてはなりません。その場合、単元の結論は簡単に出せるものではありません。単元の終わりがくれば、子ども一人一人が自分の考えを持っています。「○○君は、あのように言ったけど、僕とは違うと思うな」とか、子どもがそれぞれの考えを持って、言ってみれば、がやがやしながら終わるものなのです。「この学習は、みんながそういうから終わるけれど、ぼくはまだ納得できないなあ」と、宿題を持ちながら単元を終わるのは、正しい終わり方なのです。

単元の終わりには、一応の結論は出るでしょう。でもそれは、次の段階でくずれたり、補充されたりするのです。だから、すべての子どもに結論通りに考えさせることはできないはずです。巻き返しがあっていいわけです。それは、社会科の教科が曖昧だというのではないのです。人間だから考えが異なるのです。社会事象などに対して、結論は出ない。そういう考えを先生がしっかり持って、考えを深めたり伸ばしたりさせるようにすると、そこには問題解決に向かえる子どもが育ってきます。

5　みんなで、考えようとしていく姿勢

社会的にも五十五年体制とか言っていますが、米ソ対立の中に我々は生きてきて、どちらが正しいのかを考えた人が多くいたかも知れません。それが、ああいう形で終わったのです。別にアメリカが勝ったと

いうわけではないでしょう。まだ、分からないのかも知れません。また、新しい世界をつくり直していくのでしょう。

冷戦の頃は、こんなことは言えなかったですね。今になってみれば、何のことはないのですが。だから、人生っていうのはこうだと決まりがついていないのです。そういうことを、子どもたちにしっかり理解させることでしょう。先生が、正解だとか決まりだとかを担いで走っていくのではなく、みんなで考えようとしていく姿勢が学校にあると子どもたちは幸せでしょう。

登校拒否は、お母さんとおばあさんの仲が悪いことによって起きた場合もありました。この場合、「どうして仲が悪いのだろう」って考えるでしょう。原因があるはずですね。そのことを子どもが分からなくてはいけないのです。「どうして意見が合わないのだろうか」「どうして、あんなに感情的になるのだろうか」と考え、母と祖母の立場を理解することです。是認するということではないけれども、また簡単に批判するというのでは困るのです。そういうものを包んで、世の中が見えてくる。この世の中と自分が向き合っていかねばならないのです。問題解決をしていかねばならないということです。

こうしたことに気付いていない教師がいるとすれば、それは教師にとっても、子どもにとっても不幸せですね。登校拒否は家庭の責任だと、突っぱねていては困るのです。もっと淡々と腹を据えて物事、事象を見ることができないのか。どうも人間は、自分にとって有利な方を追いかけていきやすいのです。それでは、世の中が住みにくくなります。そうしないで、辛抱できる力が人間の力なのです。その力を子どもたちにつくってあげることです。

世界には、食べるものがなかったり、病気になっても医者に見てもらえない、薬も飲めないような子どもがたくさんいるのです。そういう点で、日本の子どもは幸せです。そのことを子どもたちに考えさせることは大事ですが、肝心なのは、世界の子どものことを、自分の中で問題にすることができるような生き方をつくってやることでしょう。ただ、「もっとしっかりやりなさい」とか「もう少し辛抱しなさい」というだけでなく、そうしたかわいそうな子どもの姿が、自ずから視野に入ってくるような生き方を子どもにつくってあげること、それが問題解決学習なのです。私が言いたいのは、こういうことが先決問題だということです。

6　一番近くにある問題解決を、遠ざけてはいけない

私が今話してきたことは、いわゆる問題解決学習をただ盛んにすればできるというのではないのです。まあ問題解決学習をやっていれば、そういう視野が開けてくるでしょうけれど、私の言っているのはとりとめのないことかも知れませんが、一番身近なことです。その身近なことが、切実さを失ってどこかへ片づけられているために、問題解決学習も生きてこないのです。人間として、一番近くにある問題解決を遠ざけてはいけないのです。

先生方が議論なさる時には、こうした観点を少しでも含んでくださるといいと思います。どういう計画をつくるのか、どう指導するのかの話し合いも大事なのですが、今のような視点が入ってくることによって随分変わってきますよ。

悪く言うと、方法論だけをやることによって、大事なポイントを他へ逃がしてしまうこともあります。

日本の学校社会は、そうしたことが多いのです。方法論だけに頼って、一番大事なポイントが見えなくされてしまうことが多いのです。

第３章　「教師の姿勢」

1　失敗をこそ生かせ

1　予定にないことから、大事な物を拾ってくる

今、お話がありましたのは日本の工業ですから、五年生の地域教材ですね。それをどう進めていくかということです。

おばあさんの話があって、先生からすると、それを基に工業の方へ発展させたいと思う。社会科としては、そうねらっていくでしょう。地域教材は、先生が具体的なものを見つけてくる場合が多いですが、本当は子どもと共に発見するものでしょう。教材（教材資料）というのには、ハプニングがあります。例えば、録音してきて子どもに聞かせる。あるいはビデオを見せる。すると、こちらの予定がない方向へ子どもの関心がいってしまう。どうも計画からずれてしまうことが多いのです。これには、計画のまずさがあるかも知れませんが、本来教師の計画したものからはずれるものなのです。

これは、人間を相手に、人間がやっている仕事ですから。空のお天気もそうだけれど、人間の心のお天気もあるから。ずれたことによって落ち込むか、意気が上がるか分かりませんが、今日のお話について言えば、工業の本質的な問題よりも、障害をもっている方へ話が進んでいくことだって不思議なことではないのです。

でも、先生は何とか戻さねばとあせるわけですよね。そして何とか戻すことができて、「まあ、よかっ

た」と思うわけですが、本当にそれでよかったのか。「まあ、よかった」とどうして言えるのか。そのあたりが、「教師もプロでないと…」というように思えるのです。素人であれば元へ戻れてまあよかった、一安心と言えるでしょうが、専門家ですからね。計画からはずれたということは、専門家でもよくあることでしょう。はずれたら、元へ戻せばいいということではなくて、はずれたものから予想もしなかったものが生み出せたかどうか。違う言い方をすれば、転んでもただでは起きないということですね。これが、プロの根性なのです。

転んだ時に、大事な物を拾ってくることですね。教師も授業も、本質はそこにあるのです。すでにルートができていて、そのルートを着々と進行するというのは、本当は空振りだと思います。人間はいつも落とし物ばかりだと思います。教室に入って子どもと授業をするというのは、別な言い方をすれば、子どもと教師が落とし物の拾い比べをするということです。

2　友だちや先生の発見に、喜び合う授業

理科の実験をやる前に、結果はこうなりますと知識として頭に入っているとすれば、それはもう実験ではなくなります。実験というのは、結果を楽しみにするものです。いわば、どんな落とし物が拾えるかということです。何も落とし物がなく、たんたんとルートの上を動いていくとなると、これは時間の無駄です。それだったら教科書を読んで、黒板に絵を書いて実験に代えればいいわけです。実験は、実際いろいろなことがおこりますよ。そう簡単にはいきませんよ。ところで、実験をすることによって何かを見つけ

だすことが大切であるならば、社会科の地域学習でも素晴らしい物が落ちている。それは自分にとって得がたいものかどうか予想できないけれども、しっかり掴み取るというのが授業であり、学習の本体なのです。予定通りにいった授業はつまらないというのは、そういうことです。

単元を、今日はこういうようにやっていくと言うのはいいですよ。授業について色々と調べることは必要だし、資料を整えたりするのもいいことです。ただし、それは単なる舞台づくりなのです。それ自体が、授業の目的ではないのです。そうした見方ができることが大切なのです。

日本の工業であれば、どのあたりにどんな工業が発達しているか、ということを知らないと学習にならないと考えられます。しかし、それは目的でなく道具なのです。数少ない大きな工業地帯なのだから、学習していれば自然と子どもの頭に入ってきますね。それは、覚えられるだろうと思います。また、このことは無意味ではないでしょう。でも、一つぐらい事実を間違ったところで、たいしたことはない。むしろそこを舞台にして、どういうふうにして物事にぶつかったか、何をはっきりさせたかということは、工業地域の理解としては非常に生きてくるのです。それに対して、そこに出てくる工業製品はたいしたことはないですね。

ところがそうではなくて、製品の第一位は、第二位はと数量まで知らせることを大事にしていることが多くあります。数量なんてものは、絶えず動いているのですね。その動きというものの方が重大なのです。そう考えてみると、落とし物を拾うというのは変な言い方だけれど、発見していくことで学習が成立する。それが当たり前なのです。そういうふうに、学習が発展する体制にあるかどうかが大事なのです。子どもは発見しなくてはいけません。でも本当は、先生も発見しなくてはだめなのですよ。子どもだけに発見させて得意になっている教師はお粗末です。発見しない教師は、自分を神様にしている。

もう一度言いますが、先生が教室で子どもと向き合った時には、拾い物くらべなのです。どこで、誰が、どんなふうに見つけるか、それは誰にも分からない。お互いが突きつめていくなかで、友達の発見に喜び合うとなれば、学習というのは退屈しないのです。そして、先生も先生なりの発見を満喫できるのです。

3　先生も子どもも「勝負する」

先生も、その学習で勝負する。子どもも勝負するという形になってくれば、学習に張り合いが出てくると思います。そして、これから問題にしたいのですが、先生との信頼関係が出てくるだろうと思います。先生と子どもは互いにライバルです。ライバルであるということは、互いに信頼関係が生まれるということです。師弟関係は、ご主人と召使いという関係になっては迫力も出てこないですね。こういうことは、社会科だけではなく、どの教科にも出てきます。今日の発表の中のおばあさんが、怪我をして働けない。これだって、品物を造ろうとしていたということであれば、工業の中の問題かも知れませんよ。しかし大工場だって怪我はあるし、そのことだけを問題にすればいいということでは無論ない。けれども、視点としては発展させ得ると思います。拾い物をする場としては、おもしろいです。大工場なんか見学させてもらっても、びっくりするだけで何も分からないですね。一方細々とした家内工業でも、子どもがその中に自分を入れ込んで学習する場が見つかれば、これに案外使えるかも知れません。

特に、先生が順序よく教えましょうとなると、子どもが白紙にそのまま書いていくようにやるのが授業だと考えるのですね。今日はここまでやっておかねばと、先生も圧迫されているのです。先生は子どもに対して王様のような気持ちでいるつもりでしょうが、逆に奴隷になっているのではないでしょうか。

必ず、もめごとが起きるでしょうから、きっといらいらしてきますよ。いらいらするとね、何をやってもうまくいかない。学習の成果が上がらないのです。本を読んでいても、本当に打ち込んで読んでいる場合と、今日はここまで読まなくてはいけないんだと読んでいるのでは、読みの深さが違いますね。能率からいえば、十分の一ぐらいしか効果がないでしょう。

こういう状態で子どもが学習している。やっておかなくては先生に叱られる、というような中で学習をするのは、非常に悪いコンディションなのです。それを、切迫感の中で頑張っただろうと考えるのは、本当に自分を見ていない人間の思うことでしょう。強制されていると一生懸命にやりますが、発展性が全然ないのです。テストまでは何とか覚えているでしょうが、その後はきれいに忘れてしまうでしょう。だから、子どもは先生の期待をあまり意識しないと、かえって拾い物のできる体制にいるということです。

4　どこかで、子どもの力になるように計画する

そのように考えていくと、計画を立てることは必要ですが、計画通りにできることは異常なことです。先生が、「あれも・これも教えなくては」では物は見つかりません。まず第一に先生が、「教えたぞ。このことは、もうできたか。」というような前のめりの格好では、能率が上がらないのです。ですから、ゆったりとして、何でも来いというように構えることです。あのことについて、予想外のことが、いつ、どう

いう出方をするか。この教材のどこでつまずくか。というようなことを張り合いにして向かっていけば、顔つきもゆったりし、子どもは安心してやれるのです。そうなれば、ゆとりを持って学習を進めることによって、深く入っていけるのではないでしょうか。

先生と子どもの力で、教室の空間を何倍にも大きくして、深くして、そこでゆったりとやりましょう。この時間にできなければ、今度の時間に、その次の時間もあるから。そんなことをすれば溜まってしまって借金が増えると思うでしょうが、前に考えられなかったことが、後で分かったということだってあります。先生は、この学年の単元だから、今やらなくてはといらいらしているが、その内容・中味を子どもが別のところで身につけてしまえば、もうやる必要がないわけです。子どもと接するのは一年間、それだけの場所と時間があるのだから、どこかで子どもの力になるような相撲をとればよいのです。そういう形のゆとりというのが必要でしょう。

2 受けて立て、引く姿勢

1 今日何をやるといいか、考えながら授業を進める

私は「全体のけしき」と言っていますが、随分誤解されていて、ふつうの全体計画みたいなものになっているんですね。そうでなくて、まず三時間分位を見通しておけば、今日やろうとしていることが、今日

やらずに、明日に延ばした方がいいということになるかも知れません。インドでしょうか。諺に「明日やろうとしていることを、今日やるな」と言うらしいのです。日本は逆ですよね。ちょっとでも、今日多くやっておきたいのです。それは、物事を軽くみているからなのです。明日でなければ、効果のないことだってあるわけです。それを今日やってしまうと、むしろ駄目なのです。今日をいい加減にしているということなのです。「これは、今日に予定していたのだが、明日の時間にやった方が生きるぞ」ということになれば、次にまわすのが正しいわけでしょう。同様に、もっと何ヶ月か先の方がいい、ということがあるかも知れない。また、今日やった方がいいのだが、時間が不足してという時も延ばしてもいいでしょう。

人間の頭というのは、繋がっているのです。二学期に学んだことと三学期に学ぶことを繋ぐことができるのです。それも、必ず順序通りにいかなくてもよいのです。

このように考えると、省略できることがいくらでもあるわけです。反対に、先生の教えたことをよく覚えていて、テストでよい点数をとった子どもが、それを必ずずっと覚えているかとなると保障はできませんね。だから、マイナスのことも考えておかなければなりません。一学期によく勉強して、覚えて身につけてくれたと思っていたら、夏休みが終わるとすっかり消えていたということもあります。一学期に教えたことは、二学期になり、三学期になると、三分の一ぐらいしか残っていないことも考えておかねばなりません。本当は、三月の学年末に一年分を全部教えた方が、新学年へよく覚えて進級できるのですが、そうはできません。だから、覚えていてテストの点数がよくても、はかないことです。点数なんてものは、千変万化してくるのです。先生はプロだから、そういうことは理解していなくてはと思います。お母さんはアマだから、子どもは一学期によい点を取ってきて後が続かないと、ショックを受けますよね。

2　子どもが、自分の力をつける事を主体にしたカリキュラム

テストの点数というのは、テストの内容によるわけです。テストの内容がやさしいと、点数はよくなります。だからといって、学年の初めのうちは点をからくしてという作戦も、なさけないことです。そういうふうに考えること自体が、間違いでしょう。それは、教師が「教えて」「分からせて」「覚えさせて」という方式を積み上げていこうとしているからです。子どもに本当の学力をつけていこうとする方式ではないのですね。ところが「教えて」「分からせて」「覚えさせて」が、学力をつけることだと思い込んでいる。そこに、根本的な問題があるように思います。

学校は、子どもが本当に自分の力がついていくことを主体にして組み立てられてくれれば、どうなるか。そういうことを前提にカリキュラムを考えるようになってくれれば、登校拒否だって影をなくすだろうと思います。というのは、子どもにとって、学校は、「楽しいところだもの」「スリルも味わえるのだもの」「本の好きな子は、学校で自分の好きな本が読める」となると、頼まれたって登校拒否は起こさないでしょう。

心にたまったもののはけ口を求めて、弱い者をいじめている。そんな暇がなくなってしまうのです。こうしたまちがいは、何から出ているか。よくテスト体制・受験体制のためと言われますが、もっと根本は、教師が自分の予定したことを教えていくのがベストであるとする錯覚から来ているわけです。指導が教師の思い通りで一方的なものとして成り立つならば、月給は半分にしてもいいですね。相手かまわず自分の予定したことでことを運ぼうとする人間離れしたことをやっているから、登校拒否などいろいろな問題が

起きるのです。これはあたりまえなのです。

先生というのは、自分のプランで押していくのではなく、むしろ引くべき方なのです。受けて立つのです。子どもそれぞれの個性的なものを、胸で腹で受け止めていくというのが教師であると考えれば、話は随分に違ってくるでしょう。事が起きることを好むわけではないが、落とし物を、ハプニングを受け止めるのが教師の仕事なのです。となれば、若い先生もしっかりした顔つきで、授業をやれますよ。

3　つらいが、受けて立つ

相撲の横綱というのは、勝たなければいけないですよね。負ければ引退しかない。つらいですよね。だからといって、むやみに相手を乱暴に突き飛ばしても困るわけです。横綱というのは、むしろ「受けて立つ」ということになっていますから、つらいでしょうね。でも「受けて立つ」というのは、本当の強さということになるのです。ただ真っしぐらに突き飛ばしてばかりいれば、本当の強さかどうか分からないですね。先生も同じで、「受けて立つ」ということです。子どもの独特の突っ込みを、どのように「生かす」かということ。これは先生の技であり、仕事なのです。

このように考えてくると、今までのテストの仕方とか評価を考え直さねば、ということになります。これは先生だけではなく、世の中全体が考えねばならないことです。世の中一般、自分の都合のよいように突っ走っていくように、今なっています。まさに学校もそうなのです。だから、そこからはみ出した子どもが出てくるし、いじめなどの問題行動が出てくるのだと思います。

先日NHKで放送されましたが、中学生で先生を信頼しているのは、わずか二%であるということです。教師がこれだけ信頼されていないということは、大変なことです。子どもたちは、教師に同情しているようですね。これは、教師が無能だという前提で同情しているのであるから、これも怖いことです。こうしたことは、先生ばかりを責めることはできません。世の中の大勢がそうなので、学校も受験体制になびいていかなければならない、その結果が出てきているわけです。

先生にしてみれば、学校を信頼できないといって騒いでいるのは一部であって、大勢はいい学校へ入れるようにしてほしいと願っているんだと思っているでしょうね。それは、確かに現実でしょう。ですから、いじめのような問題は、今のような取り組みでは解決しないと思われます。でも、進学という絶対的な問題は、少し変化しようとしているのです。文部省は偏差値はいやだと言うし、学歴社会はだんだん壊れて来ているし、何のためにいい学校に入るのですかと言われたら、答えようがなくなってきています。いい学校を出るよりも、中年になって会社・事業が潰れた時に、家族を支え、何とかできる人間をつくることが今は先決になってきているのです。だが、そういうことを考えるのは、お母さんも先生も嫌なのです。やっぱり学歴をつけた方がいいよ、というところに取りすがっているだけの話であって、本当はそれを止めるだけで今の問題は相当解決してくると思います。

4　点取りの方向から、引いて待つ

学校というのは、点取りの方向にだけ向かっていて、その中から、今問題のいじめ現象なんかが生じてくるのです。先生がもっと多様な目的をもって、それぞれの子どもに「上の学校に行かなくてもよいぞ」ということも含めて話し合っていけば、問題行動なんかも起きてこないと私は思います。

そういう体制をきちんとしないで、いじめなどの問題に対応しようとして、カウンセラーを置こうとしている。今までも、面倒な問題は生徒指導の専任の先生を置いてそこへ任せて、教科の担任は教科一辺倒なのです。そうしたことが今のような姿をつくってきたのですから、専門家を呼んできてその人にすべてを預けるということになれば、もっと悪くなるかも知れません。そういうことについては、現場の人（先生方）が分かっていると思いますが、お互いに何も言わないのです。

だから、子どもを一般化していくのです。勝手につくってある基準に子どもをあてはめて、それにはまらなければ捨てるというのが多いのではないですか。文部省も一人一人を大事にと言っていますが、それであれば一人一人を大事にできる体制をつくらなければいけないのに、そうしたことに対する努力はみえません。私が心配するのは、今、一人一人を大事にと唱えても、いじめも、登校拒否も、自殺もなくならないということです。

要するに、これらに対していくには、学校では先生が「引く」ということ、「待つ」ということが大事になります。そうしないと、一人一人が見えてこないのです。今までは見て見ぬふりというのが多かったと思います。対応が難しいからねと。何よりも、そうした先生の態度を子どもは読んでいるということです。このことは、いじめが起きるということ以上に重大なことだと思います。要するに、知識の切り売り、テストでよい点を取り大学まで行くということを大事にしたからです。

5　いじめも、登校拒否もなくなる基礎・基本を

はっきり言えば、今のいじめの世界を問題にしている親も教師も、そうした過程を通ってきたのではないでしょうか。今の三十代・四十代の方々は、そうした受験体制の中で育ってきたのだから、ある意味では必然的に起こってきたことかも知れません。だからといって、諦めているわけにはいきません。何とかするためには、しっかり教え込むという考え方を捨ててかかることでしょう。文部省は、こうしたところはずるくというか、上手に扱っているわけですね。

基礎・基本を大事にと言っていますが、何が基礎・基本かはっきりしないし、「いじめをなくせ」「登校拒否をなくせ」と叫んでいますが、基礎・基本をやるということは、いじめも登校拒否もなくなるような基礎・基本でなくてはと考えると、世間一般で言っている基礎・基本ではだめなのです。私の言いたいのは、大切なのは教師の構えというよりも、人間としての取り組み方だということです。

それを突っ込まないで、ただ「差別はいかん」とか、「福祉優先」とかをいくら言ってみたって、いい姿になるはずがないのです。都合の悪いことが出ない限りにおいて差別をしないとか、福祉に力を入れることをやるということなのですから。福祉というもので自分自身をどう変えるかという問題にこないでは、しょせんよその世界ということになります。先生方は努力されているのですが、柱のない所に釘を打っているようなことが増えてきたのではないでしょうか。打ち込む所に、手応えがなくてはと思います。手応えに対する感覚が弱くなってきています。

6　授業後の子どもの変化が大切

社会科の授業においても、どういう理解が与えられたか、というようなことだけを評価するわけでしょう。その時間から何日か経っての学習で、その子はどう変化してきたかを見ないといけません。そんなことを言ってたら、とても研究ができないという声が聞こえそうですが、その時間の内でも分かるのです。でも条件があります。分かるというのは、ただ格好いいことを言ったとか、覚えていたとかというのではなくて、どういうふうに彼がもたもたしたか、また、つまずいたりもしたか、その仕方自体が、何かを語っているということです。でも、そのことは、カルテなどを使って把握していないと何とも言えません。

だから、私は授業が済んで、その後すぐに研究会をやるというのは意味がないと思います。全然意味がないとは言えませんが、確認するところだけを確認しておくのでいいのです。授業についての研究は、何日か経って、できれば三回位実施することです。その間に子どもの経過を見ることもできます。そこに意味があるのです。

けれども、多くの人が集まるのだから、後で集まれと言ってもできないのですね。もう一度というわけにはいかないのです。でも、校内の研究だったら充分にやれると思います。いずれにしても、授業をした日にやるのであれば、やり方が問題でしょう。今日の授業で子どもが分かったとか、授業の成果があったとか、またなかったとか簡単に言いますが、それはどんなものでしょう。言われた方も頭に来て、反論したり言い訳したりしますが、それだったら、それぞれどういう子どもか、あらかじめ見ている人に分かるようにしておくことです。でも、カルテを持ち出してくるわけにはいかないし、座席表を見たって馴れぬ人には、それぞれの子どものことが分かりにくいのです。これを分かりやすくしておくことです。授業の後の研究協議で、私の授業を誤解したとか、子どものことが分かっていないとか言うのは少しあつかましいです。もちろん、きちんと授業の意図とか、子どもの姿とかをよく分からせておいて、その上でどうしたかというのでなければ、ほめられても批判されても、あまり意味がないでしょう。そういう無駄なことを、日本でいつまでもやっているのは、どうもおかしいですね。どうしようもない問題につながってくる気がします。こうしたことから直していかないと、いじめなんかは克服できないと思います。

3　いじめの克服

1　柔軟に、全体をカバーできる教師を増やす

私は、教師の数が少ないと思っています。三十五人学級でなく、三〜四学級に一人のフリーの先生を置くことが必要だと思います。私が先日もその話をしますと、日本の先生は世界から見て多すぎる、外国はもっと少ないと言うのです。でも、私は教師は足りないと思います。増やそうとする意欲や努力がないのは不思議です。文部省は日教組に押されますから、何と言っても受け付けないのですが、教師の数が問題になると必ず質のことが出てきます。でもそれはあまり強く言わなのがいい、足りないけれども現状でやっている方が無難だというところに落ち着くようです。その方が楽だと。情けないですね。

非常に問題だと思うのは、今の先生方は忙しいということです。仕事が減っているというところはありません。少しでも減らした学校があれば、素晴らしいです。ところが、忙しいのに学校全体の戦力は落ちている。

今の学校・教師の体制を見ると逆なのです。昔は柔軟に全体をカバーしていたのに、今はそれがない。昔の方がいろいろなことに出て行って、学校の問題などをカバーするようにしました。最近は自分の部所をしっかり守るようにして、隣のクラスのことなども知らないというのでしょう。隣は勝手にやってくれというわけでしょう。昔は、先輩が若い人に助言したりするのは、当たり前でした。今は助言などすると、かえってしかられます。だから一生懸命にやりながら、カバーする守備範囲が狭いのです。

少し出すぎるとエラーになってしまうから、出ないわけです。そんな感じがしますね。これは、先生の数が足りないのです。もっと働けば足りるじゃないかと言われるけれども、私は数を多くしないとそういう動きもできにくいと思います。昔が決してよいというわけではないけれど、学校全体をみんなの先生がフルにカバーするという考え方がなければ、学校は守れないのです。特に内部で分裂していては駄目です。これは、教員数が足りないから、自分の守備範囲だけを守って、他へは口出しをしないようになってきたからです。どうしても教師の数を増やさなければと思いますが、要するに、他にかかわらないでという日本人と、かかわっていこうとする外国人の違いでしょう。それが学校にも現れているのでしょう。

この二十年ばかりの間に、よその子どもが何をしようと、見て見ぬ振りをする大人が多くなりました。そうすると、子どもは勝手なことを始めます。それがいじめであったり、登校拒否であったりしているのです。もう少し連携プレイをやらねばと思います。連携が、どの学校でも少ないように思います。このことは、教育の中では非常に大事なことなのです。一人の子どもを、いろいろな目で見てやるということが大切であるのに、担任の目でしか見ていない。その担任の目も、限られた側面からしか見ていないのです。子どもは、大人から見放されたのと同じことになります。

2　その子の考えを認めるための「総背番号」

安東小学校へ行って来られた方は分かると思いますが、安東では背番号というのがあります。以前、新聞で批判されたことがありました。人権無視だと言ってね。背番号を背負っていると、先生ばかりではなく、他の人もあの子は○○をしていたとすぐに分かりますね。子どもも窮屈でしょう。だから子どもの人権を無視していると言うのです。でも安東の子どもたちは、おかげで「誰でも僕を知ってくれている」「僕がしたことを認めてくれる」と言うのです。ともかく、集団の中で自分を出していけるということは、とても嬉しいというわけです。そうした感覚は日本人には少ないので、すぐ監視するという考えになるのです。ものごとは誰がやったと分からないようでは、民主主義社会は成り立っていかないのです。一人一人が自分をはっきりと主張しなければ、民主主義社会は成立しないのです。このように背番号に文句をつけるというのは、民主的な考え方が乏しいということなのです。でも、一般には案外説得力があるようです。目立つのは良くないとか、まわりから何か言われるとか、根性がないから嫌がるのですね。言われてもいいと言うのは「誉められたい」というのではなくて、私を、この考えを問題にしてもらいたいというのでなければ、民主主義の考えが出てないということです。社会でも、学校の内でも同じです。

3　学校の内部は、裸でいきましょう

学校の内部は裸でいきましょう。うちのクラスはいつでも見てください。そして、注意もしてくださいという姿勢が大事です。いい格好をしたいというのではなく、困ったことは相互に相談し合いたいから見に来てください。その代わり私も行きますよというようにならなければ、今のいじめは続くでしょう。

子どもたちの中でも、いじめられている子が親友だと思っていた子に相談して、裏切られたということがあります。そういう世界というのは、悲しいです。いじめている方には快感があるのでしょうが、その快感を消滅させて、乗り越えていけるような迫力が出てこなければ、ただ、やるなと言われるだけでは駄目ですね。物事に対して積極的になれるように姿勢を変えていくことが、今、求められているのです。そのためには、「自分を守り、守り、守る」というのではなく、「自分をさらけ出していく」ことです。

いじめを受けていたある少女は、自分の悪い所をさらけ出し、自分をののしって、人に自分の悪い所を言ってもらって思い切った方向転換をしたら、いじめがなくなったということを聞きました。これはなかなかできることではないと思いますが、人間は裸でいいよ、そんなにほめられるものではないよというようになれば、いじめの対象にされる人がいなくなるのです。

いじめられたらキャーと叫んだり、床の上でどたばたと暴れたり、さらに大きく暴れまわったりしていると、いじめをしなくなると思います。そんなことは、恥ずかしくてできない。いじめられても隠しておきたいということがあるから、いじめられるのです。だから、教室では恰好をつけないように、先生ももっとあからさまに自分を出すようにしていけば、自分の裸を出し合えるようにしていけば、いじめの現

象はずっと少なくなると思います。

4 人間の裸が、向上していくように

いじめを出やすくしているのは、今の社会です。学校では案外、教師がいじめの出やすい環境をつくっている場合が多いのです。それぞれ「どうぞ見てください。私は一生懸命にこういうことをやっていますが、まだこんな状態です。みなさんの知恵を借してください。」と言っておれば、私はこうした陰湿な問題は起きにくい気がします。自分が丸ごと良くなってこないと意味がないのであって、人の見るところだけを良くしておきましょうではどうにもなりません。そういう意識というのは、なかなか取れないでしょう。こうしたことは、人間を向上させようと努力はしているのですが、それが裏目に出ているのです。この裏目は、取りつくろいの生活ではなくなりません。

日本が、もう一度独裁的な国家になって、支配者の言う通りにやっていくことになれば別です。自分をさらけ出してというのが民主主義ですから、自分の都合のいいところだけを出してというのでは民主主義は育ちません。もっと自分を出す、露出するということを学校の中で自然にできていくことが、本格的な救いなのです。われわれが一人一人を大事にと言ってきたのは、そういうことなのです。

そのあたりのことは、どの教科の授業にも関係があります。人間の裸が向上していくようにしないと、都合のよい所だけを出していても駄目です。現に人間が生きていく基盤が、なくなってきているようです。世界中の様々な問題を考えても、環境の問題を捉えても、人が生きにくくなっています。いろいろとりつ

くろって、優位を占めるようにするというようなことはもう終わりにし、互いに自分をさらけ出すという考えでやっていかないと、もういけないと思います。

5　子どもの本体を出させ、勝負する先生・学校になる

最近、学校で起こる出来事を通して、親からの学校不信が非常に強くなってきました。家庭での話題を聞いても、先生もご苦労さんだとは言っていますが、「力がないんだからな」「困った先生もいるからな」などが話題になっています。それを子どもも聞いているのです。われわれ教師としては、やりにくい状態を自らつくっているようなものです。見せかけで、先生を信用してもらうのではだめです。自分をさらけ出し、裸のところで、「先生も大変だ、よくやっているね」「先生と考えが違うけれども、先生の言うことも分かるね」と、親から、社会から手応えがあるようにしないと、今後はますますやりにくくなっていきます。

あれだけテレビ・新聞で報じられますと、直接学校へ文句は言わなくても、不信の気持ちは強いと思います。「先生に言っても駄目だから」という考えになるのですね。それが本音だとすると、これでは教育は成り立つものではないから、何とかしなくてはと思います。いじめをなくしたいけれども、なくなればよいだけでなく、教育の本質にかかわることだから、教師自体の問題となってこなくてはいけないと思います。

今では日教組も弱くなっていますが、かっての組合の主張はすべてよいとは言えないが、問題提起はし

ていました。その中には、重要な問題も含まれていました。でも、今はそれがないのです。先生たちが異口同音に言わなければならない問題があるのに、言わないのです。

ですから、言われ放しです。週休二日制の問題も、先生は夏休みがあるのに、まだ休みをほしがって親に迷惑をかけている、という文句が出ているでしょう。私は、先生方は土曜日に休むことを要求していないと思います。土曜日に休めば、その始末を先生がやらねばならないのだから、休みたいと思ってないのです。しかし、親は、社会は、そう見ていません。「先生は、まだ休みをほしがっている」「いじめも解決できないのに」「頼りにならないのに」と思っています。

これは素朴な言い分ですが、説得力があります。だから、そうではないと言わなければいけない。「土曜日は休みたくない」と言わなければいけません。それを言うと、校長から、教育委員会から何かと言われそうだからと黙っています。でも言わなければ、社会も親も分かりません。協力もしません。夏休みになれば、外国旅行に行くのは学校の先生が多いという評判ですが、それどころではない先生がたくさんいるのに。世間のこういう見方が、先生の毎日の指導にマイナスになっていることは無視できないのです。親も実情が分からないですが、先生も黙して語らないというのはそれを認めているということになります。どうして発言していかないのかということですが、教育雑誌にも出ていません。

そういうあたりに、断層ができてきたという感じがします。そのあたりを何とかしないといけません。教育学者や教育評論家といわれる人も、そのあたりはあまり当てにはなりません。子どもをひきつけ、親をひきつけていく先生に、学校にならないとうまくいかないでしょう。今、何とか声を出さなくてはと思います。その根本は、受験体制ばかりでなく、「教えればいいのでしょう」というのが一般的であり、教師もそう思っているところが致命的なのです。

繰り返しますが、教師は受けて立つ仕事なのです。子どもの本体はそう簡単に出てきませんから、本体を出させてそれで勝負していかなければならないのです。そうした雰囲気を今の学校は持っていないのです。とにかく、子どもを信用して、おだててやればいいという問題ではないのです。本体を互いに磨きましょう。子どものはらわたを見るためには、先生のはらわたも見せなくてはいけません。そういう当たり前のことが、どこかへいってしまっているということです。

第4章　「問題解決学習を考える」②

1　生死のことと関わるのか

1　先生の思うように進める「系統学習」

今回は岡埜先生から話された趣旨で、問題解決学習についてお話ししたいと思うのですが、前にも関連してお話したことがあったと思います。少し違った角度から、お話ししてみたいと思います。

教育のことを考えるときに、一般社会から別枠というか、教師として専門性だといえばそれまでですが、何か違って教室で生徒と取り組んでいるという考えがあります。

問題解決学習というのは、そういうことについてもう一度考え直すということだろうと思います。対立するものとして、系統学習というのがあります。これはまさに、教師の仕事として明確なものです。非常に分かりやすいのです。それは、教えなくてはいけないものを順序よく与えていくというやり方ですから。当たり前といえば、これほど当たり前なことはないのです。

それをずっとやってきていますが、それでは世の中に出ても役に立たないのです。入学試験にはよいのですが、それと世の中へ出てからとは別だという考えがあります。入学試験にしても、一流と言われる学校へ子どももみんなが入試を突破してくるわけではないのです。そのあたりのところは、おかしいです。

それから、系統的にきちんと教えていけば、結果は先生の望むようになるはずなのだけれども、そうでない子も多くいるというのが現実です。前から言われている、落ちこぼれ的な子どもが出てくる。それをどうするのか。それは当然出てくることだよと言って、決め付けていいのかどうかです。そのあたりも系統学習としては、始末に終えないところなのです。

それだけでなく、もっと入試向けに子どもを伸ばしていくことになると、今度は障害が出てきます。そうした問題があります。

だから、系統学習は駄目で、問題解決学習はいいというふうに言いたくなるのですが、問題解決学習であると万事よいのだろうか？そのあたりが曖昧なのです。文部省にも、今、問題解決学習はよさそうだという空気はあります。本当にそれでよいのか。どんなふうにうまく子どもに働いてくれるのかというと、先生方は自信がないのです。そう言われているからいいのでしょうという程度なのですね。こういうことだと、問題解決学習も打ち出の小槌のようではないですから、難しいことはたくさんあります。思った通りにいかないとなると、やっぱりこれも駄目になるだろうと思われます。文部省や教育委員会が押しているとなると安心感があるのですが、実態は心細いということだと思います。

それでは、どうすれば心細くなくなるのかということですが、このあたりが教師として一番問題なのです。

2　自分は、何のために生きているのか

今、若者達も、「一体、自分は何のために生きているか」「生きるとは、どういうことなのか」を改めて考えている。哲学的な考察ということになりますが、そういうのが出てきたと、新聞で報じられていまし

た。それは、悪いとかよいとかのことではなく、ちょっとそんなふうに思ってみた。でも、自分の生活に都合よく響いてくるわけではないですから、そのうち忘れられてしまうかも知れません。

私の若い頃は戦争があって、いつ死ぬか、近く死ぬことになるだろうという生活をしなければならなかったから、「死」とか「生」とかを考えないわけにはいかなかったのです。そういう切迫感がありましたから、哲学は相当に力を持っていたわけです。

今、考えてみると、似たことがあるわけです。価値観が不安定になってきた。多元的になってきた。どこへ行けばいいのか簡単には分からないということですから、そうなるといろいろなことが起きてきます。大震災があったのは自然の現象ですが、オームなんかは明らかに社会的な現象といわなければならないし、地震だって地震自体は防げないけれども、それに対する対応のまずさは人災です。そう考えると、うかうかできないのですね。神戸で起きたあと、東京でもショックを受け不安がっていましたが、半年も経つと、もう元にもどってしまったようです。

ですから、われわれが今、死というのは何なのかを考えようとしても、死はいつもあるし、これから高齢化社会になれば死はたくさん出てきます。だから考える材料にはなるのですが、まだゆとりがあるような感じがしますね。ゆとりがあるというのは悪くはないのですが、考えるべきことを考えさせない働きをも持っています。

どうもその辺のところ、哲学ブームではないが、その傾向はいくぶんあります。このことは問題解決学習とは関係がなさそうですが、そうではない。実は、問題解決学習というのは、大げさに言えば生きるか死ぬかという問題なのです。

そんなことは関係なく、問題が起きれば解決するんだから、日常的でもあるのです。生・死とは関係なさそうにみえるのですが、逆に言うと、生・死の問題だって、今は生きてそのうちに死ななければならないだけの話であって、考えれば簡単なことですから、くよくよしても仕方がない。それより目の前のいろいろな問題を処理する方が、大事ですよ。

3　先生と子どもの、かかわり合いの深さ

けれども、そこで気が付いてもらいたいことは、小さいように見えることがらでも、解決に向かって突き進んで仕事をしようとすることが、人間の生とか死とかというものにかかわっているということです。あの人はどういう人かという場合、経歴とか、性格とかを言えば大体わかりますね。でも本当は、あの人はどれ位信用できるのか。一緒に仕事ができるのか。一緒にいるとどんな問題が起こってくるのか。そうしたことが、問題なのです。遠く眺めているように、生け花を眺めているように、人を見ていてもそれは勝手ですが、われわれは生きている限り付き合いがありますからね。それも、表面だけなら簡単ですが、一緒にいろいろやっていくこともあります。先生と子どもの関係も、表面だけでなく、いざとなると子どもに事故が起きる場合があります。子どもは先生に命をあずけているんだからね。子どもは先生をどうすることもできませんけれども、先生のことを気に掛けるなり、心配したりすることはあるでしょう。だから、先生と子どものかかわり合いは深いのです。

人間は生きていれば、各所で深いかかわり合いを持つことがあります。それも、今はかかわってなくて

も、これからかかわる可能性がある。それも大事なことなのです。あそこへ行けば、楽しいこと面白いことがあるだろう。いや、こわいことが起こるかも知れないよと思うことで、我々は生活をコントロールすることがあります。それだって、可能性なのです。まだ起こっていないから関係がないとは言えないのです。世の中ではいつ地震が起こるかも知れませんし、いつ交通事故に会うかも知れないのです。逆に、うれしいことが起こるかも知れませんね。そういうものに取り囲まれながら我々は生活をしているのです。

4 その子の問題解決になるような配慮

今度の大震災で、子どもたちはどんなことを考えたのでしょう。ボランティアの活動も盛んで、それに加わった人も、いい経験ができたでしょう。教育的にも貴重な内容があったのですね。ただ、そういうことをやると人は喜んでくれるよ、楽しいよというだけではどうもね。

世の中には、ボランティアというのはそんなにないのです。外国では、もっとあるというのですが。日本人はあんまりやりませんね。今度の場合は、多くの人が出たので注目された面もあります。

しかし、自分で生活して行かねばならないのだから、何時もボランティアをしているというわけにはいかないですね。豊かな富でもあった場合は、寄付もできますし、ボランティアの活動もできます。でも、一生懸命に働いていて家族を養っているのに、ボランティアをしましょうと言われても、うまくいかないでしょうね。そういうことが、どのように理解されているかというのが重要なことです。あの人はボランティアに行ったから、いいよ。行かないから悪いぞ。というように簡単に考えていたのでは困ります。

我々の生きている回りにはいろいろな可能性があり、そしてできること、できないことがあります。そうした世界を我々は、どういうふうに捉えているかということです。それは、私流にいえば視野ということになります。子どもに、どういう視野が開けてきたかということです。もちろん、開けただけでは困るのであって、行動に移し、問題に向かわなくては。でも、問題解決は視野がないとできないのです。

ここにおはじきがあって、指でポンとはじけば終わりというのなら簡単ですが。これをやると、後でどういう問題が起こってくるのか。私はやるけれども、隣の子はやらない。それはどういうわけかなど、様々なことが考えられるのです。

そういうふうに考えてみると、生きているまわりは問題だらけですから、全部問題ですから、そういうことを解決しようとすることは、誰にとっても必要なことのはずです。ところが、そのことはあまり教えられなかったのです。

テニスをやるには、どんなにラケットを持って、どう球を打てばいいのかを教えてもらっても、それは、テニスにとって、自分にとってどういう意味があるのか。それは分かりにくいです。

そうした部分的な知識を集めて、それを先生は子どもに与えている。そうした作業は日本の国の教育では、うんとやっているわけです。それは教えなくてはいけないのですが、人間一人一人の方も、自分のまわりを拾って生きていかなければならないのです。その中へ、先程言ったことをうまく取り込んでやっていかねば困るのです。そのあたりを、一人一人の人間が考えているかどうかです。ましてや、先生は一人一人の子どものまわりのことも含めて、その子の問題解決になるよう配慮しているか、考えているかというあたりがポイントになると思います。

2　視野貧しき故に

1　一人一人の子どもに即して、面倒をみる

今言ったように、ボールをうまく扱うようにして練習させればそれだけでも意味はありますが、それでは人間というのは成り立っていかないのです。考え方としては、日本の学校は中途半端なようなところがあります。今も、学校は知識だけを教えればいいんだ、躾みたいなことをやってはいけない。それは家庭でやるべきだという考えもあります。個人個人に必要な能力を出させるようにするのは家庭でやればいいので、学校ではどの子にも一律に与えるものだけを与えればそれでよいという考えですね。

そうなると、時間数をうんと減らしてもいいのです。ヨーロッパの学校のように、午前中だけで体育なんかは社会体育ですから、午後は掃宅させてやればいいのです。そういう考え方はありますね。

こうした考え方には、私は賛成できないのです。あえて言えば、学校で与えるものは価値のあるものではないと思います。一律にやるだけで、それを子どもがどうキャッチするかについては先生は関係がないのですから、それはお前たちの方でやってくれということですね。

だけど、そういうのも徹底した一つの立場だと思います。その逆は、一人一人の子どもに即して面倒を見てあげましょうということ。家庭教師ではないけれども、そうなると、子どもは個別学習になってしまいます。個別学習だけでは困るのです。やっぱり集団の中でないと伸びませんから、学校というシステム

が必要になります。その場合は、一人一人の子どもに寄り添って、カリキュラムも、指導法も考えねばならないと思います。先に言ったように、先生だけの考えで与えるものだけを与えてというのと対照的です。

2 教材研究に、人間が生きているように

例えば、教材を教えるのは、いい悪いにかかわらず、まずやらねばならないことでしょう。それは錯覚のもとです。世の中に四角四面な教材があって、それを一つ一つ部分的にやっていく。一年生はここ。二年生はここ。中学生は…。大学生は…と、いうように順次高度なものへと。そうなれば非常に単純なのです。

教材で教えるというのは当たり前であり、やらなければいけないのです。でも、教材は他のものと組み合っていて、ここをやると、次は当然こう発展をするとか、この子の場合であると次はここが必要であるとか。前にやったこれと関連してくるとか。そういうふうに教材を考えてくだされば、これは、我々が生きている当たり前の世界なのです。

そうではなくて、羊羹のように切って、次々と「はい食べて」「はい食べて」というように考えると、これは発展性もなく、幼稚なレベルになります。先生方は、専門家として教材は一番大事なものですから、それについては単純な考えを持っていることはないと思います。

けれども、教材研究などをやっているのを見ると、そこに人間が生きてないのです。ただやるためにやっている。物知りになるために、知識をただ吸収するのと似ています。目的もないのですね。反省もな

いのですね。

こうなると、この世離れしてくるのです。これが先生方を誘惑して、足が宙に浮くわけです。これを教えればよい。これもだ。進度は遅れないようにやっているか。あれはやったとかね、本当に教育亡霊です。親も子どももそれに引っ掛かっているから、うちのクラスの先生は進度が遅れている。テストに出る問題を教えてくれないとか、そんなことで批判することになっています。

何か、特別の世界があります。その頂点にあるのは、入試なのです。最近は、その入試がぐらぐらしてきました。学歴社会というやつもくずれかかってきたものですから、今までの単純明快な、教材の羊羹を次々切ったものを食べるような構造というのは成り立たなくなっています。でも、世間でも多くの先生たちも、成り立っているとまだ思っているようです。

3 視野をつなげ、ものごとを位置づける

このあたりが崩れてくると、問題解決学習があるぞということになります。でも、そういうふうに羊羹の細工をほうり捨てて、今度は問題解決学習ですよと言ったのでは、今まではアメリカの教育だったがそれには問題があるので、今度はフランスの教育にしましょうというようなことになります。

そうした移り気で、教育を考えたら困るわけです。だから、教材を羊羹を切るように切るというような考え方をしては、人間が生きるということと矛盾しまう。このことが考えられればいいのです。

また、こんなことも考えられますね。女の人が着物を選ぶ時、その人の体形がありますね。運動能力な

んかも考えたりするでしょう。「すごくよい生地で、これは最高のファッションですよ」と言ってプレゼントされたって、そんな着物を着ると派手になりすぎてしまう。だから、家に飾っておくしかないという場合もあるでしょう。

でも、普通の生活ではそうではないのです。他人がほしいと言えば、自分もほしくなります。恰好がよいように見えることもあるでしょう。でも、それを自分の中へ位置付けてみることが大事なことです。自分の子どもに対しても、自分ができなかったことを我が子に託したいということは人情としてありますね。それから、隣の○○さんには負けたくない、ということなどもね。

色々ありますが、そうした考えや動機でやっていくと、うまくいかない場合が多いでしょう。それは、当たり前なのです。視野がつながっていなくて、部分的にくやしいとか、得をしたとか、そうしたことが先行していますからうまくいかないのです。人間だから、喜びとか享楽とかは持ってはいけないと言えませんが、視野の中でそうしたものはきちんと位置付けるということをしないと、本人が不幸になるだけでなく、まわりの人も迷惑をするわけです。

４　六年間に、幾つかのポイントを乗り越えさせる

大地震があった。どうするか。政府は、「うまく対処できなかったので仕方がない。民間で対応するしかない」ということもあるでしょう。でも、手っ取り早くやることだけをやればいいで事が済まされてしまえば、今度、事が起きた時に教訓として生かされません。やっぱりその地震をとらえて、どういうふう

に対処するか、どういう変化が人間の間に出てくるかというのが問題なのです。それが学ぶということであって、知的に伸びていくというのはそういうことなのです。だから、極めて個性的なのです。

そうでなく、大地震が起きれば逃げる時にこういう注意をするとか、こんなことに気をつけるとか。それは大事な事ですが、それを覚えたって本当に適切にやれるのでしょうか。いざという時に役に立たないばかりか、マイナスも出るかも知れません。地震があったから、オームがあったから、その対策に忙しいのでは困ります。一つの事でいいのです。一つの事に十分対応できれば、他の事にも対応できていくのです。

教育のポイントは、そこにあります。極端に言えば、四十人の子どもがいればその一人一人について、先生は子どもをよく見てポイントを考えることです。一人をしっかり見れば他の子も見えてくる。いや、全体の動きもとらえられる。

この子については、この学年の間に、この学期の内にこのことはできるようにしたい。それも、ただ漢字を覚えるとか、計算ができるようにするというだけでなく、嫌いな教科を好きにすることも、或いは動物の世話、掃除のことでもいいのです。それができるということをその子のポイントに置いて、(別に、その子に告げなくてもよい)その観点から子どもを見ていく。するといろんなことがそれに絡んで見えてくるのです。ポイントの見直しもしなければなりません。

そういうふうに考えると、小学生が六年間の間に幾つかのポイントを乗り越えることができる。そうなれば、その子が中学生・高校生になってもすごいと思います。人生八十年まで生きるとして、あらゆる場で乗り越える力が育っていくとすれば、それはすごいことです。

5　十年先に生きるマニュアル作り

テストでいい点を取ったというのは、あまり素晴らしいことではありません。一流大学と言われるところを出たから、素晴らしい就職ができ、素晴らしく出世できた。でも中身も充実とは限りません。この子については、こういうことが当てにできるとなると、それを中心に充実した世界が育っていく。そういうものがそれぞれの人に出てくれば、人生も随分違ってくるでしょう。

問題解決学習というのは、それをやることなのです。学習活動をやる中で、何が育ってくるか。ただ話し合いができればいい、ということではないのです。話し合いの中で、何が育つかということです。問題解決学習でねらいにするものは、ずっと先にあるのです。系統学習であると、そこで教えたことが次の時間にテストをしてみるとすぐ答えが出てきます。問題解決学習では、そういうことは無理でしょう。ずっと先になって生きてくるような力も、きわめてたくさんあるのです。これのねらいは、現在の教育体制では難しいです。

十年先に生きるマニュアルを作れれば素晴らしいです。本当はそれが一番いいのですが、難しいです。数年先になって生きてくる力って、いいですね。やり様によっては、一生生きるでしょう。ところがうまく教えてもらっても、長くて二〜三年は持つが、後は消えてしまってまた全部やり直しをしなくては駄目というのは、安かろう、悪かろうという感じですね。

我々は、子どもたちが、これからどういうふうに生きるか、何才までどう生きるか、ということを思って授業をしているか、ということでしょうね。小学校一年生は可愛いいなと思い、一年生でやるべきことをきちんとやらせているというのですが、その子が五十才・六十才になった時はどうするのって言うと、そんなことは先のことで世の中はどうなっているか分からない、そんなの言われたってということになります。けれども、子どもは先々のことに責任をもってくれない先生と、どうやって付き合えばよいのかということです。塾というのは案外、子どもに即したことをやっているのです。要するに、今教えたって後はどうなるのか。小学校で一生懸命やっても中学校でいい加減にするとか、高校で潰してしまうとかいうのもあるでしょう。でもね、一年でも二年でも、この子のためにということを考えるとすれば、多くのことは望めなくても、こういうことはこの子に育ててやりたいというものを持たないと、単なるギブアンドテイクの取り引きになると思います。

6　本当の個性的なその子の評価は、別のところに

そのような教育は、教材の部分だけを与えるということであって、スキーであればスキー場で寄り添ってアドバイスしてくれることもあるでしょうが、それは一日か二日のことですよ。学校の授業は、そういうことで成り立つかどうか。そういう問題なのです。成り立つのだが、後は駄目だ。私の教えるのは、そういうことだけというやり方ではね。それでは自分の仕事として満足できないとなると、どうしても問題解決学習になってくるわけです。

だから、その時の人間に即して評価を考える。一律の評価はできません。問題解決学習はいいけれども、評価は困るというところもありますね。その場合、独特の評価を考えられずにいられなくなるというのは

重大なのです。今のところは、内申書があるからそんな面倒を言っても困りますと言うのでしょうが、まあ妥協して言えば、「それは仕方がないよ。その代わり本当のことは、別の箇所に書いておいてください」とね。「ありきたりの評価をしていると、この子はこれだけの点数しか取れませんが、学習を見ても生活を見ても、こんなに迫力があり、こんなユニークなところがある。物事に対してこんなに真剣にやれる」というようなことが、読み手にひびくような形で書いてあれば、これは役に立ちますよね。とにかく、先生の個性的な見方が出た表現が大事です。私は、どこへ呼び出されても、その子のためには弁ずることができるというそういうものですね。その子は、問題解決をしてこういう苦しみ方をしているとか書かれてあれば、読み手によってその子を生かすことが出来ると思います。

今の入試制度の中では、ありきたりのものが点数になっているのだから、そんなことを考えるのは無意味だと言われるかも知れません。でも、今言ったようなことが書けるか書けないか、そこにその先生の日頃の指導の人間そのものが出ているのですよ。そして、先程言った生とか死とか、人間そのものの生きようがあるのですよ。

7　一人ぼっちだからこそ、まわりとのかかわりが大切

生まれる時は裸で生まれてきますが、死ぬ時も、どんなに仲のよい友達がいても一緒に死ぬわけにはいきません。やっぱり、どうしても一人ぼっちです。一人だということは、だからまわりにどうでもいいのではなくて、一人ぼっちだからこそまわりが重大なのです。まわりとどうかかわれるか、ということが大

事なのです。

それが授業の、教育の中心に座ってこないと、世間並みは何とか通過するかも知れませんが、事が起きれば駄目ですね。駄目といっても、お互い似たり寄ったりだから、大したことはないかも知れません。しかし、事が起こった時、それに打つ手があれば、その子を助けることができるかも知れないということです。

どんなことをしても、震度七の地震が起きれば助かりようがありません。けれども、助かり得る何かがあるんですよね。それは運なのでしょうか。運だけではないものもあるでしょう。教育というのは、そこに生きているわけです。

8 先生が、子どもに期待する

ベストの教育をすれば、そこに生きている人が大変幸せになるというわけでないでしょう。だが悪い教育、人間を見ていない教育をすれば、プラスになる可能性は非常に少ないのです。基礎的知識を与え、社会的認識も教育してあると言っても、人間がぎりぎりのところで生きていく勝負の場で何ができるか。みなさんの教えている小さな子どもたちは、これから六十才・七十才と生きていくでしょう。どういうふうにして、野を越え、山を越えていくのか。そういう時に、先生はどういうプラスをすることができるのか。まあ、人間というのは、同窓会などで逢った時、子どもの頃は困っていた子が立派になっていますね。まあ、品行方正・学力優秀だった子が、しょぼしょぼしているということもありますね。これも、運だからと簡単には言えません。小学校の頃、優秀だったというのは、絶対的な強みであるとはいえませんよ。

しかし、あの先生の思い出はと言われると、叱られたことなどは覚えていますね。あまり意味のないことでもありましょうが、でも、その先生から、何らかの影響を受けているということはあります。

教師というのは、あまり長くその子どもを持たなくても、強い影響を与えることがあるようです。何も自分の影響を受けさせたいとうぬぼれていなくても、何か子どもの中に生きているものがあれば、それは強いことです。私は、だれもが素晴らしい実践を残さなければとは思いませんけれども、教師によっては、子どもは或る生き方ができるということです。先生が子どもの未来に期待しているということは、非常に大事なことです。

3 不完全さが鍵

1 先生が裸になって、子どもたちに向かっていく

私が、「教えるということはどうして成り立つのか」と問われれば、「子どもが不完全だから、そして、先生もまた不完全だから、それが成り立つ」と答えます。

不完全だから、前の夜に下調べをして、用意して教えることは必要です。でも、完璧になったという証明はできないのです。先生も間違っているかも知れないよということを、どういうふうに子どもの中へ入

れるかということですよ。先生は神様であるから間違いはない。先生の言う通り覚えたら、点数はよかった。これで万全というおとぎ話で、人生を生きていくのはどうでしょう。

このように考えてくれば、問題解決学習というのも、やりやすいようになります。先生も不完全でいいのだから。系統学習でいくと、先生の不完全というところは始末がつけにくいようです。問題解決学習が大切とよく言われますが、そこには、先生の不完全さが存在するのです。この点をはっきりしないのは、私にとって不思議なのです。

教師が不完全であるといえば、親も子どもも信頼しなくなって、でたらめな学校になるのではないかと思うのでしょうか。実際に教壇に立って、完全だと思っている人はまずないでしょう。慣れてしまえば、別に何も思わなくなるでしょうが、完全であればどんな質問にも答えねばならないし、完全だと思って人間離れしているようなところが学校の中に定着しているとすれば、非行やいじめの問題が起こっても、手のつけようがないでしょう。先生が上から押さえる以外にないのです。そしたら、更に不信が出て、非行を新たに生むことになります。

先生が裸になって向かってくるとは、子どもはふつう思っていないでしょう。先生が本音で僕らに接していると思った時に初めて、真のその変化が出るのではないでしょうか。

今の学校は、校長以下、昔の学校以上に裸にならなくなってきているように思います。それでは、難しい問題を生みっ放しになるように思われます。

2　一人一人の子どもが生きる場

問題解決学習を本気でやるならば、非行・登校拒否・いじめなどの問題は、なくなってくると考えられます。でも、そうした次元では考えないで、教材の研究は、学習のグループはどうしたらいいのか、の次元だけで熱心になっています。

一つのことでいいのです。教材なら教材が、一人一人の子どもにどういう意味があるか。子どもにどう働きかけるか。子どもはどう働きかけるかを丹念に考えると、自ずから問題解決学習の中に入ってくるのです。この学習は、きれいな形ができ上がるというわけではないのです。

するると、一人一人の生きている場というのが出てくるのです。その中で、教材をどう展開するかを考えればいいのです。難しいかも知れませんが、自然のルールがあるでしょう。子どもたちを見ていると、一人一人のことが見えてくるのです。だから、地域学習というのがあるのです。

社会科はまず地域学習といいますが、子どもにとっては、地域学習とは特に関係がないのです。子どもの生活の中から地域が見えてくるようにすれば、うまくいくでしょう。まずこれをやるべしという考えで社会科をやると、やりにくいということになります。いつも順序が逆だと考えていいでしょう。

人間には、色々と問題があります。その問題から、ああでもない、こうでもないと考えるところから出発すればいいのです。それが、だんだん友達の問題と繋がってきたり、先生の持っている教育目標と繋がってくる形で単元が出てくるわけです。

教科書にあるから、隣のクラスがやっているから、自分のクラスもやらねばいけないとするのではいけないのです。そうした考えでやっては、子どもの中に育つものがないのです。各学年には、いくつもの単元がありますが、それは全部やれないのは当たり前です。その中の若干をやって広げていけばいいのです。問題解決学習というのは、それだけ心得てくだされば、後はどういうふうにやってもいいのです。

そういう意味では、先生の主体性が生きる教育なのです。でも、主体性なんかはいらないよ、という先生も多いような気がします。しかし、新聞の投書なんかではそうでない人がいるようですが、小さな場で自分の意見を出して、それを広い場へ繋げていこうとしないといけません。

3　「私は納得できない」と言える力を育てる

これは、授業の場でもそうだと思います。今まで発言しない子が発言するのは、うれしいことです。それを認めて広げていきたいと思いますが、それは、ただ言えればいいというのではなくて、小さな場で不満や考えを言えば、それを出発点として大きな場へと繋がっていくように考えてほしいのです。その場合、あせってすぐ大きな場へ出してしまって、そこでぴしゃりとやられてしまうのは駄目です。小さな不満が、大きな広場へ入っていく。でも、広い場へ出ても、ぼくは困る、私は納得できないと言える力を育てればいいのです。

そのためには、時間をかけねば。また、適切な防波堤も大事です。そういう配慮をしていれば、社会科は不得手だと思っている子も、案外おもしろい考えを出してくるし、伸びてくると思います。

子どもたちにとっては、学習の中で小さな発見、小さな不満をどう解決していくかが、問題解決学習の中で大事にされるようになることでしょう。系統学習的にみると、小さな発見などはないのです。子どもが「こんなことを見つけた」と言えば、「それは、ここに書いてあるよ」と位置づけてしまうのです。その子なりに苦労して発見しても、それは教材の中へ位置づけなくてはいけないのです。それでは、その子の喜びにはなりません。

問題解決学習で、子どもが小さな発見をしても、それはたいしたことでないかも知れません。けれども、発見するまでのプロセスを、一番大事にしなくてはならないのです。そうすると、今まで思い付かなかったことが出てくる可能性もあるのです。

4 「これを教えること」の意味を掘り下げる

世の中は、そんなものではないでしょうか。専門家だけが何もかもできるのではなくて、そうでない人がヒントを出したりして、それが学問の進歩に役立つことがあるのです。社会科のことは私が、理科のことはあの人にということにきめてしまえば、学問の進歩を妨げることもあり得ます。

問題解決の考え方が、我々の生き方に浸透してくるということが大事なことです。それなしに、授業研究をやられても、あまり実りのあるものにならないという気がします。

教えてはいけない、というのではありません。これを教えるということには、どういう意味があるのかということを掘り下げていくことが、教育の専門家のやることです。先生方は、それが一番の仕事であると思います。そのことならば、何時間でも、何日でも論じるよという位の粘りと迫力がほしいと思います。

昔は、附属小学校などからえらい先生が来て、授業をしてもらって、これはいい授業でしたと誉め称えて終わりということでした。今はそうではなくて、あの子はここでこう発言したのを、先生はこう取り上げられた。けれど、そうではなく、「あの子の発言は別のことから出ている。だからこの取り上げ方はおかしい。今日来ていただいた先生は、子どものことが分かっていないようだ」と言えるようでなくてはと思います。「来ていただいた先生は、発言したあの子の今までをよく知らないのだから、ほんとうの授業になっていない」と、担任の先生なり、同じ学校の先生が言ってもおかしくないのです。

しかし、外部からの入り授業の先生は、馴れぬ子に授業をしなければならないような状態になれば、前日に来て子どもたちと接してということもあるらしいけれど、それにはやはり限界があります。その先生は外形はどうあれ、やはり中身のある授業はできないというべきでしょう。万一、今でもそうした授業があるとすれば、系統的な学習であればできるのかなあという感じがします。

ですから、一人一人の子どもが人間だから、先生も人間だからと自覚していれば、問題解決学習はやりよいし、効果も上がるでしょう。そうした自覚がうすいと、いくらテクニックを駆使しても、教材研究をしてどんどん発表させても、はっきり言って空振りという形になるでしょう。

5　学校全体を見ながら、自分らしい学級経営を

こうした心がけというのは、授業だけに効果があるのではなくて、先生ご自身の人生の中にもあるのだから、生きるとか死とかをわざわざ考えなくても、人生の中で自然と問題になってきうるということです。

そういうことを問題にしないで、目の前に事が起こってこなければ平気という人は、気の配り方が違うのです。

うちの学校のこんなところが心配だと考えながら毎日授業し、子どもと遊んだり、会議に出たりしている人と、やる事だけをやればいい、心は外にあってもという人とでは根本的に違いがあります。あの子の今日の顔色はと気が付くか、気が付かないか。その違いでしょうね。この頃、クラスの様子が少し…と心に止める。こうした教師が十人、二十人と集まっている学校と、校長は校長で自分の持ち場だけを守って、教師は時間中授業だけをやってというような学校があるとすれば、あとの方は、学校全体が分断されているようですね。個人としては、よく頑張っていたとしても、そうした学校は、一歩校内へ入ってみるとよく分かります。お互いの気配りがなく、ばらばらなのです。人間として、全体をかばい合っていく考えが欠けているのです。こうした空気の学校が、最近多くなってきたのではないでしょうか。

問題解決は何としても必要な事で、我々の生活の中に必ずある事なのです。学校の特別用語ではないのです。現在の学校で、この学級はあの先生らしい学級経営がなされていると言える教室は、クラスは、どの位あるでしょうか。校長先生は、廊下を歩いて「ここは、あの先生らしいな」といえる教室が多くあれば、学校全体に力があると思います。

第5章　「指導計画」

1　メモの大切さ

1　教師の都合の逆や、別の価値観で見る

今の岡埜さんからのお話は、おもしろかったと思います。発表しないというのは、教師からみると困るのですね。少なくとも、何とか活動してくれないと困りますよね。一時間そこにいれば、それなりの成果がなくてはいけない。なかには、全然、授業に入れない子どもがいるかも知れないのですが。

でも、たとえ黙っていても、学習に参加しているのだから、それが先生にとって計算に入らないということはないでしょう。そう考えると、教師の都合からだけものを見ることをやめてみても、おしゃべりをする子、黙っている子、いたずらをする子など困るのですね。黒板の方から、いつも先生は子どもを見ているのです。でも、それを逆の方から見ると、ちがった景色が見えます。そうすると、いろいろなものの価値が少し変わってくるかも知れません。

また、教室というのをひとつの舞台として考えれば、我々が芝居を見るとき、座席からでなく舞台の裏や横から見ると、同様に違ったものが見えるかも知れません。これは、舞台を繋げる見方をする場合に別の角度から見ますね。この見方は捨てがたいものですね。

私はそれを教師の都合ということで考えるのですが、都合の悪いのを逆に都合がよいというように考えるとか、或いは別の価値観で見ていくとかすると、子どもたちを今までとは異なった見方で捉えることが

できるかも知れません。

今の話は、教師として、子どもたちに何とか発言してほしいと思うのは当たり前なのですが、じゃあ、発言さえすればいいのですかと言われると、これまた答えにくいですね。それも、今まで発言しなかった子がめずらしく発言した場合、先生だけでなく、子どもたちからみても意味のあることなのです。でも、だんだん慣れてということになると、よく言った、よく頑張ったという価値がなくなっていきます。案外、その子が自分の考えを出してくるのは、後の方になるかも知れないのです。

一見みんなと同じように発言できるようになったと思う子どもが、実はまだ人並みまでいっていない場合もあるのです。そういう捉え方も、表面的な都合を外してみないと分からないかも知れません。

2 授業の計画はするが、変更する

問題解決学習というのは、なかなかうまく展開しないのです。系統学習の指導案もそう簡単でないと思いますが、案外、簡単にできるように思っているようですがね。これに比べると、問題解決学習は、都合がつかないのです。先生にとって、いい都合にはなっていないので、面倒であり、おかしいということになるのです。

その都合のところをちょっと外して考えると、それ程面倒でもおかしいことでもないのです。それは、問題解決学習を先生は嫌いだけれども、子どもは好きだということではない。子どもも、そう好きでないかも知れない。私は、先生方は考え過ぎというか、構え過ぎだと思います。普通の人生のひとこまとして、学習とか、授業とかを考えたら、もう少し違ってくるかも知れませんよ。

むろんそれは、いい加減に思いつきでやって終わりというのではありません。しかし、人生には、それらしい場面がたくさんありますね。でも、人生あてずっぽうだけでは、うまくいかないでしょう。すると計画も必要になってきます。家の建て替えだって、突如としてこれから建て替えますと思いつきだけで、うまくいくものではありません。だからプランは必要です。

でもまた、そっくりプラン通りにやれるというものでもありません。いろいろ都合が出てきたり、あちこち変更も出てくるでしょう。ということが我々の人生にもあります。

それと同じことが、授業にもあるのです。それではいけないよ、計画通りにやらないのは無責任な指導だよと考える。その建前がそのまま実現できるということを前提において、反省したり、研究したりしていくと、授業がだんだんおかしくなってきます。

問題解決学習というのは、計画はしても、実際はどうなるか分からないところが難しい、面倒なのです。これは、人生がどうなるか分からない面を含んでいるのと同じです。

人生は、最後まで見通されて計画通りに行かねばならないということになると、生きていること自体がいやになりますね。

問題解決学習の指導計画をどうするかというのには、そういう構え方の問題がまずあると思います。要するに、人生は計画的にやらねばならないけれど、計画通りに仕切るっていうことはあり得ないのです。ポツン、ポツン置いていった出来事があって、それをどう繋ぐかを考えるのでしょう。碁の場合も、よく似たことが言えそうですね。

だから、問題解決学習というのは、今日はこの辺のところがポイントだぞということが幾つか、先生の頭に浮かんでくるのだと思います。教材研究をすることによって、それを順序よく並べて、導入の段階・展開の段階・終末の段階ときちんと区面整理をして、その道を歩いていく。横道はいけませんというようにすると、どうも今言ったような感覚は、どこかへ行ってしまいます。

３　苦しいけれど、立ち往生をする

子どもの方も、そうなのです。目の前に三十五人の子どもがいるとしても、三十五人がいつも先生の目の前でチラチラしているわけではないのです。今日はこの内容だとすると、あの子とあの子はどうだろう。あの子は、どうしてもこういう箇所で活動させたいとか、この子はちょっと出さないで次の段階でというふうに、いろいろなことが先生の頭の中をかけ抜けていくと思います。それは、大事なことです。そうして、学習をすすめる目安ができていくのです。私は、計画はそれだけでいいと思っています。

また、終末はこうなるかな。それより、あの子の考えをどう取り上げるか。などと思うかも知れません。大体、人生は思うようにいかないものです。考えないとやりにくいと思いますから、考えますけれども、結論は先生が勝手に出さない。そういう終わり方もある。これを出させて次へつなぎたいなど、思いをめぐらしてみることによって指導の目安とするように、土を耕してみることが大切です。荒土のままで終末へくるよりも、少し耕しておくだけで私はいいだろうと思います。

そんなことを言われても、何のことか分からないと言われるかも知れませんが、授業をするということを考えるというのは、そんなものだと思います。話をする場合だって、今日の話はこれを中心にこれとこれを使って話していこう。でも、聞いている人の顔を見て判断しなければと思ったり、自分が思っていたより人数が多いとか少ないとか思ったり、いろいろありますね。

でも、話をする前に、「思わくが違ったので三十分程待ってください」と言って話の組み立てを考えなおすというわけにはいかない。何とかしなければなりません。でも、何とかなっていくものです。初めもたついても、あと発展していくようにさえすればいいのですから。

あんまり細かく計画するのは、気休めかも知れません。いざとなった場合には弱いのです。授業だって、途中で思いもよらないことが出てくるのです。そういう時には腹を据えて、私の言い方をすれば、立ち往生をちゃんとやる。苦しいけれども立ち往生をすると、道が開けてくるものです。

それを、何とかごまかしてうまくいかせようとすると、一種の逃げになって、かえってうまくいかないのですね。そうなると、子どもがかわいそうですよ。やっぱり先生が腹を出していくことによって、先生も子どもも、落ちついて授業ができるのです。先生の腹が据わっていると、子どもも安定してくるのです。

それは何か、そそくさと教えるべきものを出して、早く解れ、早くしないと時間がくるぞというのと全然ちがうわけです。決まった時間を何となく歩いて終わりというのと、何が出てくるかと期待をもたせるのと。それはいやなこと、心配することも出てくるでしょう。そうして、四十五分の間にいろいろ味わえる。そういうことになると、活気も出てきます。

4　本当に、子どもが授業に参加していたか

問題解決学習の計画というのは、ポツン・ポツンと先生の人生みたいなものが出てきていればいいと思います。それを実際につないでみたり、取捨選択をしたり、つけ替えたりしてやっていることは、人間の問題解決に添った生き方であるのです。これは、やったな。これは、まだできてないぞ。少しおくれたぞ。これは、つけ加えて。と、先生が「うの目・たかの目」でやっていたら、子どもたちだって意欲的になり、問題解決学習もやれます。苦しさはありますが、充実した活動になります。

そんなことを言うと、ますます這い回るようになって、教えるべきことが落ちてしまうという話が出てくる。そこでは、教えることが落ちたかどうかが勝負なのですね。ほんとに落ちるっていうことがあるんですかね。バスならば、発車間隙にすべり込んでも目的地へ行きますから、セーフなのです。学習する折、何かを理解していくという時に、バスとか電車であれば、ステップに足をのせれば目的地へ行くことができます。音楽会の時に、少しおくれたためにドアを閉められて中に入れない。仕方ないからドアの外で聞いていていて、休憩の時に中に入った。それでも音楽会に行ったことになります。どちらも合格なんですよ。かんじんの生きた中身は別にして。

授業だってそうなのです。本当に子どもが授業に参加していたかどうか。椅子に座っていればいいという問題ではないですね。そういうふうに考えると、ずっと黙っている子、しゃべっても注目されない子、いろいろあります。考えないで隣の子の受け売りでしゃべっているという子もいます。だから、ディスカッションも形だけできていればよいというものではありません。そうした時には、子どもの様子で先生

は分かるはずです。そのことは、大事なことなのです。そういう見地からいくと、かくあるべしと教材を並べて、これが指導計画ですというのは儀式の時のようですね。我々はいつも、中味のない儀式をやっているのと違いますから。いろいろな変化の中で、或るものを捉えようということなのです。その表現の仕方ですが、ただ、順序よくお並びですよという計画にはしたくないわけです。私など、特にルーズですから。人によっては、原稿までつくってお話をされますね。最初はこれ、次はこれ、その次はというように、順序正しく話をすると聞いている方は分かりいいと思うのです。でも、どうも話の生きたつながりがなくて、何を聞いたか、何を考えたかがはっきりしないということがあります。

大体、人間がものを捉えるとか、つかまえるとかいうことは、一時間あってもそんなにたくさん捉えられないのです。二つか、三つくらいでしょう。その中で、これはおかしいぞ、これはどうかなというようなのがあれば十二分であるのです。

それ以上は、贅沢だと思います。授業だってそうなのです。これもあれもと、全部与えなくてはというのは何にもなりません。特に子どもは一人一人ちがうのだから。能力差もあるし、個性の違いもあるんだから。そのことひとつを考えたって、そんなにいろいろなことができるわけではないのです。

ですから、四十五分のわくの中で、どういうことが起きればいいかというのが指導計画です。起こすには起こるだけのものがあり、作戦があり、また後始末があるわけです。そう、あれもこれも起こるものではない。先生が起こったと思っているだけなのです。実際は、人間として何も起こっていない。何も学習していないということになります。

そういうことに対して、少し腹構えを人間並みに持つということなのです。先生は特別な人間であるという考えを止めることです。先生は頭がいいと思い込んでいるのでしょうが、いくら頭がよくてもそんなにできないのです。子どもだってそんなに受け取れません。

5　問題解決学習の計画は、メモ的に

このように考えてくると、問題解決学習の計画を立てることは、そんなに難しいことではないのです。メモの集積がいいのです。実は、「全体のけしき」というのもそうなのです。座席表というのもメモですから、あまり整理されたメモはおかしいでしょう。

みなさんも話を聞いているときに、ちょっとお書きになるのはメモでしょう。或いは、日常の生活の中でも必要なことは、ちょっと書いておくだけでしょう。ちょっと書くというのが大事であって、たくさん書いてあるとメモにならないのです。多い方がいいという人もいますが、むしろたくさん書いていないからさっと見て、「あ、そうだ」と役に立つのです。それが人間の自然なのです。

どうも私は授業の計画は、一般に非人間的なのが多いと思います。そういうわけですから、指導計画というのはメモ的にちょっとほしいですね。でも、メモに書いた通りには実際はいかない。その時は、赤ペンででもチェックしておくと、なおいいと思います。そういうものを後からごらんになると、素晴らしく役に立ってきます。あそこはこうなると思ったが、こんなことが出てきたということになると、後々の計画の時に役に立ちます。これは素晴らしい。これがプロの仕事だと私は思います。

満遍なくたくさん書いて、できていなくてもできたとしている。これは素人中の素人です。そう考える

と座席表なんかも、ちょっと書いておいてあとで見るというのは、すごく意味があります。

私が言うのは、怠け者のやり方かも知れませんが、私は大学の授業に何も用意していかないのです。日常考えていることを、出していくだけなのです。困るのは、何をしゃべったのか忘れることなのです。学生が聞いてさえくれれば、忘れてもいいのです。ところが、次の時間に困るのです。それで後、メモだけ作る。そのメモを見ると、そうかということになります。それじゃ今日はこういうふうに、ということになります。だから、いつも授業が終わった後で大事なところをメモしておかないと、次に困りますね。みなさんは、そういうことがないですか。

2　後始末とカルテ

1　「前は、どういうところが分からなかったの」

授業をやる前に立派な計画をつくる。これは、悪いことではないのです。でも、それで実践した後で職員室へもどった時に、赤ペンで何を書き入れるか。そこです。そうすると、ちょとでいいからよいものが書きこめると、素晴らしいです。いくら玄関をきれいにしても、お客さんが帰った後は放り出してしまうのでは困ります。玄関の掃除はほどほどでも、客の用件と感情でしょうか。どういうことで喜ばれたか、客の気持ちは、というように後を大事にすると今度に役立つでしょう。

そういうあたりの後始末が大切であります。指導計画というのは、そういうものだと私は思います。それを積み重ねていくと、次の指導計画はおのずから立っていくのです。どうも、後始末が下手な場合が多いのですね。

例えば、今の遊びはとてもよかった。後片付けをしないで、そのままにしておいてほしいということだってあります。それはいけないよ。元のところへ片付けましょう。では、機械的になってしまいます。これでは、あまり発展しないでしょう。

今までの多くを見ると、実践の前は一生懸命にやっても、後は抜けてしまっているのです。それを逆にしたらどうでしょう。もちろん始めも大事なんだけれども、あとを見てください。次に移るところは、この実践の最も大事なところだからと言えるようになることです。始めは、その前を見なくてはわからない。

前の時間の後始末をきちんとやっていれば、今日の始めも素晴らしいです。「前の時間、何をやったか言ってごらんなさい」と子どもに言わせて、「そうですね。わかりましたね。では今日は」というようにすると、いかにも論理的のようですが、「〇〇をやりました」と言っても、内容が理解されているということではないのです。それだったら、「前は、どういうところが分からなかったの」と言ってやる方がいいですね。「先生は、前の時間は、こんなところが不満でした」と言う方が、もっといいですよ。

そうすると、前時と本時が結ばれてくるでしょう。そうでなく、「みんなは覚えているはずだね、何をやったの」では、教室の中で先生がにらみをきかせているだけで、何も繋がってこないのです。そういう計画はやめましょうということなのです。

2　本音でいきましょう、体裁はやめましょう

だから、問題解決学習の指導計画なんて、まちまちであり、個性的であり、ちょっと他の人が見ても分かりにくいというようになればよいので、私はおもしろいと思います。

とにかく本音でいきましょう、体裁はやめましょうというのは、計画で最も大事なところだと思います。みんなで相談をしながら計画を立てるということは一応よいでしょうが、そのために、授業をする先生の個性が無視されていく心配があります。個性尊重と言いますが、計画は個性的でなくてはなりません。

そのことを、誰も要求しないのはどうでしょう。校長だって、研究主任だって言っているでしょうか。また、学校へ来て授業を見て指導する指導主事だって、これはあなたの個性が出ていないと指摘してくれるかどうかですね。

この指導計画は、先生の個性に合っているだろうかを考えることが大切です。すると、子どもの個性も問題になってきますね。そういうところが指導を研究するイロハであるのに、あまり聞かれないのです。

我々は、人生を歩いていく時に、足の出し方があります。その出し方が、自分の体に合っているかということです。その道路やまわりの状況にも合っていることが大事ですと言えば、基本はこうだと言われるかも知れません。基本はふまえるとしても、その人に合った歩き方をすることが大事なのです。みんなその人に合った歩き方をしないで、基本通りに歩きなさいでは困ります。

そのあたりのことが、先生が職員室を出て教室に行かれるところから、もう出てくるのです。特に、教室に入る時の入り方を見ていれば、その先生の持っているものが分かりますね。そこには、人間というも

のをどう考えているのか。子どもをどう捉えているかが出ているのです。だからこわいのです。では、マニュアルを読んで教室への入り方を工夫しましょうと言っても、それは無駄なことですね。その無駄であるかないかも分かっていない場合があるのです。それは不思議に授業に影響します。

3　カルテには、本当にびっくりしたことを

そこでカルテのことを言いたいのですが、カルテというのは、人間のもっている個性的で基本的なものが出てくるのを、捉えることができる一番大事なものです。子どもの真実を先生が捉えることができれば、先生自身が変わってくるし、進歩してくるということです。先生が職員室からの出る出方、廊下の歩き方、教室への入り方が変わってくるということです。カルテで変化してくるのです。子どものことが本当に分かると、先生は変わってくるはずです。

カルテというのは、何回も何回も書くものではないのです。驚いたことを書くのだから、そんなに何回も驚くことはないのだから、たまに起こったことでいいのです。それに文も短くていい。長々と書かないでくださいとお願いしているのですが、どうもたくさん書きすぎます。よく見ると、そんなにびっくりしていないのですね。むしろ驚かないで、やはり思った通りだった、これもあれも書いておこうというのが主な部分であるのが多いのです。

本当にびっくり仰天したのは、めったにないのです。本当にびっくりしたことだけを書いてください。だから一人の子どもについて、一ヶ月か二ヶ月に一つか二つでいいのです。三つもあれば多すぎると思い

ます。でも、せっかく書くのだからとたくさん書くのは、悪いことではないかも知れませんが、でも、私が言っているカルテというのは、その子について、今まで思っていたことではないことが見つかったときに書くのです。

そこで、その子に対する先生の考えが動くのです。その動いたのが、またひっくり返されるようなことが起こってくる。これはびっくりした。そういうショックを与えられたことをまた書くのです。だから、「こう思ったら、こうなった」「こう思っていたら、また、こうなった」そういうことが三つ・四つあって、それを繋ぎ今わせて考えるということをやると、その子がすごい勢いで先生に迫ってくるのです。

はっきり言うと、先生が今まで持っていた考えを捨てなくてはいけないから、先生が変わってくるということです。だから、その三つか四つのことがらをどう結ぶかということが、先生にとって真剣勝負になるのです。

4　あまりだらだら書いてあっては、隙があってダメ

カルテが先生に迫ってくるには、あまりだらだら書いてあっては隙があってだめです。隙があるというのは、中味がなくてただだらだら書いてある外側のものを、表面的に繋いで「あ、分かった」となることです。それでは困るのです。やはり裸で勝負をしなければいけないのです。

そうしたものの考え方が、カルテの収穫であるのです。だから、それをやることによってその子のイメージが全く変わってくるのだけれども、その子に対するイメージをそのように変えることができるのが、

教師の変わり方です。これが大事なことです。

また逆に見ると、教師が変わってくるというのは、その子を取り巻いている奥にあるものが見えてくるということだから、社会に対する見方が変わってくるということになります。教育観が変わってくるというところまで期待できると思います。そういう働きをするのがカルテなのです。だから、カルテというのは子どもを捉えるひとつの方法ではなく、人間観・世界観を変えていくもとになるものなのです。

理想を言えば、担任する全児童のカルテがほしいです。でも、そうもできにくいから、三人でも四人でもよいのです。一人でもいいのです。カルテによって先生が変わるのだから。でも、一度変わったからと安心できません。また変わらなくてはいけないのです。それが面倒だから…というのでは、今の仕事をやめた方がいいです。

3　見逃すのもいいことだ

1　驚きの中から、本当のものを見つける

私のようにだんだん年をとって来ますと、今さらショックを受けたり、新しいことに取りかかったりというようなことには疲れてしまって、今までの自分でいいから安らかでいたいと思うことが強くなります。これは老化だと思います。しかし、老人というのも、そうなったら終わりらしいです。本人は安らかと

思っているのでしょうが、実はだんだん沈没していくのです。やはり人生に迫力を失います。もう老いぼれてしまったといいますが、その老いぼれ方が悪いと、今までのことも駄目になってしまいますね。

その辺のところは年を召されてから考えればいいのですが、先生方はまだ若く生き生きしておいでだから、それだけに、時々ショッキングな状態に入っていかねばいけません。どうして入るかといいますと、カルテが一番いいと私は思います。時には、仲のよい友達とけんかをすることもありますね。それは、友達に対するカルテが破られるという事です。

オウムもあるし大地震もあるし、びっくり仰天ばかりの一年であったわけです。だけど、そのことに対して我々一人一人がどう驚くか、驚いて何を見つけるか、今後どうしようとするか考える。これが勝負なのです。それは、大きな地震にあわれた方々のことを忘れるということではないのです。考えれば考える程、自分を変えざるを得ないということがあります。

もう忘れてしまうとなると、しょんぼりです。二十四時間中考え続けるということではなく、事にふれて蘇るということです。他のことにかまけて蘇らないとなると、人間というのは落ちていくより仕方ないのです。

授業とか学習の場というのは、そういうことが確実に出てくると私は思います。だけど、毎日驚く、毎時間驚くというのはうそです。自分を変える、相手をよく捉えるというには、それだけのエネルギーが蓄積されていないといけません。もういいや、もう疲れたという時はだめです。待てよ、もうちょっと考えてみよう、もう少し見てみようというところに本当の発見があるのだから、疲れはてている時には駄目なのです。

ちょっと見て、「よし分かった」では駄目です。もう疲れてきたけど、待てよ、もう一息いこうじゃないかというように思えないと、本当のものは見つからないのです。自分を変えることが難しいのです。ですから、時々しかできないのです。

2　見逃しの中で、たまたまを生かす用意がなされる

一番分かりにくいことは、毎日々々子どもたちに授業をしている、それはコンスタントなことですよね。確かに、少しでも失言することすら許されないのです。そして、子どものここがおかしいぞということは、ちょっとでも見逃してはいけないのです。だから、張りつめていなくてはいけません。しかし、そう張りつめてばかりいると、人間の真実が見つからないというのも実際なのです。

やはり、ある程度のゆとりをもって、大事なところに集中できるような状態を保っていないと、本当に意味のあることはできない。絶えず緊張のしっ放しでは困りますね。そこのところは、難しいことです。

世間では、あの先生は何で気がつかないのと言うでしょう。全部気がつくはずはないのです。だから、「それは、気がつきませんでした。」と言っても、少しもおかしくないのです。でも子どもたちは、千変万化しているわけではないのです。大きな事件などを起こす場合は、その子はどこかで信号を発しているはずです。教師は、その信号を捉えることができなくてはいけないのです。そして、その信号を捉えるためにはカルテが必要なのです。

高く、低く信号を発しているのをどこかで捉えるということは、そういうチャンスが掴めるということ

です。目を皿のようにしていれば、見えるというものではないのです。そうした意味で、たまたまとか時々とか言いますが、それは難しい意味を持っているのです。

人間精一杯やることは、たまたましかできません。でも、そのたまたまが重要なものになるというところが、大変なことなのです。それが分かっていただければ、先生方は自信をお持ちいただけると思います。たまたまでいいのです。チャンスを何度逃がしても素晴らしい。たまたまのチャンスを捉えればいいのです。そんなことは運がよくないとできないかも知れませんが、そうではなく、見逃しているというなかで、用意がされているということなのです。「あっ、しまった。今度は逃がすまい」というのも用意のひとつですが、それだけではなくて、いろんなチャンスを逃がしながら、ここぞというところで掴まえることです。掴まえたところがベストではなく、たまたまです。でも、たまたまを生かしていくのには、ときどきチャンスを逃がしていることが大事なのです。

3　三割バッターも、七割はアウト

このことを野球でいえば、いい球を見逃しているとどんどん追い込まれてくるのです。だから、いい球は打つ方がいいのです。でも、次はもっといい球がくるかも知れないし、どんな変化が起こるかも知れないから、しまったと思うけれどもそれが大事な蓄積になるわけです。相手の投手に対する理解にもなります。

そういう失敗を重ねながらつかんだチャンスが、素晴らしく生きるということです。いや、生きないまま三振で終わるということもしばしばあります。いつも、ホームランを打てるのではないのです。

打率は、いいといっても十本のうち三本のヒットでしょう。あとの七本はアウトです。だから、そうあわてることはないのです。見逃せばいいのです。チャンスには打てないで、ランナーのいない時に打つという人もあります。あれはあまり事が生きませんね。それが、我々生きている世界の在り方なのです。そういうことを、先生方がもう少しお考えになる必要があると思います。

百本中百本安打にしなければとか、毎回ホームランを打たねばとかを考えないで、見逃したことが生きるような生き方をしましょうということなのです。

問題解決学習というのは、そういうものなのです。いろいろあって、その中の一つを掴んでいけばいいのです。すると、計画的でないとか落ちているとか言いますが、落ちるのは当たり前で、投手から投げてきた球を全部打ったバッターはいないのです。系統学習は、何割打てばいいのですかということになります。三割打てばよいのであれば、後の七割はミスです。それだけのミスをして、系統学習は成立するかということです。百発百中をねらうなんて、おかしなことです。

三割バッターであれば、もう堂々たるものですね。彼は七割のミスがあっても、チャンスに打てるのです。問題解決学習というのは、そういうことなのです。だから、テストの点数にしても丸がいくつあるではなく、この子にとって大事なところが丸であればいいのです。こうした採点をすべきでしょう。

4　「この子にこの問題ができた」ということに価値がある

もう世の中は動き始めています。学歴社会はどうとか、入試のあり方がどうとか言い出しています。やはり、勝負を決めるようなところで打てるというのは、素晴らしいことです。

また、この人が打ったというのが、素晴らしいということもあります。彼が打つのは当たり前というのでは、あまり素晴らしいと言えません。それでは不公平だと言うかも知れませんが、そうでなく、人生というのはこの人が打ったということが大事なのです。平均点さえ上げればいいというのではないのです。それよりも、この子にこの問題ができたというところに価値があります。

こうしたことは、非科学的であるように思えるかも知れませんが、そうではなく、科学とは本来そうであるべきだと私は思います。

そのあたりのことを考えて、問題解決学習の計画とか、カルテとかを考えていく必要があると思います。ちょっと、これまでと考えを変えていかないと、多くなってきている少年問題にも対応できなくなるのじゃないかと思われます。

優等生的な平均的な考えを破棄せねばならないでしょう。それじゃ、それに代わるものは何かといいますと、それは、人間を改めて見つめ直してみるところに出てくると思います。

第6章　「カルテによる教師の深まり」

1 カルテは教師のためにある

1 「これは素晴らしい」というカルテに出会ったことがない

今、小島律子さんからお話しをいただいたのですが、小島さんは音楽を専攻されています。学校教育における音楽を深く研究されています。ということはユニークですね。実際に音楽が学校でどう生きているかということになると、大変な問題だと思います。こうしたことを正面から取り組まれている人は、あまりないようですね。今日、その研究の会が小島さんのお骨折りで出来て、これが大きく発展していけば、子どもたちにとっても大変幸せだろうと私は思います。

音楽というのは、人間全体に働きかけるということがあります。音楽を聴くことによって、身体がリズミカルに反応する人もいます。何かそこに強い働きかけが起こるということは確かなのです。そういうものが教育の中に生かされるのです。私が、今日これから申し上げることになっています「カルテ」は、人間全体の問題であります。どうも教育というのは、部分だけをとらえて、「ここはこれでよし」というようにして処理してしまう。音楽だって、「音程が狂っているから、それを直せばよい」というようになりがちですね。そこにいる一人の人間が「どういうふうに変化するのか」「どういうふうに影響をうけるのか」というようなことについてはあまり考えてもらえないのです。

我々は、日常の授業を、ごく常識的な意味でですが、手抜かりなく運んでいるのですね。でも、「本当にうまく運んでいるのか」というと、心配なのですね。ある日、突然子どもが学校に来なくなったとか、いじめが起こったとか。それは、たまたま運が悪くうちのクラスで起こったと思いたいのですがね。でも、今までのことを色々考えてみると、どこかにそれの原因らしいものが出てくるのです。そういうように物事を考えていくと、カルテというのは大事な意味をもってきます。

私が「カルテ」という言葉を使い出したのは、もちろんお医者さんが使っているカルテをモデルにしているわけです。確かにカルテも、部分的に扱われるようなこともあります。ある時子どもはこういう事をした、ある日こういうことがあったとたくさん並べられてくるのです。これは無用なこととは言いません。それを見るといろいろなことが分かるからいいのですが、でもそれは、部分が並んでいるのであって、全体が見えてこない場合が多いのです。

実は、「カルテ」と「座席表」があって、座席表の方がたくさん使われているようですが、これは私から言うと、不本意なことが多いのです。カルテはもう三十年ほど前からやっています。でも、「これは素晴らしい」というカルテに出会ったことがないのです。それだから「カルテは役に立たない」と言われても仕方がないのですが、私が考えたカルテというものはあまりよく分かっていただいていないようです。そういうことにもかかわって、「カルテによる教師の深まり」について話してまいります。

2　カルテは、おもしろい発展性がある

カルテというのは、子どもの問題ではなく、先生の問題であるのです。お医者さんはほんとは、患者の

生活の仕方に対してまでも、指示をしなければいけないのです。教師にとってそういうことは、当然のことなのですね。だから、カルテというのは患部だけではなく、全身に、「その人の生き方そのもの」に直面しているというのが私の言い分なのです。

私がカルテというのに興味をもったのは、若い時に文部省にいた時です。当時はすごく忙しくて、よく働きました。そのうち名古屋大学に転勤しました。すると、大学はすごく暇だったのです。ところが、健康診断をすると、結核にかかっているというのです。「これは大変だ」と思ったのですが、一週間に二日も出ればよいという勤めですから、休む必要がなかったし、薬を飲んでいると間もなく普通の生活にもどれました。今は結核は大変な病気ではないですが、当時は多くの死者も出ましたから、大変だったのです。

幸いにして軽くすみました。それから年に二回位の検診を受けましたが、私は同じ大学の病院だったものだから、かってに自分のカルテを見たりしたのです。むろんドイツ語だけれど、大して書いてないのです。大変な病状ではなかったからでしょうね。でも、その時のカルテは、自分のものだから関心をもちましたね。カルテを教育の手段として提案したのは、それから十年程後のことです。初めて見た時、「お医者さんは、こういうように書いて治療してくれるのだな」と思いました。けれども、また、「これだけしか書いてないの」「こんなのでいいのかなあ」とも思ったりしたものです。

学校で子どもを指導する場合には、色々ありますね。通知表や連絡ノートなど、他にもあります。だけど、日常的に子どものことを記録するものが何があるだろうと思ったのですが、特にないようです。メモでもいいから、それをうまく使ったら通知表を書く時なども助かるし、それよりも、日常の指導がうまくいくだろうと思ったのです。そうしたことが、カルテをつくろうと言い出した始まりだったのです。

私はお医者さんのカルテによって教えられたのですが、私の言っている方が、お医者さんのカルテより上等じゃないかと思っています。もちろん、用途は少し異なりますが、このカルテには「おもしろい発展性がある」と思ったのです。幸い、カルテという言葉は今も続いていますが、どうも発展はしないのですね。それに、形式化されているようにも感じられます。

3　真実に近づくには、ある角度から見たり、自分でポイントを作ったり

子どもの研究については、先生によって色々違いがあります。子どもの記録を詳しくとっている先生もいます。でも、あまりたくさん書いていますから、かえって読まれていない分が多いのですね。だって、みなさんもでしょうが、新聞を読むのだって、大きな見出し順に全部読み切るのは、素晴らしい読者かも知れません。でも、新聞記者だって、それをうれしく思うでしょうか。それより、一見してさっと飛び込んでくるものを、まず生かしてというのが編集でも大事にしていることなのです。

「人間を把える」ということも、そういうことではないでしょうか。そう考えていくと、「たくさん書く」というのも、「落ちなく書く」というのも、自己満足でもあると思います。大学で講義の内容を詳しくもれなく書いておく、そうして、それをもとにレポートをつくるとなると難事業です。私はそんなノートは作ったことがなくて、ポツン、ポツンと書いていたのです。すると、試験の前でも三十分もあると全部読めます。だから、たくさん落ちているでしょうが、それを読んでいると、「あっ、そうだったのか」とか、「これはちょっとおかしい」とか思ったりします。そして、答案を書くと落第点にはならないです

ね、案外いい点をつけてくれる時もあります。講義内容をぎっしりと書いてあるのは、あまり効率的とは言えませんね。

子どもを把える場合でも、なめるように見ても、とりとめのないようになる場面もあります。ある角度から見るとか、自分でポイントをつくって見るというようにした方が、子どもの内面に近づけると思われます。

そうした、少しゆとりを持ったようなやり方が、真実に近づけるとも思うのです。これは私の流儀で、戦争に行って身に付けたことのようです。世間的に見れば堕落なのでしょうね。けれども、私にとってはそれがよかったのだと思っています。このものぐさなやり方で何を作り出すか、何を見つけだすかという問題ですよ。

あっちこっち落ちていかないか心配です。でも、その不安を乗り越えようとします。そのために、「ここにポイントを置いて」とか「ここに重点を置いて」というように考えるのです。そうしたことが、私流に言うと、「カルテ」とか「座席表」になって出てきているのです。

ところがね、どの子どもにも落ちなく完全に書いていくようにすると、何か息苦しくなってきます。どうも日本の先生方はやる気があると、真面目にきちんとされるような気がします。それをこわして、気楽に書けるようにしたいと思います。できるだけ手を抜いて書きやすくしたいのです。

4　人間自体に対して、奥行きを持って関心を示す

カルテというのは「何もかも真面目に」「たくさん落ちなく書きましょう」ではなく、「本当に驚いた事を書いて、そこから奥が見えるようにしよう」というのだから、ある面でショッキングなことかも知れません。カルテを見ると、「こんなにたくさん驚いているの？」「こんなに驚くことがあるの？」と思うようなのがあります。すると、折角つくったカルテが生きてこない場合があります。

あえて言うと、今、教師は人間に対して興味が薄いのではないでしょうか。○○さんの着ているものはどうだとか、○○さんが△△を手にいれたとか、物に対する興味はあるようですが、そこに存在している人間自体に対して、奥行きをもって関心を示すということは、最近少ないのではないでしょうか。他の職業に比べれば、もっと強くあるべきだと思います。そういうことが、カルテが進まない障害になっているように思います。小説などに人間がどう表現されているか。それに納得できるかできないか。小説に教師の姿が出ていると、教師から見ると「分かってないなあ」と思ったりもしますね。簡単に決めつけてはいけないけれども、教師はもっと人間的な悩みを持つはずの職業だと思います。ところが、そうしたことを掘り下げた作家もいないのです。

教師自身にも作家はたくさんいるのですが、人間的な悩みを持つという点で、読む人にショックを与える感動的なものを出してくる作家はいないようです。「教師という職業はつまらないのかなあ」と思ったりします。でも、これくらい人間がぶつかり合って、人に見せたくない面まで見せなくてはならないような職業はないと思います。別に素晴らしい作家が、教師の中から出なくてはいけないというわけではない

のですが、教師自身がもっと教室にドラマを期待する必要はあろうかと思います。

それは面白半分ではなく、一人一人の子どもはドラマを持っているのですから、本当にカルテが生きてくれば興味津々の対象になるのです。「カルテを書かねばいけないので、何か書きましょう」「驚いたことにしましょう」では、何の意味もないのです。本当にびっくりし、驚いて書こうと思っても書けないというようなことがあっても、おかしくないですね。

びっくりするような大事件が教室で起きれば困りますが、そうでなく、一見何も起こっていないようでいながら、教師が関心を持って子どもを追っかけてみると、すごいことがあるということなのです。

それがカルテの中味なので、すごくないことは書かなくていいのです。人にとってすごくなくとも、私にとってすごければ書けばいいのです。だから、カルテが何を取り上げているかと言えば、教師は自己告白をしているようなものです。「さすがに、あの先生だなあ」「こんなこと見つけてきた」というように…。カルテはあまり公開して、人に見せてというものではないけれども、カルテを見ればその人の人生観が分かってしまうのです。だから、この人と生涯を共にしようと思えば、その人が子どもについて書いたカルテをちょっと見れば、大体のことは分かると思います。

それ位、カルテというのは大変な意味を持っているのです。カルテはプライバシーのことがあって、人に知られてはいけないこともあります。だから、扱いは慎重であるべきです。でも、子ども以上に先生のプライバシーも露出してくるのです。研究などに出されるカルテは、いい格好だけのものであっては勉強になりません。子どものことを心配して、「こんなこと出していいだろうか」と思う前に、「自分自身が裸になっている」ということを感じなくてはいけないのです。あまりそんな感覚がなく、人のためにやっていると思っていますね。

5　カルテは、教師の発展と成長のためにある

私が終始考えているのは、「教師のためにカルテがあるのだ」ということです。「教師が発展し、教師が成長するためにあるのだ」ということです。もちろん子どもも成長しますが、その点を間違えたら困るのです。先生は立派で子どもは未熟だから、引き上げてやらねばならないので、カルテが役に立つから書いているのだでは、やらない方が善だと思います。

私から言うと、一番肝心なところが何年も何十年も狂ったままなのです。私はこういったことを何回も書いたし、お話しもしましたが、感じていただけないのか分かりませんが、「子どものためのカルテ」と思っている方が多いのです。それは間違いではないのですが、感覚的におかしいのです。

だから、カルテを書いていると、教師自身が変わってきます。それは変わりますよ。自分の子どもを見てたって、「うちの子にこんなところがあるのか」と驚きます。それは、いいところも、悪いところも、困ったところもあります。それらは、みんな父親・母親の責任ということはないけれども、親の影響はありますよね。そこで、親は自分について考えることができる。これは当たり前のことですね。

教室でも、子どもをよく見ていろいろな発見をされれば、「ああいうことをやったから、子どもはこうなった」とか考えることが出来ます。あんまり気にし過ぎてもまずいですがね。でも、子どもの様子が見えてくれれば、「まずい」と言ってられません。

そういう意味で、子どもは我々を太らせてくれる宝庫というか、栄養素をたくさん持っているのです。そういうように考えると、先生は子どもたちのために犠牲を払っているというのはうそではないけれども、むしろ、先生は得をしているのではないでしょうか。私は、そういうところに本末転倒があると思いますね。そこをどういうふうにするかですね。

2　驚きをもとにして

1　一人一人の個性的な子どもを、良い方に変わらせる

人間がどういうふうに変わっていくかということについて、学校は冷淡ですね。良い方に変わらせたいということはもちろんあるのでしょうが、そこに、折角いる一人一人の個性的な人間が、あまり対象になっていないのです。抽象的な四年生とか六年生とか、架空の人間相手に「先生が奮闘しているので変わる」としているのです。どうやってその思いこみを止めるかといっても、止めようがないのです。母親は子どもを見ていて、「これが自分の子か」ということが見えてきて、始めて、正気になると思います。それまでは、親は子どもに対して、夢を描いているのです。

だから、必要以上に心配したり、必要以上に安心したりもしているのですね。それをどこで破ってくるのかというのが問題ですね。教師の場合も親と同じだから、どこでショッキングな発見をしていけるかと

いうことになります。だから、私は先生というのはびっくりするような、驚きやすい性格を自分につくらなくてはいけないと思います。驚くには前の驚きが残っているとだめですから、そんなにしばしば驚くことはないのです。ただ自分を素直に驚く体制に置いて授業をしていく。そうして子どもを見ていく。その上で、カリキュラムを考える、目標も立てるということができればいいですね。目標もよく考え、カリキュラムもしっかり練らなくてはいけないし、指導技術も研究しなくてはならないのですが、それによって驚かなくなってしまうと情けないですね。

先生方はどうでしょう。例えば、新卒の先生が着任した場合、子どもは未知数だからよく観察してというより、こういう場合はこう対応すればと親切にアドバイスをするでしょう。確かに、その方が便利ではあります。でもそうではなく、始めて子どもの前に新卒が立つ時、目の前の子どもは未知のものを一杯持っていると考えさせてはいけないのか。そうすると、やはりおく病になって、どうすることもできなくなってしまうということなのか。しかし、相手は弱いと良いが、分からないとこわいのでは困ります。未知の相手と取り組む時のうれしさ、よろこびをもっと人間は持たねばいけない。子どもたちにも、与えてやらねばいけないと思います。子どもたちも先生に寄りかかっていれば無難で、点数だってまあまあ取れるということに慣れてしまうと、未知のものには向かっていけなくなりますね。

学問研究だって、未知のものへの取り組みです。ところが、外国の学者の言っていることを持ってきて、それを並べて格好よくやっていると、未知のものとの取り組みはいやになってくるのですね。こわくてできないのですね。大学院の学生諸君の中にも、そういう人がいますよ。本人が悪いのではなく、そうした環境に慣らされてしまうのです。

2　子どもの未知なるものを発見する

「未知のこと」となると、今までに習ったことのないものをしなければなりません。すると、苦労しても、みんなからやっつけられる場合がありますよね。何かをやる時には、どうやったら褒められるかという考えでやるから、どうしても弱いのですね。日本人は危機管理に弱いと言われています。危機管理に強い人間をつくるということになってくると、既成の事実で、既成の概念でまかなっていくということを断念しなければなりません。全然無視はできませんが。

そうすると、カルテが生きてくるのです。先生がテストをやる時だって、ある程度の見当をつけて問題をつくっているのでしょう。授業の中で子どもに指名する時だって、あの子だったらこの程度の答えは出せると考えているのでしょう。その先生の予想を一度ひっくりかえして、根本からでなくても、「第一の予想をちょっと変えてみる」というような事だけでもやってみると、教室の景色は変わると思います。景色が変わるということは、そこに未知のものが出てくるからです。そんなに授業が簡単に成功するはずがない。先生も立ち往生するというのは当たり前なのです。だって相手が未知なのだから。相手が未知だというのは勉強不足ではずかしいという考え方が、先生の方に、指導者の方にありはしないでしょうか。

例えば、スポーツでコーチが選手を指導する場合、コーチというのは全部分かっていて、「君はこういう時にこうしたらよい」と言えなくてはコーチとして務まらない、権威がなくなると思っているのですね。コーチというのは研究者であり、発見するのだから、その選手の中でびっくりしなくてはいけないのです。びっくりするというのは、今までに自分が良いと思ってきたことを、そのまま適応できないということです。どうも、外国のコーチだとそういう所があるようですが。

だから、もっと教師は子どもに驚くことです。昔から、「子どもに教えられる」ということも言ってきましたがね。これは、「驚いて、肝っ玉がでんぐり返る」というようなことではなく、いい加減に言ってきたようですが、先生の居場所が小さくなってしまっているから、でんぐり返しなんてとてもという学校の仕組みが悪いのでしょうね。

先生がびっくりしてひっくり返ることができる充分の広さを、教室で持っていなくてはなりません。しかし、カルテで、子どもの未知なるものを発見したりなんかしたくないですよ。発見すると、えらいことになってしまうからね。

私の話は極端なことを言っているように思われるかもしれませんが、本質的にそういう問題なのだということです。だから、少しでもいい、子どもの様子を見て驚けることができる教師になることです。

何かね、「おさまりをつける」ということに、我々はこだわり過ぎるのですね。外国人の方がそのあたり、ルーズなのか、おうようなのか、独創的なのか分かりませんが、割合に迫力がありますよ。日本人だって、そういう人がいないわけではないでしょうが。

ですから、そのあたりをよく考えてカルテを生かそうとしてくると、とっても面白いことが出てくるだろうと思うし、びっくりするようなカルテが出てくるかも知れないです。すると、先生は裸になって子どもを見なくてはいけない。裸だから流行の衣装というわけにはいかなくなってきます。カルテによって、自分の身を守っているものを一枚一枚脱いでいくように、自分の地を出していく。これが、カルテの素晴らしい効用なのです。

3　二・三人を「抽出児」として

話は具体的になりますが、「抽出児」というのがあります。それは、何十人もの子どもを相手に授業をしていく時に、一人〜二人の子どもに注目して、その子どもを見ながら授業を進めていくのです。抽出児などと言い出した責任は私にあるかもしれませんが、これも私の考えたことと全然違ったところへ発展していくのが多いですね。どっちがいいかみなさんで考えてほしいのですが、私としては不満ですよ。

はっきり言いますが、安東小学校などでも私が抽出児というのを言って、考えてもらったのです。今は安東では「位置づける子ども」というように呼んでいますが、私は「数人の子どもが必要だ」と考えているのです。教師が授業をしながら、何十人もの子どもを直接追えないから、「数人の子を手がかりにして追いましょう」ということでした。何十人もいるのだから「三人位は追いましょう」というつもりだったのですが、いつの間にか、安東小なんかも一人になってしまったのです。「一人でなくては集中できない」「実践ができない」というのです。上田先生が言っているのは学者の言うことで、「何人もの子どもを追うことはできないから、一人にする」と言うのですね。

一人では悪いと言わないけれども、一人だったら、三十人いる学級であとの二十九人は?ということになります。非常に優れた能力を持っていれば、一人で充分です。その方がおもしろいということを、私は認めるのです。ただし、それは、非常に優秀な教師であることが前提です。

一般的に考えると、一人の子どもを追究していたらどうでしょうね。安東小の場合であると他の子どもたちもどんどん活躍しますから、素晴らしい能力をもった先生なら素晴らしい授業ができるのだが、私は一般的には無理だと思いますね。やっぱり何人かの子どもに注目しながらやっていく方が、やりいいはずだと私は思っています。今の安東小は、また私の考えのように変化してきているように思います。安東だって、すごい能力の人ばかりではないのです。

4　カルテと座席表が結びつく様に

ところでカルテのことですが、カルテを発表の資料に出してくると、スペースを多く取るのです。だから、何人ものカルテは出しにくいかも知れません。けれども、私が今良くないと思っているのは、一人の子どものカルテについてたくさんの事項が並んでいることです。そして、最後に、その子についてまとめてあることです。あとに授業案が出てくるのですが、そのカルテというのは授業と結びついていないのです。特に結びつかなくてもよいと私は思いますが、ただ結びついたような格好で並んでいるのはおかしいのです。

要するに、カルテによって先生がこの子どもたちをどういう把握の仕方をしているか、どういう問題が先生と子どもの間に起こっているかということが分かってくれれば、授業を見る人も非常に参考になるわけです。

ただ並んでいるだけでは、授業の内容と特に結びついてないのでは、意味が薄いのです。「カルテはこういうように書くのですよ」というだけで並んでいるような感じです。それではせっかく努力をしてくれているのに、何か全体につながっていないという感じがするのです。どうもこれは、一人の子をというように考え過ぎて、そういうふうになったのかなと思ったりしますが。

　先生がもっとゆとりをもって、ある子のことをくわしく知るというのは、隣にいる子についてもよく知るということでなくてはいけないのです。そういうふうにしてカルテが生きていけば、何も授業案の前にくっつけなくてもいいのです。

　とにかく、先生と子どもが直接にどうかかわっていくかという状態が、カルテとして出てくるのです。そのあたりが手薄になって、形式化してくると困ります。カルテや座席表を熱心に考えてくれるのは有難いのですが、「カルテはこういうふうに書くのですよ」と、「座席表もこういう形で、こういう内容に並べておけば評価してもらえる」というようなことが先行しているならば、私が意図したこととは反対の方向へ行ってしまうのです。だからと言って、「カルテ・座席表は止めてください」とも言えないのです。

5　もっとユニークに

「カルテ」「座席表」はもっと形をくずして、自分の好きにやってください。安東小学校はそうだったのです。始めの頃は、すごいユニークな座席表が出てきたのです。先生は自分と子どものつながりというものを、独自のかたちで座席表に表わしたりしていたのです。その先生は文学が得意な方でしたが、似顔絵なんかも出てくるのです。それが面白半分ではなく、どうしても必要になってくるのです。この時のあの子の顔、それをどうしても出しておきたいということなのです。こうした積極的な姿勢が出てくると、自然にその人の個性がにじんできて生きたものになると思います。守りの姿勢で、面倒だけれども書かなくてはいけないということになってくると、書く方もつらいですが、それを読まされる方もつらいですよね。でも、積極的に書いていく姿勢が教育現場で出てくるとすると、それを今後どう育てるかですね。

もう一つ付け加えますが、せっかくの座席表、いろいろ書き込んで、それで終わりになってしまってはもったいないないですね。この場面でこの子に活動してもらいたいと計画すれば、大きく書いておくことです。そうすると授業を進めながらでも、先生の目につきますからね。そうしないと、座席表に何を書いたか、授業に入ってしまうと忘れてしまいますよ。だから、ちょっと見てよく分かるように書いておくことです。また見れば書き加えたい、訂正したい、先生にはそういうことがあるでしょう。それも符号でもいいから、ちょっと時間をつくって書き加えるようにすれば、私は授業というものがやりやすくなると思います。特に授業中はふと思ったり、気が付いたりよくしますね。それをちょっと書き留めておくことです。私なんかすぐ忘れてしまいますから、メモ用紙を持っている必要があります。先生というのは、授業をしながらでも頭に浮かんだことはすぐ書くことができるのだから、そういうことをやるのはすごく得だと思います。でも、あまりそういう実践は、なさらないみたいですね。座席表なんていうのはどんどん書き入れていいのですから、それを貯めておけば、後で見るといろいろなデータが出てきますから便利なものだと思いますよ。

3　やわらかくもちこたえる

1　変化や意図を察知し、アドバイスする

話は少し横道にそれますが、メモの仕方なんてあまり教えてくれないでしょう。あれは個性的なもので、人によって癖がありますから、「こうやれ」とは言えませんが、他人のものはすごく参考になります。ワープロなどで書いてもらうと読みやすいけれども、とにかく随時書いていったメモですから、その子の理解のためのヒントになりますから。その上、読ませてもらうと、書いたその人を理解するヒントにもなりますよ。子どものノートなんかも、そういうことが大事なのです。先生の書かれたものをきれいに写し取っているというのではなく、先生が必要でないと思うようなことを念入りに書いていたりすると、この子には「何か意図があるぞ」と感じ取って、アドバイスをしてやることが大事でしょう。

2　メモで、どんどん変化していく考え・研究を捉える

整理された内容をノートに書くのではなく、そこに至るまでの色々な考えがノートにほしいです。研究指定を受けた研究なんて、教委や文部省の言っている結論をそのまま整理、順序だててやるのが多いですね。そうではなく、先に出ている結論をひっくり返す研究結果が出てこそ、研究の成長があるのです。

だから、どんどん変化していく記録・研究にもっと価値を認めなくてはいけないと思います。行事も前例に即してやる。これは、前の人が考えた成果なのだから、その通りやれば無難であると。成果を生かすのはよいことですが、どういう条件のもとでどういう場で考え出されたのかを棚上げにして、結果だけを見てなぞっているのはお粗末です。そういう無駄なことはやらないで、ちょっと面倒だけども新しいことをやってみることです。そして、結果が悪ければ、考え直せばいいと思います。

3 その情報が、その人間にとって本当に新しいか

授業もそういうようにしたいし、子どももそうした自分で新しいことに挑戦できる子どもにしたいと思います。今は情報化社会ですから、新しい情報がどんどん入ってきます。しかし、その「新しさ」というのは、その人間にとって本当に新しいのかどうかです。今まで見慣れないことが出てきた。でも言われた通りしていると「都合よくいくようだ」ということでは、人間は良い方へと変わらないのじゃないでしょうか。

そのあたりのことを、教育はどう取り組んでいくかということが、重大であると私は思います。ですから、カルテというものを問題にしてもらえるということは、非常に有り難いことなのです。せっかくそういうものがあるのだから、人間の把え方とか生き方とかが変化できるように、何とかそれが役立ってくれればいいと思います。

4 「ずれ」をどう生かしていくか

いろんなことを申し上げましたけれども、「やわらかく」ということが大事なポイントです。コチンコチンな型にはまったやり方で、今までやってきた。それに対して柔軟であるということは、実は強じんであるということでなくてはおかしいのです。「ムチのようにしなる」というのがありますが、あれは力が弱いのではないのですね。非常に強い力がその中に秘められていると思うのです。そういう当たり前の柔軟さが、教育の中でもっとしっかり位置づいてくる必要があると思うのです。

そのためには、やわらかいというよりは、ある場合は「くずれた形」というのが必要なのだと思います。「くずれた」というのは少しおかしいけれども、例えば、校則などが問題になっていますが、校則というのがある場合、それからどれ位ずれたらいいかというのが問題なのです。そうなると、すぐ乱れてしまうと思うでしょう。でも、私の中学校は神戸一中といって有名な学校でしたが、その点でおもしろいことがあるんですよ。

当時、勉強も良くやったんですが、文武両道というか運動もよくやりました。その頃、制服はカーキ色で、ゲートルを巻いてカバンはなく、白い風呂敷でした。そして、質実剛健、自由自治であったのです。弁当も運動場で、夏も冬も立ったまま食べるのです。そうした規則がきちんとあって、ゲートルの巻き方でも、きちんとやってなくてはいけない。でも、生徒はきちんとやりながら、どうやって少し「ずれるか」ということが工夫なのです。毎日やるのですからね。それも何回もやりますから。工夫と言えば聞こえは良いですが、少しくずれてくるのです。それは悪く言えば、不良化の兆しが出てきたのかも知れませんが、ちょっとくずれるように工夫するのです。私はその頃は真面目でしたから、きちんとしていたつもりでしたが、不器用だったのできれいにできなかったですかね。きまりできちんと決まっているが、そこから「どうやって少し離れていくか」というあたりが、子どもたちは熱心ですよ。

私たちも帽子は軍隊のようなものでしたから、買いたてはいやですから、新しいのをわざと少し汚すのです。しかし、その汚し方が難しいのです。あまり汚すとやられますから。そうしたことに毎日苦労していたのです。

教科書を包む風呂敷だって、その結び目をどう垂らすかに工夫しました。そんなことはつまらんことだと思うのですが、一生懸命に数学も英語も勉強しましたが、それらと同じ位一生懸命に工夫するのです。それは、決まり・校則があるから、そういう研究・工夫ができるのだけれど、要するにはみ出した者がいるというのは当たり前であって、それをどういうふうに学校としては生かしていくかというのが問題であるのです。

5　少しずれたものを認め、ずるくぬけ出すことに対して厳しく接する

ただ取り締まっていけばいいというのは、私は教師としては個性のないやり方であると思います。ある程度のはみ出しは、それはだんだん不良化へ進んでいくこともありえますが、でもそこに幅というのがあって、そこが「人間として生きている」ということなのです。そういうように考えると、「規則というものをどうくぐるか」ということがいつも伴ってくるのですが、確かにくぐることは不正なのです。で

は「くぐらない」というのは何だ、ということになってくるとどうでしょう。「正直はいい」と言いますが、「正直ってどういうことなのか?」と言うと「うそを言わないこと」と言うけれども、「うそって何なのか?」ということになると…。問題はそういうことを「教師がどう理解しているか」ということになります。

正直というのはこうだと上から決めつけておいて、それに子どもを合わせるというのは最悪の教師です。そうかと言って、話の分かる顔をして人気を集めようとするようなのは、卑劣と言うべきですよ。それらに対して「少しずれたものを認める」というのは、すごくきびしいことなのです。ある時は、上からやられることもあります。それに対して、教師はきちんと抵抗できなくてはいけない。また、子どもたちに対してもずるくぬけ出すことに対して、きびしくそれを咎めるだけの力がなくてはいけません。そういうことがないと、ややゆるやかな体制というのができないのです。甘く手を抜いておけば、それができるというものではありません。むしろぎりぎり、コチンコチンにしているよりは、少し幅をもった教師であり親であるということが、本当は楽でないということなのです。楽でないのだけれども、それができなければ人間としての値打ちが下落していくのです。子どもだって信用しなくなっていきます。

このあたりが人間としての問題であり、ただの教育方法ではないのです。規則一辺倒にすれば楽にいける感じがするけれども、それはうそなのだ、うそをつくるようなものだ。日本の民主主義というのは、そういうことに対する試練とか問題解決をやらない間に、民主主義ということになってしまったのです。だから、甘やかしが多いと言われるけれども、当然であるのです。

それを強制すると、反動的に個性などを無視する方向へ行ってしまうのです。個性を持ちながらバランスを保つということが、我々の目標なのです。それを、我々にも、子どもにも、訓練していかなければいけないのに、それができないから問題が多いのです。

一人一人の人間がそうしたバランスを持つことができれば、形式主義に陥る自分を救うし、でたらめになっていく自分をも救うことができるのですが。でもね、平均台の上をというとすぐ落ちるかも知れませんが、ある幅をもった上を歩くことができなければ、人間はちゃんとした生活ができないと思います。体育の時間にそれは練習できますが、人間の生き方として、それは訓練できないのです。その辺が先生という仕事の難しさだと思います。

6 言わなければいけない時に、「言えない・やれない」は非常にまずい

カルテなんてものは無くても良いのですが、やっぱり子どもの中にどういう喜び、どういう悲しみ、どういう悩みがあるかということへの先生の接近の仕方が問題であって、それが非人間的であれば、人間の信頼関係がうまくいかないでしょうね。何か正解があって、それに向かって一生懸命やればいいよということに我々は慣れてきている。それは受験のことだけでなく、世の中を生きていく場合でもそうなのですね。言いたいことは何でも言えば良いというものではない。しかし、ここでどうしても勇気を出してやらなければ、言わなければいけない時に言えない・やれないということは、非常にまずいことです。しかもそれが自分だけでなく、まわりにも迷惑をかけるという、センスが育ってないということです。基本はそういうところにあると思います。

我々は、目の前に三十人の子どもがいてくれれば三十人の人間を勉強できるのですから、しっかり勉強して、少しでも自分を豊かな人間にしていきたい。そうなれれば三十人の個々の子どもにも良い指導ができるのだから、彼らも幸せになるという話ですね。

今、日本の教員養成大学においても、人間の見方というものが全然取り上げられていないのです。だから、人間に関心を持つことも全く無いのです。「私は子どもが好きだから教員になりたい」という学生もいます。けれども、「子どもが好きであったら教えることができる」というのは少し飛躍していますね。子どもだけでなく、人間そのものに対して関心を持たなければいけません。子どもが好きで大人が嫌いというのは、教師としてどうでしょうかね。

7 「いやな子ども」とどう対応するか

自分の受け持っている子どもがいやでいやで仕方がないという時に、教師としてどうしたらいいのか、そういうことは先生方はどこかで教えられたでしょうか。そういう時の手立てはあるでしょうが、多くはごまかしでしょうね。人間関係というのは難しくて、合わない場合はどうしようもないですね。だから、そういう時には、「君は先生を嫌いらしいから、隣の先生に話しておくから、時々隣の先生に話をしに行くといいよ」と言ってやれる先生になることです。そういうように接していれば、人間関係はうまくなっていくと思います。あの子が私は嫌いだから、何とか好きになれるように努力しなければいけないと努力しても、それは報われないでしょうね。その子が隣の先生の所へよく行って、話をしているというのは多分いやでしょう。けれども、人間をよく理解していれば、そういうことが乗り越えられるのです。

カルテなんかは、そういうことに役に立たねばいけないのです。そういう話が一向に出て来ないのです。「自分に合わないな」という子どもがいれば、その子に焦点をあててずっと観察していれば、それも何ヶ月か続けていれば、先生の見る目も変わるでしょうが、その子自体も変わってくるでしょう。「先生がいつも私に注目している」というのはそれだけ問題児なんだと、始めのうちはそう思うでしょうが、どうも違うな、先生は何も言わないし、でも私に関心を持っているようだとなると、必ず子どもは変化してきますね。

「自分とあの子は相性が悪い」と思ったら、これは少し研究してみようという気持ちで観察をする。それは半年位はかかると考えてやれば、いい結果が出てくると思います。そういうことは特例ではなく、ごく普通の人間と人間のかかわりだと思います。「忙しくて、そんなこと言ってられないよ」というのが多いですが、その合わない子が変わってくれば、まわりの子も変わってきます。子どもたちは案外よく見ていますから、その子と先生の関係が変わってくれば、まわりの子どもも色々な発見をするでしょう。これは大変重要な指導なのです。こうしたことが、本当のカルテの効用なのです。

8　先生と子どもが、危機感を持って

そういう意味で教師は深まるかどうか分かりませんが、人生を七十年も八十年も生きなくてはいけないですから、その自分をどうしていくべきか年を重ねると感じてきます。教師が三十年・四十年と続くので

すから、自分を変えていくことが非常に重要なことです。講習会などへ出て勉強していれば変わってくるという、そんな簡単なものではありません。でも時々刻々生きている中で、自分を変えることができるという面があるのです。教師の場合はそれが子どもにはね返り、また、教師にはね返るということが起こりやすいのです。こわいと同時に、有り難いことでもあるのです。

これから二十一世紀へ、それは先生と子どもが協力して力を合わせてやっていかねばと思います。環境問題にしても、これは大人が悪いのです。でも、どうしようもなくこうなったのだから、子どもたちも理解をして、大人がやってきたことを手がかりにして、頑張ってもらわなければならないのです。お互いの知恵を出し合って、問題解決に向かわねばならないのです。それが相互不信だとか、暴力だとか、のん気過ぎませんかと言わなければね。もっと考えていけば、今の学校の問題で解決できるものが相当あると思います。その肝心な所が行き違っているので、もつれているのですね。そこから抜け出るためには、カルテのように人間を裸にして、柔らかく持ちこたえていくということがないと駄目です。「テストまで頑張りましょう」という精神だけでは、もうやれない世界になってきたと思います。

カルテというのは、人に見せなくても良いから、個性的にやっていただく。むろん、信頼できる人には見せて、アドバイスを受けることが大事です。授業だけ見せてもらっても、「この先生はカルテを生かしている」ということは分かりますからね。また、分かるくらいに問題を深められていかないと、未来と太刀打ちすることは難しかろうと思います。

私個人で言うだけではそう簡単に分かっていただけないと思いますが、これはもっとみんなで工夫すれば、納得できる良いものができるでしょう。そういう意味では、もっと研究していただきたいのです。どういうわけか、カルテの研究者が現れないのです。現場の先生は、実践して悩んでやっていらっしゃるのです。カルテというのを理論的に、教育方法としても研究しようという人が出てこないですね。そこが非常に寂しいです。

これは現場の方でないとできにくいのかも知れませんが、しかし、現場というよりも、人間であるというのが先決で、家庭で親であり、悩んで生きている限り、そういうことが問題になっていいわけです。「親子が理解し合えない」というのは非常な問題なのです。親が子どものカルテを持ち、子どもが親のカルテを持てば少し違ってきますよ。

第7章　「全体のけしき」

1　有事に強い

1　授業で、どんなことが起きても大丈夫な様に

　前回は、「カルテ」を中心にしてお話しをしました。具体的に授業に入っていく時に、「どういうふうにカルテは生きるのか」という問題で、今、川合さんが言われたような疑問があるということです。「カルテは授業に直接かかわってくるものではない」ということを、この前にお話ししました。それは、「カルテ」自体が子どもの根底に生きているということですが、先生が授業に入る時に子どもに対して自分に「厚みをつくる」というのか、言い換えると、「どういう事態になっても子どもに対応できる」というか、「子どもの発展につながっていくような対応ができる」ということなのです。それが「カルテ」の力であるということです。

　要するに、「注射をして、一時的に痛みを止める」というのではなくて、その痛みとか病気の「根源にかかわってくるような対応ができる」ということなのですから、ほんとうはすぐに役立つことになるのですね。そうなってくると、「カルテ」によって、先生の厚みとか奥行きができるのです。言い換えると、「ゆとりができる」ということでもあるのです。

　はじめに用意した計画それしかない、「そこへ行かないと」とビクビクしている状態であると、強引にそこに引っ張るのですね。そうでなく、大事なのは「どっちからきてもいいよ」「どんなことが起きても、

大丈夫だよ」という状態なのです。

今、「厚み」とか「奥行き」とかいうように申しましたが、それが人間に「ゆとり」をつくるのです。それが子どもにも伝わっていって、「落ち着いた生き生きとした学習になる」ということなのです。「そういうふうになる授業計画というのは、どうなのだろうか」「どういうように考えたら、良いのだろうか」ということです。そこに、私の言っている「カルテ」と「座席表」と「全体のけしき」というのがありますが、「全体のけしき」というのを手がかりに、授業計画というものに入ってみたいと思います。

2 「全体計画」は「単元の全体の計画」

「全体のけしき」は、私の言っているのと現実は随分違っているようです。私の意図したのは、今のような「カルテ」によって、先生が厚みをもって、ゆとりをもって子どもに対することができるという状態が、実際どういうふうに出てくるだろうか。その予測に「全体のけしき」があるのです。そのあたりをもう一度申し上げて、考えてみたいと思います。

「全体のけしき」と言うと、今はふつう「単元の全体の計画」というように考えられているのです。それは「全体」という言葉から、そういうようになったのだと思います。例えば、単元の導入をどうやったのかから始まって、第一時、第二時はどう、そして今日は第何時間目であるかがよくわかる。さらに「こんなこともやり、こんなことも出たのだな」「これからにどういうところへいくのかな」と分かるように、単元の全体計画が必要なわけです。それを「全体のけしき」としている場合が多いのですね。

「全体計画」と「全体のけしき」とは違うのです。「全体の計画」は要らないというのではなく、学習の流れはこうなっているということで、いつも「全体計画」は先生の頭の中になくてはいけないのです。

3 「全体のけしき」は、前後四時間分位

私が「全体のけしき」という言葉を使ったのは、ある時点での全体をよくとらえたかったからです。昔、軍隊で演習をする時に「図上作戦」というのがあって、地図の上で攻撃の計画を立てる。実際には計画どおりに行かない場合もありますが、私はそのことが頭の中にあって、その「図上作戦」が元の考えなのです。演習は何日かやりますが、もちろん全体の計画はあります。ところが、ある部分だけの「図上作戦」があるのです。

単元全体十五時間あっても、その中の今日の授業と、その前後の数時間分が欲しいのです。もう少し具体的に言えば、今日の授業のために、前の時間とその前の時間、そして、次の時間の計四時間分位ですね。今日山に登るのだって、出発から頂上までの計画は頭の中にあるでしょうが、今日の作戦をと言うと、「今日は、このキャンプから次のキャンプまで行く。でも、今日、次のキャンプまで行けなかったら、明日の作戦をどう変えるのか」というようにしないと登山はできません。「行ける所まで行け」と言うのでは、少し危険です。やはり、地形、体力、天候、メンバー、食糧などをよく研究して、それらを絡み合わせて作戦を立てるわけでしょう。

このように考えると、今日の授業と次の授業、必要ならその次の授業を見通して考える。先の西川さん

の実践でも、色々なことが起こってきている。その見通しを立てているのです。それが「全体のけしき」なのです。

ずっと向こうまでは、「全体のけしき」の中には入らないのです。前進して行くと入ってくるのです。そこで、「今日、どういうふうにやるか」を考える。どうしても、このことは落とせないというのはチェックする。もしも無理だったら明日やろうというように見通しを立てておくと、無理しないでやれるのです。

授業中は予想しなかったことが起こりますから、それに対応しなければいけません。「子どものいい考えが出てきたが、これは予定にないことだから、予定通りにやりましょう」では、まずいですね。だから、予定した教材をカットして、「今、出てきたことをやる」というようなことも大事なのです。しかし、予定した目論みがあってのことだから、ただカットでは困るから、「次か、その次の時間に延ばして」ということもあります。すると、今日は思い切って、急に出てきたことを取り上げることができます。このことが非常に大切だと思います。

4　ちょっと先が見通されていると、転換しやすい

私が授業を見せてもらうと、始めに計画したことをどうしてもやりたくて、それにこだわったりするから、間が悪くなりますね。子どもたちは、先生の計画とは別の方向へ進んでいるのに、こだわりが強すぎて結果がよくないのです。方向転換しなければいけないのです。その時にちょっと先が見通されていると、転換しやすいわけです。他のことと変えるとか、先に延ばすとか、土俵にゆとりがあれば強いのですね。

相撲の場合、あの土俵をもっと狭く、半分以下にしてごらんなさい。内容がなく、すぐに勝負がついてしまうでしょうね。やはり、土俵はある程度広くなくてはいけません。あまり広すぎても困ります。それが二～三時間というところでしょう。それが私の言う「全体のけしき」の内容なのです。

済んだところでは、前時、前々時のあたりですね。「前時でこんなことがあった。だから、本時は、どうするだろうか」というようになるのです。このように先生が前との関係などを考えて、つながりを絞っていくといい場が出てくると思います。

だから、「全体のけしき」は大事なのですが、どうもこのように解釈されなくて困っています。「カルテ」や「座席表」に比べて、成績が悪いのです。「あまり、必要がないからかな」とも思いますが、私は「非常に大事なものだ」と思っています。

「全体のけしき」についても、「予定ではこうすることになっているが、新しく出てきたものと比べてどうだろうか」ということを判断しなければいけないのです。判断できるためには、私がよく言っている「複線的」ということと「重層的」ということが大事なのです。

「複線的」というのは、幾つもの線があって、「こっちでもいいよ」「これを使ってもいいよ」というように、幅が用意されているということです。「重層的」というのは、目標があって、その目標を達成するための教材に幅があるということです。その教材の幅でも、「これか、これを」と幾段にもなっているのです。もし、具体的にこの場を使うということになった場合に、「なぜ、その場が必要なのか」を少し立ち止まって考えないといけません。「ここにねらいがあるから、このねらいのためにこの場面は取り替えてもいいんだよ」ということだってあるのです。どの教材を使っても、所期の目的にいけるという仕組みですね。

5　良いものを選び取って、替えていく

ところが、単元のねらいは、単なるお題目になっている場合があって、「役に立たない」では困るのです。教材というのは、ねらい・目標の達成のためにあるのだから、その教材が適当でなくなったとか、もっと良い教材が現れれば、取り替えればいいのです。その目標に照らして取り替えればいいのです。

このように目標があって教材があるわけですが、その点がおろそかになって、どうしてもこの教材をやるというように、しがみつくのですね。すると、もっと良い教材が出てきても、取り替えることができないのです。教材というのは材料なのですから、取り替えができるのだという考えがなくてはなりません。

取り替える場合は、「子どもに合っていないから、取り替える」のであって、教師の都合で取り替えるのではないのです。そうなると、子どもが視野の中に入っていなくては、そして、子どものことが見えていないと取り替えられないのです。大事なのは、このあたりですよ。「取り替えることができる」ことですよね。だから、良いものを選び取って替えていく力、それが「人間の力」なのです。「創造力、創造性」ですね。そういうものに合うように、ダイナミックなやり方が必要になってきます。私の考え方は、「カルテ」でも、「座席表」でも、そうしたものの上にあるのです。

相撲を見ていても、土俵際で逆転できるようであれば、見ていてもおもしろいし、本当に強いのですね。先生方も、逆転ができなければ、「力がある」とは言えないのです。ですから、「授業も、人生そのものである」と言えます。

平たんで安全な状態では格好がいいけれども、危なくなってくるとどうにもならないのというでは、力

がないのです。平たんな時には大威張りで、何かが起こってくるとどうにもできないのでは、期待できません。これは授業だけではないですね。学校の経営だけではないですね。人生そのものがそうなのです。人は危機に強いというか、予想外のことに強いというのは、絶対に必要なことなのです。「私はそれが得意でない」と言って、威張っているわけにはいかないですね。

6　授業で、大胆に、勘所に自分をぶつけていく

ところが、教師というのは、安定というものを固守するために、「どういう時にどうやればいいのか」というものを欲しがるのです。病気みたいなものですね。だから、子どももそういう病気にかかってしまうのです。どうも、日本人のやり方を外国人と比べると、悪くはないのですが弱いような感じがしますね。「大胆に、勘所に自分をぶつけていく」ということが弱いというのか、得手でない感じがしますね。日本人は、生命尊重を大事にするのは悪くはないのですが、「急場に対して、自分をぶつけていくことができる力」というのは、絶対必要であると思います。これは、毎日の授業でも、私は同じだと思います。「事が起こった時に、強い」というのは、実は「何も起こらない時にも、強い」のですね。「カルテ」や「全体のけしき」は、そういうためにあるのです。そういうことと「切っても切れないもの」であると思います。何か細かいこと、表面的なことにこだわって、自分を縛りつけて安定させるというのは、卑きょうなのではないか。やっぱり、「正面から、向かわなければ」と思います。そういう気持ちで授業をすれば、授業展開もおもしろくなってくるし、子どもたちも伸びてくるのだと思います。「カルテ」と

か「全体のけしき」とかは、そういう意味で人を自由にするというのでしょうか、大胆にするというのでしょうか。もっと言えば、「正面から事柄にぶつかるようにさせる」というものです。

どうも教育方法の手だてというのは、親切にできているけれども、人間をおく病にしますね。手立ては悪いというのではないけれども、おく病にしてしまうと、人間を育てることがうまくいくことはないのです。防衛的になってしまう。防衛的というのは、「子どもが可哀想だ」「子どもを立派にしよう」という気持ちはあるんだけれど、その営みの途中で教師は自分を守ってしまうから、本質的には子どもを良くすることにはならないと思います。

2 生き生きと打ちこめるように

1 目を離した時に子どもが生きる

話を元に戻しまして、例えば動物園に子どもを連れて行きます。それは、「何のため行くのか」ということが先ずあります。子どもは「楽しいから行く」、連れて行く方は「珍しい動物がいるから見せたい」と考えます。そして、「この時間にどれだけの効果をあげるか」を考えます。ところが、せっかくパンダの所へ行ってみたら、出てきていないとか、後ろを向いているとか、全然おもしろくないことだってあるのですね。

それをどうするか。「こっちへ来るまで待とう」とか、「パンダはきげんが悪いから、先にキリンの方に行こう」とか、「猿を見よう」とか、色々と考えるわけでしょう。せっかく動物園に来たのだから、効果が上がらないのでは困ります。子どもには子どもの計画があり、引率の方にはその計画があります。その見切りが難しいのです。万全な計画はないし、子どもたちも個々によって違うでしょう。だから、子どもたちの考えも聞いたりして、予めチェックしておいて、パンダが駄目なら待つ時間で他の動物を先に見るのか、それとも切り上げるかですね。それに、動物園の案内図も必要でしょうし、「何時頃にえさをやるか」なども調べておくことも大事です。

動物園を全て回るのではなく、「これがこうだったら、こうする」というように見通しをもつのが、「全体のけしき」なのです。その中に、「A君は、ぜひともこれを見たがっている」とか、「Bさんは…」というように、全部の子どもというわけにはいかないでしょうが、「全体のけしき」の中に位置づけておくのです。それを先生は頭に置きながら、動物園の中では色々なことが起こってくるでしょうから、それをうまく生かすようにしていくということでしょう。

「残念だけど、今日はこの動物は駄目だ。また、来ることにしましょう。その代わり…」と、時には思い切ったことをやらねばならない。それをやれるようにしておくということが、大切なのです。動物園だったら、明日また来るというわけにはいかないですが、授業だったら、次の時間、その次の時間と考えられます。そういうふうにした時に、子どもそれぞれにゆとりができます。ある子どもだけを見て、というわけにはいかないでしょう。だから、いろいろな子どもの様子を見ながら、それを活用していくのです。難しいと言えば難しいですが、人生とはそういうものです。四十人の子どもがあれば、四十人にいつもべったり目をつけているわけにはいかないのですから。目を離さざるをえないのですから、「離した時に、生きている」というのが大事なのです。そういうことのために、今、話したような見取り図のようなものを作っておいて、時間と場所など色々なものを組み合わせながらやるようにすべきでしょう。

2 「自分で見えている全体」の見取り図

旅行する場合だって同じことで、雨が降ってくるかもしれないのですね。また、列車が遅れることもあります。そうしたことに対応できるように図面ができていれば、割合に安心していられるのです。何かが起きた時に、その事故を活用して成果が上げられるようにするくらいの、欲張りのようだけれど、それくらいのことが我々の人生に必要なのです。

こうした、計画を立てるのは、あまり先の方までは分からない。今日・明日のあたりまでしか分からないのです。そういう見取り図をもつということを「全体のけしき」と言っているのです。私の言っている「全体」は抽象的な「全体」ではなくて、「自分で見えている全体」なのです。明日・明後日は視野の中に入っているから、「全体」の中に入れるということなのです。次の時間になると、また少し先のことが入った「全体のけしき」をつくることになるのです。

「そんなに…」と言うかも知れないけれども、それはちょっとした見取り図だから、簡単なのです。また、毎時間作る必要もないと思います。そういうものを持っていれば、安心なのです。言ってみれば、「この川を渡ろう」と言う時、まず「渡れる所はどことどこか」、「今の見通しでは、この橋を渡って行こう」と考えます。だけど、「万一、水が出て渡れなければ、こう行こう」と予想します。子どもたちはそこではなく、「水の中を渡りたがるだろう」と思えば、そういうことを配慮しておくことも必要です。こういうようなことをやって授業をすれば、ハプニングが起こってこないとおもしろくないですよ。立体的に生きていけないのです。バス旅行のように、「バスに乗せておけば、最後まで予定通りに」というのでは、名所なんて関心がありません。バスガイドさんが説明していても、子どもは寝たりガヤガヤ話をしていることになります。「行きました」というだけでは、安全に計画どおりに運ぶでしょうけれども、つまらないでしょうね。

この頃は、中学校の旅行でも、グループ毎に計画して、自由解散にしてやることが多くなりました。「おもしろい」とは思います。でも、スリルもなく成果もなければ仕方がありませんが、もし、事故があったりしては心配です。だから、それだけの「図上作戦」をやっておかないといけません。「どこへ行ってもいいよ」では何にもなりません。そういうふうに見ていくということは、面倒のようだけれど、我々の日常生活でも同じことなのです。そうすると、家族も、「この子はこうだ」「あの子はどうだ」ということを、当然計算に入れて当たり前なのです。

3　弱い子程立ち止まって考え込む、それを大事に

学校では、「どの子もみんな同じことをやれ」というふうになってくると、便利と言えば便利でしょうが、先生の統括が楽だというだけで、子どもはやる気がなくなりますね。例えば、美術館へ入りますと、

順路があって、順路から外れるとまずいのかも知れません。イヤホンなんかで解説があるでしょう。あのイヤホンというのが、すごいですね。一つ一つ解説つきだから、よく分かってすごくいいですね。ただし、順路どおりに歩かなくてはいけません。ここはつまらないから、早く行こうというわけにはいきません。「ここは、ゆっくり見たい」と思っていても、解説が進んで行きますから、すぐ移動しなくてはなりません。だから、親切に違いないけれども、ああいうような教師というのは、「こわいなあ」と思いますね。

ともかく、ほんとうは時間との関係がありますよ。ずっと足早に歩いて行って、見たい絵は覚えておいて、もう一度もどってゆっくり絵を見て、楽しむというのが一番良いと私は思っています。戻らなくてはならないから、混んでいる時は大変ですがね。どうも美術館の運営から見ると、戻らない方が良いらしいのですが、でもね、「入り口にあったあの絵をもう一度どうしても見たい」ということがあるでしょう。これも一つの見取り図のようなものですね。どういう絵があるか分からないから一応見せていただいて、それから本格的に見るという計画を立てることになるのです。でも、管理上は、順番によく見ていらっしゃいということなのですね。ところが、こちらは全部の絵を見たいのではなく、「見たい絵をじっくり見たい」のですから、そうしたことにも対応してもらいたいですね。

授業でもこれと同じで、これもあれも大事で、テストに出るから見逃してはいけないのでしょう。けれども、子どもから見れば、「ここはおもしろい」「これは問題だ」「ここでは考えたい」というのがあるのに、「もう時間です。次へ進みます」となってしまうから、非人間的とまでは言わないにしても、あまり親切ではないですね。弱い子程どこかで立ち止まって、そこで考え込んでしまうのですから、それを大事にしてやりたいですね。せっかく「この絵を」と思って見ている子を、「次はこちら」と言ってしまうと、本当の成果が上がってこないのではないかという気がします。「打ち込むことのできぬ子」が育ちます。

こうしたことは当たり前でしょう。授業を人間的にやればいいのです。だから「全体のけしき」が欲しいのです。これは案内図のようなものだから、ガイドなのだから、先生はこうした「全体のけしき」がなくてはうまくいかないですね。「カルテ」とか「全体のけしき」とかがあると、子どもは凸凹になるから困る。同じ方向、同じ様態をもっていると見れば、やりやすいですよ、という教師がいれば別ですがね。

でも、そうなってくると、子どもは個性的に育つはずはないのです。やっぱり色々な考えの子がいて、まちまちのことが出てきて、始めて先生が意図したことに変化が出てくる。始めに「こういうふうになって欲しい」と描いたことが、その通りにならなくてズレてくる。後から見て、「そのズレが良かった」ということになれば、とても素晴らしいのですね。そうしたことを主眼にして授業をする、計画を立てる、評価をするということになれば、今までの世界と違ってくるのです。

4　簡単にはうまく行かない人間に対して、愛情がもてる

大人の世界でも、旅行の幹事役ということになれば、「全体のけしき」をもたなければいけないのです。参加者には、それぞれの個性があります。個性なんて上品なことを言ってられないでしょうが、忘れ物をするとか、時間を守らないとか、色々と手に負えないのがいるのです。それを「どのようにして、うまく、事なく連れて行くのか」となると大変ですが、研究しておかないといけないのです。

外国旅行でも国内旅行でも同じですが、添乗員さんは大変なんですね。やはり、客の個性（人間の個

性）などをうまく把えていかないと、上手にやれないと思います。「旅行のためのお金を払ったんだから……」と言って、勝手なことをする人もいるでしょうが、それに比べれば子どもたちは可愛いもので、先生の言うことを良く聞いています。だから、初めはいいのですが、段々と先生と離れていく、先生の期待していたものと違うものが出てくる。これも当然のことなのです。

どこで、個々の子どもと出会うか、出会う場所が「全体のけしき」の中にあるのです。そういうふうにお考えいただくと、そこにある「全体のけしき」は、「単元の全体計画」と全然違ったことになるでしょう。これは、先生方の手足になるものです。それを握っていないと、指導が出来なくなるのです。「ここで、この子は元気づいて話を出すだろう」「ここでは、この子がつまづくかもしれない」とか、気にかかる子が出た場合は、ちょっとチェックをしておくこともあるでしょう。そうすると計画を「バラエティーのあるもの」にすることができます。

要するに、「大胆に事にぶつかる」ということは、「我々が生きている」ということなのです。だから、それを生かしていくような形で、計画を立てる、運営もする、教材研究もするということが大事だと、私は思うんです。今は、どうも守りのために教材研究をやっているようです。すると、子どもを駄目にしますね。さまざまな子どもに開かれている教材でなければなりません。そして、「全体のけしき」が欲しいという状態ができることです。くどいようですが、何かプランを立てて実行するとなると、そうした目安が欲しいはずなのです。それなしに実行するのは、非常に危険なことです。

だから、「平常の授業」は、何か危ういことをやっているような気がしてならないのです。しかも「危うい」と言うと、ますます教材を抱え込んでくるとか、テクニックを用いるとか、そのことで安全にしようとするのです。もちろん、それらも必要でしょうが、「人間的な場の中で働かせていく」ということが欠けていれば、何もならないのです。若い先生で経験が乏しくても、人間的なものの見方とか、人間とかかわりあうということができていれば、それなりに何とか授業らしいものができると私は思います。

「人間とかかわりあう」ということは、べたべたという感じで人間が好きというのではなくて、「人間というのは、簡単にはうまく行かないということを十分に知っていて、その上で、人間に対して愛情がもてる」ということでしょう。私は、これが教師の最低の要件だと思います。でも、そういうことを考えて、教職を希望したり、教員に採用したりということはないようですね。だから、初めから、少しおかしいのではないでしょうか。

3 主体的な子は視野深く

1 常に全体を見て、物事を考える

「カルテ」というものも本当に分かっていただければ、「人間を、どう理解するか」ということを考えていただけると思うのですが、「予め、こういうことをたくさん書けばいいのだ」というのではまずいのであって、真実と逆の方向へ行っているのです。それは、「格好よくする」とか、「誉められる」とかではないのですが、日本の学問自体が実はそうなのです。本当に社会のために必要で、真実を求めるために学問をしているかと言えばそうではなくて、実際にやっているのは、偉く見えるとか、金もうけのためにやっている場合が多いのです。

お医者さんだって、社会の注目を浴びるような所を希望しますね。教育でも、教材研究とか何とか言ってますけれども、それが本当に、「自分の担任している子どもたちに意味があるか、どうか」ということで教材研究に入るということは少ないようです。「私は、今、これをやっている」と言えば、「そう、それはすごいね」と言われるあたりでもう満足してしまうのです。そうではなく、「このことはこういう意味で子どもたちのためになるのだ」と言える先生がいれば、本当に立派だと思います。こうしたことが、比較的乏しいのです。だから、それは人間の問題であって、職業の問題ではないように思います。信頼できる、当てにできる人間を増やすということは、教育のためにはもちろんですが、世の中のために必要なのです。

だから、子どもたちのために教師を養成するというよりは、世の中全体のためにやっていることだと思います。そういうことが重視されなくて、部分的というか、教えること、分からせること、それを成立させるのが専門的な能力であるという所に行ってしまうのです。これでは、行き詰まると思います。

例えば原子力ですが、原子力のために我々は破滅に向かっているのですが、それは、「原子力自体が悪い」というのではなく、我々が原子力にはそうした力があると認識して、取り組んでこなかったからです。破滅が始まってから、反対運動をやってみてもどうにもならないのです。「常に全体を見て、物事を考えていく」のが大切なんですが、それは評価されないことが多いのです。お金もうけはできない。でも、それに耐えていく力がなくては、めちゃくちゃになりますよ。「今は、そうだ」とは、みんなほとんどは思わないけれど、その方向に向かっていると言えるでしょう。

2　一人一人の子どもは、違っている方がいい

学校でも、いじめの体制があるのは、根本がここにあるのです。「一人一人の子どもは、違っているんだよ。違っているのは、当たり前なんだよ。違っている方が、いいんだよ」そういうことを先生はどう教えているのか、いや、「先生自身が、そういう目で子ども見ているか」という問題ですね。「正解の方へ寄ってくれば良い」という目で見ている限り、いじめはなくならないのです。というのは、正解が悪用されているのです。正解というものを作って、それから外れている者をいじめようというのですから。そのあたりから、教師は自分を変えていかないと解決しません。正解を固定して、その方向へ引っ張っていかないといけないという現実があることは事実です。そして、そのこと自体が、マイナスの要素を世の中に持ち込んだということは明らかなのです。何とかそれと戦っていかねばならないのですが、今の人たちはせいぜい、総論賛成ということです。

「偏差値は良くない」と言いながら、自分の子どもに関しては「偏差値は大事だ」と思っている人が多くいるのです。「学歴なんか重視してはいけない」と言いながら、「自分の子どもは良い学校へ入れたい」という親もたくさんいるのです。そういうことを、どう変えていくかということが課題ですね。

先生だって、テストの成績のことが気になるし、隣のクラスに負けては困ると心配するし、親も色々なことを言ってくるし、クラスにいじめだって起こるかもしれないし、クラスを担任していくことは大変な

ことです。「何が起こっても、平気だ」とはいきません。けれども、何が起ころうと、「しっかり受け止めよう」という姿勢でいなくては、どうにもなりません。「他のクラスに負けないように」とか、「誰かに非難されないように」とか、いつも思ってやっている。スポーツでは、「とにかく勝とう」というのと同じかも知れませんが、そういうことでイライラしていて、それで自分は積極性がある、やる気があると思い込んでいるのは、学校を破壊していくということですよ。

だからそうした中では、事が起こっても、先生方がひとつになってということがないのです。隣のクラスに何か起これば、「うちのクラスだって、危ないぞ」と、もっと自分と全体をつないだ形で見る力が平素から欲しいのです。そうでないと分裂です。結局は、「自分だけ良ければ良い」ということになるのです。けれども、みんながつながっているのであって、「あちらにマイナスが出れば、つながっているのだから、こちらもマイナスになるのだ」という意識は、決しておかしくないのです。でも現実は、「こちらが勝って、向こうが負ける」という意識でしか見ていないのです。それは、舞台が非常に狭いのです。「自分の学校だけうまくいけば良い」と言う校長さんもいるかも知れない。でも、他の学校で大変なことが起きれば、全ての学校のイメージダウンになるのです。

3　今、必要な全体を見る

「日本全体がうまくいかねば」と思うのは当たり前であり、外国を含めて「世界が全体がうまくいくと良い」と思うのも当たり前なのです。でも、そこまで考えをもっていけなくて、「自分の学校、自分のクラスだけ良ければいい」ということになるのです。そういうところに、今、追い込まれているのです。日本は、昔からそうだったのですが、特に、今はそうなのです。「自分を大事に」ということが裏目になって出てきています。仮に、「自分のクラスだけ」というようにしても、「先生だけを守るのではなく、子ども全体を守るのだ」ということになれば、「全体のけしき」のようなものができてくるのです。実際にやるかどうかは別として、こうしたものの必要性を感じ取れるかどうかが、分かれ目になりますね。

人間というのは、簡単に自分勝手にできると思い込んでいるから、必要がなくなってしまうのです。「カルテ」だってそうです。人間を非常に単純にしか把えていないから、「子どもの奥の奥まで入って、把える」という気持ちになれないのです。人間はみんな同じだと思い込むのは、自分に都合が良いからなのです。自分は自分で良いように考え、相手は相手の良いように考える。「では、どうしていくか」というようになれば、違いが出でくるのですがね。それが分からないというのではなく、そこへ行きたがらないというのが現在の特色なのです。子どももそうなのです。だから、いじめも起こってくるのです。

昔流に言えば、「人の身になって、考える」ということなのです。「人の身になって、考える」というと、同情というようになってくる。そういうように考えると困るのです。「個々が違った在り方を持つのが当然だ」という前提で、考えなくてはならないのです。従来の「人の身になって考える」というのでは、みんな同じように「その人の身の悲しさに思いを寄せる」ということになってしまう。そうではなく、みんな「それぞれがそれぞれの自分を持っている」ということでなくてはいけないのです。五十年間やってきたけれど、民主主義の教育はできなかったのです。今、起こっている色々な事柄は、そのつけだと思います。だから、「全体を見る」ということですが、全体はよく見えないから、「今、必要な全体を見る」ということなのです。全体というと広すぎてよく見えないのだけれども、「個が見ている全体」なのです。それが「生きた全体」なのです。それをもっと広げたり、深めたりしていく、それが「視野を広めていく」ということなのです。そういうところが欠けているようです。私は「視野」ということに昔からこだわってきたのです。学習指導要領では、「分からせる」「認識させる」「理解させる」などの言葉が使われています。これに対して、あることについて「視野が持てる」ということが、大事であると思います。

4　自分なりの生き方をしようとすれば、自分なりの視野がなければ

但し、個々に違っているということが視野の場合は自然に出てきます。しかし、認識させるというと、みんな同じ認識にしてしまうのです。A君がもつ認識とBさんがもつ認識と、それが少し違っている、ズレているはずなのです。それを無視して、「だれでも同じ認識だ」というように考えてしまうのです。それが怖いのです。理解というと少しは良いのだけれど、その人なりの理解というようになれば、個性的だからいいように思いますが、それだけあいまいだとも言えるのです。視野だって、もっとあいまいですよ。でも、何をするにしても、その人の視野に入っていないとできないのです。

自分なりの生き方をしようとすれば、自分なりの視野がなければできないのです。私はこうしたことを考えて、小学校一年生の時から、指導すべきではないかと思います。

例えば、「切符を買うのは、どこでどのように買えば良いか」ということになれば、それは技術的のようですが、「その子どもは、どういう視野によってそう言っているか」を考えると、非常に意味が出てく

るのです。お母さんに連れられて行った時に、母が切符を買うのを見ていてこう考えたとか、あるいは、一人で電車に乗った時に、切符を買うのに苦労したとか、色々なことがその子の視野を形成していて、その中から、「こうしたら良い」とか、「こうしたら困るよ」とかのことが出てくるのです。

「経験」という言葉を使いますが、「経験」というのは分かりにくいのです。私は、その子の、そこに於いて生きる、そこに於いて認識する、その場での視野というものをもっと重視してもらいたいと思います。

5 「この子はここまで来たな」と、「カルテ」を出してみる

以上、色々申し上げましたけれども、動物園にしろ、美術館にしろ、我々は日常やっていることなのです。結果として、子どもは「今日は本当に良かった」と思う。でも、授業だったら、「子どもが良かった、楽しかった」と言っているからと「バンザイ」と喜んでいるわけにはいかないのです。子どもが喜んでくれるというのも大事ですが、その子が「どういう成果を上げたか」「どういうことが分かり、どういうことが分からないか」ということの真実が、教師として大事なのです。

それは、子ども一人一人の「カルテ」の中に記入されていくようなものであって、この子は何点と言って序列をつけて把えるものではないのです。どうも日本人は、一人一人を無視するというか、大事にしないことを習慣づけられているために、序列の表の中に位置づけるだけが多いのです。一人一人の子どもについて書いてあるのを見ても、その子の様子がよく分かるというのではなく、「これを教えた」「これを教えない」「これは八割位できた」というような記録になりやすいのです。ということは「あの子は、どう

だった」「この子は、こんな疑問を持っているようだ」「これは、何とか指導しておかねば」というようなことを書いたものがないのです。これは、子どもの側の大事な記録になるのです。本当はこれが必要なのです。「この子はここまで来たな」と休みの時間に、先生が子どもの「カルテ」を出して見ているようだと、素晴らしいのです。

「この教材は、まだ教えていないな」「この問題はテストに必要だから教えておこう」といったことしか教師の頭の中にないと、一人一人の子どもは、先生に相手にされないということになります。だから、先生の立場優先を固守せず、「子どもの立場にもっと寄っていく」ことがないといけないと思います。やはり民主主義の社会を育てていくためには、そのあたりは絶対に譲れないと思います。

人間というのは、色々なことを言える、色々なことを考えることができなければなりません。一色に「統一」されてはならないのです。そういう所があるから、教室が「個性的な花壇」になってくるのです。一律の花を一律に咲かせて、「美しい」と思っているのは先生の勝手なのです。やっぱり子ども毎に、色々な花が出てきていいのです。「全体のけしき」というのは、そういう「味わい深い花壇」なのです。その中で、先生がそれをどう動かしていけるかという予定表なのです。

我々は山へ登るにしても、旅行をするにしても、何かをする時にそういう計画がないと事故が起こるのです。運動会ひとつやるにしても、どういう「けしき」を描いていますか。まずは「昨年はどうだったのか」「このあたりにもっと力を入れて」とか、そういうことだけでしょう。「全体のバランスはどうか」「子どもたちの様子はどうなのか」「それが運動会全体にどう生きてくるか」というようなことは、あんまり考えているようには見えないのです。

子どもたちはどうでしょう。「ぼくたちは、今年の運動会でこういうことをやりたい」「でも、みんなで力を合わせていけるかな」などいろいろ考えているのです。子どもたちの方が、計画を絞ることができるのではないでしょうか。

6　子どもたちに任せて、主体的に取り組むことができるように

いつか話したことがあると思いますが、静岡市立安東小学校の運動会は、子どもが主体であって、計画から運営まで全てを子どもがやるのです。前日に予行をやるのですが、始めに全体でマスゲームをやるというのに、その全体練習がないのです。個々の学年がそれぞれに何かをやっているだけなのです。時間も短い。それで安東小学校に転任して来た教師が驚いて、「これでは、予行にもなっていない。子どもが勝手に好きなことをやっているだけだ。明日は大変だ」と言ったんです。

ところが、翌日の本番になってみると、昨日の予行とはうって変わって、「実に整然と、マスゲームができた」というのです。それで、「昨日は、あんなにゴタゴタしていたのに、今日はどうしてあんなにきれいにできたのか」と、子どもたちに聞いてみたのです。すると、「それは、私たちは一番まずいところを各学年で練習したので、それがうまく行ったので今日は上手にできたのでしょう」と言ったということです。

大人から見ると、「明日の運動会でやる通りのことを、最初からやってみて、まずい所をやり直す」と思っていたのです。でも、子どもはそんなことを考えていない。「今日まで練習してきたのだから、難し

いところ、まずいところだけやればＯＫだ」というわけなのですね。

でも、そんなにうまくいくか心配ですが、子どもの方が全体を把握しているのです。「あのクラスはこうしたらいい」とか、「こちらのクラスはここをもう少し頑張ったらいい」とか、そういうことを学年でも考えていて、重点的に練習するように予行を組んでいるのです。

普通の予行はみんな同じことをやらされて、まずいから、もう一度最初からやり直しさせられて、「こんないやな時間」と子どもは言うでしょう。安東小学校の場合は、子どもが生き生きしているのです。自分たちのことを自分で考えている。

やはり主体は子どもですから、子どもが納得のいくようにすればいいのです。先生から見れば心配な面があるでしょうがね。これは別に特別なことではなくて、当たり前のことなのです。自治活動でも、そういうようにやろうということなのです。子どもたちにしてみれば、「父や母も来るのだから、立派にやりたい」と、自分たちのやることに責任を持っているのです。そのために、「僕たちはこうやりたい」「私たちはこうやらなければいけない」と考え、それの通りやっているのです。それを先生が主体になってやると、子どもたちも嫌になります。すると、運動会は何が楽しいかということになります。

要するに、子どもたちがやるのだから、子どもたちに任せて、主体的に取り組むことができるようにすることです。もちろん、先生のアドバイスは必要です。しかし先生が主体にならないことです。そういう状態をつくることが大切です。そうできると、最後には「全体のけしき」が要らなくなるかも知れません。子どもを受け身の存在にしておいて、「全体のけしき」はできません。現実感をもってお聞きになったかどうかわかりませんが、今日話したかったのは、そうしたことでした。

◆質問に答えて◆

①「裸になる」ということについて、もう少しお話し下さい。

私は、「裸になる」という言葉をよく使います。「防御・守る」ということがありますが、その場合、無理な用意をして防いでも、それが、手かせ・足かせになってしまうことがよくあるのです。自分を「まともに対応させる」ということが、一番自然であるのです。

人間というのは、平素は着物を着ているし、暑い時、寒い時には、それぞれ対応の仕方があるわけです。自分の弱点を、わざわざさらす必要はありませんが、相手に弱点を見せまいとするとプレッシャーがかかりますね。

例えば、大学の教授が、学生に質問されて、答えられないと「恥ずかしい」と思うのですね。それで、なんとかごまかしたり、逆襲したりして、それをそらそうとするのです。そうすると、質問した方は納得するのではなく、むしろ、不信になるのです。こうしたことは、非常に空しいことであって、気分が良くないですね。「あの人は無能だ」ということになります。それは、小学校の先生も同じです。

だから、「恥をかかないように勉強するんだ」と言っているけれど、勉強すれば、「どこから、何が来ても大丈夫だ」ということにはならないのです。そのこと自体が甘い考えなのです。はっきり言えば、学問をバカにしていることなのです。学問をしたからといって、どんな有能な学者でも、全部カバーすることはできないのです。

ですから、「これは分からない」「ここは駄目なのだ」と素直に言うことが、本当の防御なのです。「先生も知らないことが多い」ということを相手に分からせることが、大事なのです。こうした考え方が「裸になる」ことなのです。

素直に対応し、「私はこれだけだよ」と居直ることでもあるのです。そうすることで、自分が柔軟になってくるのです。こうした状況を、もっと我々は大切にすべきでしょう。こうしたことが、先生にも子どもたちにも出てくると、良い関係ができると思います。この方が、長い目で見ると、「むしろ、効率が良い」と言えるでしょうね。

②「ハプニング」にどうぶつかるかについて、補足をお願いします。

「突発事故」というものがあります。ハプニングというか、「予期してなかったことに対して、正面から取り組むことが出来る」ということが大事なのです。そうすると、「突発事故」に対して強くなれるのです。「弱ったなあ」「嫌だなあ。何とか逃げたいなあ」では、腰が引けているから上手くいきません。相手がある場合は、逃げるとバカにされます。むしろ、「待ってました。」とばかりに、正面から取り組んだらびっくりするでしょう。

こうしたことがひとつと、もうひとつは、普通は、予定通りのことが起こってくることはもともとないのです。突然、事故が起こるのは、楽ではないけれども、人間が生きているというのは本来そういうことなのです。

何か難しいことが起きれば、自分だけ災難に会っているように思うけれども、そうではなく、誰にだって起こってくるものなのです。その困難に対して、「どう、ぶつかるか」「困難を、どう生かすか」というのが勝負なのです。そのために、人間は生きていると言ってもよいでしょう。

③ 「実践記録」で大切なことをお教え下さい。

実践記録のことですが、先生が実践なさったものを読んで、そこに人間である先生の泣いたり、笑ったりしたことが見えない実践では、意味がないのです。それでは、寂しいと思います。

一時間の授業でも、「うまくいっている」と思っているとうまくいかなかったり、その逆もあったりします。その時に、「教師はどう考え、どう対応するか」が大事なことなのです。

こうしたことは、記録を読めば分かるのですが、記録は「良い授業をしたよ」というように表現したいものですから、先生自身の悩みは隠されているというか、消えている場合が多いのです。これは、読み手にとっては困ることです。先生が「うれしい」と思ったことが、実は喜んではいけない場合もあるのです。そういうことを研究していくのが大事です。

淡々とした記録では、せっかくの授業も研究協議も生きてこないのです。一つの授業記録は、何回も何回も考え合うだけの価値があるのです。それは、そこに人間としての先生がいるから価値があるのです。単なるテクニックだけでは、全く値打ちがないのです。そういう意味から、授業記録であっても、カリキュラムであっても、「人間的な陰影が生き生きと迫ってくる」ようなものが大事だと思います。こうしたことはそんなに難しいことではなく、「自分の裸」を出して、授業記録をつくればできるのです。「恥ずかしい」と思うかも知れませんが、価値があります。「人間が生きているな」という感じが、授業にも、記録にも、カリキュラムにも、あらゆるところににじみ出ているということでしょうね。しかし、このことは非常に厳しいことです。

④「上田先生の思想の原点」について、お話をお願いします。

「私の考えがどこから出てくるか」というのは、自分でもよく分からないのです。でも、「そんなにうまくいかないものなのだ」という考えは、何時の頃からか出てきたものなのです。

私も、子どもの頃は、点数を取るのがおもしろかったのです。それが、ある時期から、それが「おかしい」「空しい」という気持ちになったのです。「世の中は、本当の状態から少し離して、都合の良いように序列を作っている」という感じになったのです。

それを強く感じ、分かってきたのは、やはり戦争なのです。戦争は、全てを裸にします。死にに行くのですから、怖いけど、嫌だけど、「みんなのため、国のため」と口で言うだけでなく、本当に思ってしまうのです。真実と落差が大きいのです。その落差によって、世の中が成り立っていたのです。

そうしたことに対する抵抗が、どこかで強くなったのだと思います。本来、誉められるべきでないことが、誉められているのです。歴史を見ると、そうしたことがよくありますね。でもまた、それに対する抵抗があるから、世の中は成り立ってきているとも思います。

こうした考えが、私の思想の中にあったのです。でも、今になってみると、この落差のつけが大きくなってしまって、工業の発展のため、国のためと思ってにやったことが、今、環境問題になってきているのです。差を無くさなくてはという考えを、強めざるをえません。

第8章　「想像力……イマジネーション」

1　人間を育てる根幹として

1　理解や知識は、子どもの中にスーッと入っては、寸分の隙を許さない厳密さは出てこない

想像力…イマジネーションを、どういうふうに整えたらいいかということを考えてみたいと思います。イマジネーション・想像力ということについては、前にも話したことがあると思うのですが、これはあまり重視されていないのです。

想像するということは誰にでもできることで、また、いつでもやっていることですから、平凡というか、生理現象に近いというか。何の気なしにやってどこかへ消えてしまう、というようなことが多いのではないでしょうか。

理解をするとか、知識を獲得するとかは、極めて固いというか、気力を集中してぶつからないといけないですね。ただ、子どもに与えて、子どもの中にスーッと入ればよいというようなことでは、寸分の隙を許さない厳密さというようなことは出てこないのです。本来ある疑問を持ち、それを解決しようとすることによって理解が出てくる。そういうことを考えると、これは、片手間的にやっていたのでは駄目です。だから集中するのです。

そういうことが大事だと思うのです。ところが、今いったような集中をしようとすると、自分にも考え

がある。そのあいだを何とかするために、ぶつかるのです。ぶつかった結果、先生が○を付けてくれるような捉え方ができればよいということになるのです。

そう言うと難しいようですが、小学校一年生でも幼稚園の子どもでも、やっているし、やらされているのです。我々は比較的簡単にそうした状況を考えてしまうのですが、このことは大変なことだといわなくてはならないのです。

そういう時に、自分の持っているものと持っていないものとがぶつかった時に、極端にいえば「火花が散る」ということになるのです。本当に斬新な知識を獲得するという時には、そうしたことが起こってくるのです。しかし、そういう時に、ただガチャンとぶつかって衝撃を受けるというだけでは、ショックはあっても、後々自分の中にいい変化が出てくるというようにはならないかも知れません。

2　子どもの中に受け入れ態勢があること

そこのところ、子どもが自分で学んでいく場合も同じですが、スムーズに、或いはトラブルを起こしながらでも、新しいものを自分の中に入れてくれれば、教師は非常に具合がいいということなのです。問題解決学習というのは、子どもの中に消化できる状態、いわゆる受け入れ態勢があることが前提です。でもそれは、何でもいただきましょうではなく、「おや⁉」と思うことがかんじんなのです。「これは何とかしたい」といろいろ考えているということは、すでに耕されているというか、土はやわらかくなっているのです。ただ、「いただきますよ」というような顔で先生の方を向いて待ち受けている。大きな口を開けて入れてと願う。それでは教師は都合がいいでしょうが、子どもの中は、胃が活動するような形ではないのです。腹が空いていないのですから。

腹が空くというのは、求める素地ができているのです。そうなると、美味しく食べられるし、消化もしやすいだろうと思います。栄養も吸収されるでしょう。そうではなく、食欲がないけれども時間が来たので食べなくてはならないのだよでは、幸せではないのです。せっかくのいい食べ物であっても、機能しないのです。先生は、この子は食べたよと言って○をつけているでしょう。けれども、人間の中でどういう働きが起きているか。大変問題がありますね。

3 ものを知る時の潤滑油としてのイマジネーション

私たちの体というのは、美味しそうなものを見るとか、おなかが空いてくるとかすると唾液が出てきます。でも、何か不都合があると唾液も出ない。呼び水になってくれないのです。それでも食べられるでしょうが、味もないしあまりスムーズにいかないでしょう。ものを食べるとか、ものを知るとかいう時に、それをいい形で円滑に機能させていくというために、何か必要なものがあります。それを知的にいうと、イマジネーションだということになります。もちろん、イマジネーションだって逆に働くことだってあります。あんな調理場で作っているから不衛生だとか、気持ち悪いとか、そういう想像力が働くとまずくなるのです。それも仕方がないですね、置かれた事態ですから。ハッと思うとか、あれ美味しそうだなとか、あれは駄目だなあとか。色々なことが頭の中で働いて、あの時に食べたあれと似てるとか、あの時はこうだったから○○と一緒に食べた方がよいとか、いろいろ考えてくると、入り方というか、問題解決ができやすくなるということなのです。

我々のイマジネーションの力は、先程申しましたように誰だって持っているし、誰だって十分に働かせることができるのです。案外それが重要な意味を持っているのに、子どもが教室にいる時に見ると、彼ら自身が想像をして、教科書にでも、先生から与えられた資料にでも向かっていくということは、それ程効果的にできてないような気がするのです。

先生からすると、昨日このように勉強したから、それとこれとを結んで考えなさいと親切に仕組んであるはずなのですが、子どもの方からすると、「昨日は何をやったのかなあ。あっそうか、あまりおもしろくなかったなあ。よく分からなかったよ」などと思うだけであって、一向に潤滑剤として生きてこないのです。それは、正確に理解していないから駄目というのではなくて、その子なりに自分の中に位置付けるだけの働きができていれば、先生の思いとは別であるかもしれませんが、その子はその子なりに出てきているると思います。潤滑油としてのイマジネーションが働いているわけです。それをどうするかということになります。導入という言葉がありますが、社会科の単元をやる場合には、その方向へうまく子どもを誘導していくのです。こういうことは、むろんお考えになっていることでしょう。子どもの興味・関心を高めてやるっていうことは、当たり前のことなのですから。

4　興味をどういうふうに次へ発展させていくか、手だてを考える

けれども、先生から面白いといわれても、子どもにとって面白くないのは面白くないのであって、その子なりに面白くさせなくてはいけない。先生から見て、くだらないとか、間違っているとか、都合が悪いとかいう場合でも、そこは少しぐらいは我慢しなければいけないのではないでしょうか。ここに興味を持っているなと思えるあたりにくると、その興味をどういうふうに次へ発展させていくかを考えなくてはいけないので、「その興味は捨ててしまいなさい。先生の持ってきた興味の方へ取り替えなさい」と言ってみたって、それは人間の世界では無理なのです。どうも、教室では、そうした無理が押しつけられていることがあるかも知れません。そういうふうになってくると、先生は情熱を持って一生懸命にやっても、空回りというか、とんちんかんになるでしょう。

だから、どんな唾液を出しているかということが問題です。給食で毎日食べさせている。好き嫌いもあるでしょう。嫌いだから食べさせないよ、ということはいけないと思いますが、嫌いな物を食べる時に、こういうようにして食べたらいいよと教えて、嫌いな物が胃の中で消化していくようにさせなくてはいけないのです。手だてを考える必要があります。

うんとお腹を空かせてやれば、好きでない物も食べられるということもあります。だから、そういうことも考えていいわけでしょう。学校の給食は、今子どもはあまりお腹が空いていないようだから、もう少し後へのばしましょう、というようなわけにはいかないシステムですからね。

でも、実際に時間をのばすことができなくても、そうしたことも非常に大事だということです。時間が

くれば、お腹が空かなくてはいけないと命令しても、どうにもなりません。お腹が空いていなくても、食べなくてはいけないこともあるということを、学校の中ではっきり認めなくてはいけません。認めるということは、ただ我慢させるということではなくて、そういうことまでよく配慮できなければ、給食は教育的に十分成立しているとはいえないと思います。

嫌いな物の処理とか、お腹の空かない時の処置とか、或いはその子に不適な給食の内容をどう処理するのか、そういうあたりも非常に難しいテクニックだと思います。

給食の研究というのは聞いたことがありますが、一人一人の子どもを人間として、生理的人格的な面にまで立ち入って考えているというようなことは、割合少ないようです。食べればいいのでしょう。残さなきゃいいのでしょう。それにゆっくり食べているのも具合が悪いのでしょうね。どうしてゆっくり食べては悪いのですか。昔の軍隊では何でも早くやる。生命をかけて戦争をやりますから、食べるのに時間がかかっていてはどうにもならなくなってしまう。それは、一つ理屈がたちますけれども、学校ではどうしてゆっくり食べてはいけないのですか。先生も忙しいからという理由はともかく、だらだら食べるのは教育的に望ましくないというようなことを簡単にいってしまうと、唾液が出てこないのです。イマジネーションが働かなくなります。

5　創造・理解の根底には、イマジネーションが

学校というところは、イマジネーションをあまりやらないのがいいよとなるのが怖いですね。先生が、

「想像しろ」という通りに物真似をするというのはいいけれども、どうしても想像というのは個性的というのでしょうか、一人一人が違ってきますから、先生からいえば扱いにくいものなのです。先生の機嫌が悪くなると、学校というところは楽しくなくなります。唾液の出し方まで、取り締まりを受けているような感じになってきますからね。

問題は、こうしたところにあるようです。私は、イマジネーションというのは、非常に大事なものだと思います。もうひとつの創造であるクリエーションということのために、イマジネーションはその根底を成していると思います。

理解と言ったって、「この前にこういうことがあったけど、これと繋がっているか」とか、「テレビで見たこの画面とどうなのだろう」とか。「私は、ここのところは、もっと詳しく言ってもらいたい」とか、「ここは、ちょっとおかしいよ」とかね。これらはイマジネーションがないと、うまく出てこないのです。

6 「カルテ」や「座席表」は、想像たくましく

漢字の書き取り調べとか、算数の計算とかの答え合わせなどは、イマジネーションは不要ですよね。だけど、「この答えは、ちょっと変わっているけれども、おもしろいなあ」「間違いにしない方がいいんじゃないだろうか。でも正解といえるかな」など、頭をひねらなければならないいことがあります。こんな答えを出させるというのは、私はいい問題であると思うのです。

こういう時には、先生にもイマジネーションが働いてくるのです。もう少しいくと、「待てよ、この子

が、こういう書き方をして、こういう答えを出したのはどうしてだろう。どういうことを考えて出したのだろう」「この子の場合は、こう考えてるのだろうな」というようなことになる。テストの採点には時間がかかるでしょうね。でも、時間がかかるでしょうが、内容がすごく充実してくるのです。

このことによって、「待てよ。あの子にこういうことがあるのかな」とか「今まで気がつかなかったなあ」とか、先生の想像力も大いに活動します。先生が想像をたくましくしてくだされば、一方でカルテなどをやっていれば、それと結び付けていく。「はてな、カルテであいうことに気が付いたけれども、これと繋がりがあるのだろうか」「これはちょっとおもしろいぞ」というようなことになれば、カルテにさらに記入してもいいような内容になってくるのです。

こういうことをテストの結果を見ている時にも考えることが、想像たくましくすることなのです。まして、作文を読んだりしていると、そのチャンスが多くあるわけです。いや、それは面倒だ、自分は枠にはまった答えだけでいいということになると、味もそっけもない骨だけですよね。カルテや座席表などは、先生の想像力を刺激するような働きをもっているのです。想像力を発揮しないと書けないのですからね。

この子は、あの子の頭を三回たたいたと書いても、そこから、先生が色々な想像ができれば意味があるかも知れませんが、第三者がそれを見た時に、三回たたいたって、それはどれくらいの強さであったのか。どういうたたき方だったのか。どういう理由だったのか。どういう雰囲気だったのか。何も分からないのです。三回が二回、四回であっても、そうしたデリケートな状況が大事なのです。でも、それが分かるように長々と書くわけにはいかないでしょう。書いてもいいけど時間がかかりますよね。また、第三者が見ても、くどくど書いていて分かりにくいと、何の役にもたちません。こういうことになりますから、驚いたときにただ短く記せというのです。

国語の得意な先生が大勢いるでしょう。国語というのは、想像力が勝負です。イマジネーションです。正しい漢字も、言葉の意味も大事でしょうが、解釈なんて想像力がないとどうにもなりませんね。一番面白いのは、平凡なことをどう書いてあるかということでしょう。字引が必要でないことです。字引には書いていています。上というのは、どういうのが上なのでしょう。これを書くのは難しいでしょうね。正直とか親切とかは本当は難しいのでしょうが、このことについて書くのは、そんなに難しくないでしょう。外とか内とかは、どう意味付け、表現したらいいのでしょう。言葉というのは、簡単明瞭で、誰が意味付けても同じというようにはいかないのです。

2 発見も、さし迫った判断も

1 ある人にとても面白いことでも、別の人には何ともともない

どんな人間だって想像力を持って接してくるのですから、想像力は取り締まれないのです。また、ある意味で能力差も出てきます。そういうことを、もっと教室の内で中心に据えるべきだと私は思います。そうなると、正解が分からなくなります。だから、国語の時間に短歌とか俳句とかを教えて、それがみんな名歌であるとか、名句であるとか教え込むのかも知れません。そこに、世間通り相場の解釈がありますね。

それを子どもが覚えさせられる。しかし、古池に蛙が飛び込むと静かだというけれども、何だかそうでもないような気がする。そう思うかも知れませんが、それは、ただ幼稚だからか。短歌でも俳句でも詩でも、それを味わう人間の味わい方があるし、それなりの深まりもあるでしょう。それを、簡単に統一できませんよ。そのあたりが非常におもしろいのです。

この歌は素晴らしいといえるかどうかは、人間の想像力を個性的にどう刺激できるかということにかかわるのです。こうしたことから言えることは、ある人にとってはとても面白いことでも、別の人にとっては面白くも何ともないということがあっても、不思議ではないということです。誰でもが感心できる歌は名歌であり名句であるというのは、本当はおかしいのだと思います。でも、通り相場として、この俳句は素晴らしいというのはありますね。それは、俳句というものを自分で生かそうとする姿勢ではないでしょうか。

イマジネーションというのはこう考えると個性的であって、そこには深まりの差というのがあります。だから、これは素晴らしいよ、真似すればいいよというのはあり得ないのです。そういう厄介なものが、単純一様ではない内容が教室の中にうようよしているのです。先生と子どもの間には、そうしたものが漂っています。そういうものを取り除いて窓を開けて風を入れれば、そういうものがなくなって無色透明で、先生の言ったことは子どもに真っ直ぐ写したように伝わる、というようなわけにはいかないのです。

2　想像力を働かせる人は、積極的な姿勢になっていく

もっといえば、この空気中にも、ごみがほこりがたくさんあるわけでしょう。でも、それが見えなければ、何も思わないのです。実は、そんなほこりのないところというのは、ないのでしょう。むろん、山奥にでも行けば、こんな都会と比べて空気はきれいなはずです。けれども、きれいだからといって、ばい菌がないということはいえないのです。人体に害がない程度に保つということはいいけれども、それだって人体の方も同じ条件ではないのです。非常に清潔な状況は体にいいかどうかというと、これも分からないでしょう。不衛生と思われている環境で育っている人が、一般の人の持ってない抵抗力を持って、健康に暮らしていることもあるのです。想像力も、これと同じではないでしょうが、よく似ているのです。想像力を駆使することができるような条件を身に付けているかどうかは、大変大きいことであって、それが薄いと損ですね。苦しいですよ。

ところが、温室育ちの人間というのは非常に保護されているから、幸せのようだけれども、世の中の物事を理解しようと思っても、そこには相当なハンディがあります。分からないことが多いんだもの。想像というのは、全部見えたものをキャッチするのではなく、見えないものを探究することなのです。だれでも自分の好きなことに対しては、想像して楽しむということがあると思います。嫌いなことに対して想像をたくましくするというようなことは、やらないでしょう。自分で新しいものを考えて、想像をどんどん進めていくのです。だから、想像力を働かせる人は、積極的な姿勢になっていくのです。

3 「カルテ」「座席表」には、先生が想像・イマジネーションしたことを

子どもにこうした姿勢を持たせるということは、どうすればできるのかというよりは、こうした姿勢を子どもが持つと嫌がる先生や親がいるのではないかと思います。子どもが、根掘り、葉掘り聞きますから。あれは、ひとつの癖であって、想像力を働かせているのではない場合が多いです。本当に想像を働かせてくると、簡単に人に聞いたりしませんからね。だから、コントロールする側にとっては、手ごわいでしょう。

要するに、何でも「はい」といって受け取ってくれれば、先生の方はとにかくご安泰。そうでないと子どもは先生のことをよく観察していますから、先生は今日何かがあったようだとすぐ気が付くのです。それは、先生にとって迷惑のようだけれども、そうではなく、先生なんか関心がないから知らないよと、全く横を向いてしまっているよりは、都合がいいことかも知れませんよ。

想像というのは、あえてひと言で言えば「我々の授業の中心にあるもの」です。だのに学習指導要領なんかでも、想像・イマジネーションを大事にしてくれません。不要なもの、邪魔なものにしている感じがします。

カルテとか座席表とかは、先生が想像・イマジネーションしたことを書いていくということなのです。書かなくてもいいですが、それを手掛かりにして大いに想像していこうということなのです。想像しているからそれが裏切られるとか、ぶつかるとかすればびっくりしてしまうのです。また、がっかりしてしまうこともあります。そこが、新しいものへの発見になるのです。何も想像していないところには、発見は

ないのです。ごくごく平凡なことを想像してみても、面白いことがたくさんあるのです。面白いというよりは、それは我々を生き生きさせてくれるものなのです。

4　教育のねらいは、もう少し自分を強く・安定させていくこと

先生は、子どものカルテを工夫されることによって、生き生きされるのではと思うのです。だけど、逆に生き生きしなかったり、面倒だなと思ったり、重荷だと考えて、嫌になったりする人もあるようですが、それはカルテの取り方が間違っています。カルテは、楽しく取らなくてはいけないのです。楽しくというのは、語弊がありますが、子どもが苦しんでいるような場合でも、こんなに可能性があるよと、またびっくりできるのです。そういうことが、カルテによって得られるのです。

楽しく楽園の中を歩いていたら突然地獄へ落ちた、というようなことをカルテに書かなくてはいけない場合もあるでしょう。でも地獄へ落ちたきりではなく、また地上へ、新しい世界へと、人間というのは自分を持っていけるのだなあということがわかります。そうすると、人間は生きる張り合いが出てくるでしょう。

人間というのは、ただ喜んで、ただ落ち込んで、というのではなく、浮き沈みがあるのが常だと思うのです。その中で、自分をもう少し強くしていけるのか、安定させていけるのか、ということが教育のねらいなのです。そういうことを、子どもたちのカルテで捉えることができれば、素晴らしいことなのです。

そのためには、ああであろうか、こうであろうか、きっとこうだよと、先生が思いめぐらさないと駄目

ですね。まあまあ点数を取って、規則を破らないで、怪我をしないで、親から苦情が来なければそれでいいんだよでは、驚き様がうまくいかないですね。先生だって、退屈してしまいます。そうなれば、ますます事件が起こるでしょうから、嫌なことばかりになります。

人間が何十人も一緒に生きていれば、どうしても事件が起こる。事故が起こる。その時、ショックになることがあります。でもそれが起きた時に、それを手掛かりにして、足掛かりにして、何とか新しい局面を拓くことができないか。それが生きがいだと思うしか、現実に生きようはないと思います。そのためには、想像力が大事なのです。

5　カルテは一遍の小説、その筋書きは色々

カルテというのは、人間の見方の問題なのです。どれだけ、頭の中で自分が人間を描くことができるかということなのです。このように考えると、カルテを書くことは張り合いのあることだと思います。カルテというのは、前から言っているように、あまりたくさん書いてはいけませんから、少量短く書いて、それを長い時間をかけて繋ぎ合わせていくのです。それは、一遍の小説を書くのと同じです。小説を書く時、主人公をどう動かしていくのか、その筋書きは色々考えますよね。書いているうちに変化することも当然あるのですが。

カルテというのは、自分が担任している一人一人について、小説を描くことができるということなのです。最近はあまり長くないと思いますが、職員会議のつまらない時は、一人の子どもを思い浮かべて、小

説にするならこういうところを出してやりたいなど、いろいろ考えていると時間が適当に過ぎてくれます。

何人分かのカルテをポケットに入れて持っていて、つまらない会とか電車の中とかで、そのカルテを取り出してあれこれ考えをめぐらす。そしてその子の小説を描く。教師としても飽きのない、充実した生活ができると思います。長々と引き延ばされる堅苦しい会などでは、スリルもあるし、思いのほか想像力も働いて充実してくるのです。これは、先生の目を盗んでいたずらをする子どもの心理と同じでしょうかね。これはあまりよろしくない現象かも知れませんが、人生は実はむしろこうしたもので成り立っているのでしょう。

6 「内職組」は困難な時に集中力をもって、要点をはずさずにやれる

こうしたことを生かして教育的に使ったならば、もっと能率的に、もっと人間的に生きがいが出てくるのではないかと思います。でも、内職はやっているように見せないでやるというのがこつなのです。そういう内職は、やれないよりはやれる方がいいと思いますよ。私なんかは、いつも内職組なのです。それでも大事なことは聞いています。子どもだって、授業中に何か他のことをやっている子もいます。でも、聞くべきことはきちんと聞いているようなら、将来が楽しみですよ。

よく考えてみると、こういう力こそが生きる力なのかも知れません。いくら地震が来ても、生き残って役に立っていくんじゃないでしょうか。図太いとか、要領がいいとかいうとあまりよくないけれども、困難なことに出合った時に集中力をもって、要点をはずさずにやれる、ということでしょうからね。地震の

時に、すぐ飛び出すのではなく、何秒かのゆとりを持って、何をもって、どこへ出るのか、火は消しているかなどちゃんと配慮することができれば、非常に優秀だと思います。こうしたことも、想像力の問題なのです。

7　想像力を働かせて答えるには、ちょっと間を置く

想像力というのは型が決まっていて、こうなれば次はこうなるというように働いてくれるのも役に立つけれども、やっぱり、これはちょっと違うよと気付き、その違いにどう対応するか、判断するゆとり、ひまがほしいのです。ここでの判断は一種の想像なのです。どうなるだろうかな。何が必要だろうかな。そういう、さし迫った判断の力を平素どう付けるかということです。

どの教科でも同じ事です。ちょっと間を置くということです。先生が答えよといった時に、ちょっと間を置くということです。パッと答えると先生が喜ぶでしょうが、「ちょっと待てよ。先生何を聞いてるのかな」。時間にすればわずかですが、そこには内容が詰まっていて、それを動かしていく。そこにあるわずかな間が潤滑油になり、内容を流動することに役立つのです。そしてそこには、明らかに全力投入があります。

もう決まったように、地震になったらこうするというのは、頭の中が何も働いてないのです。実は、火事の時はこうして逃げろということになっているが、「今日はちょっと違うぞ。焼ける方向も、風向きも違うよ」。それを判断する想像力が、あるかどうかが大切なことです。とっさに、どこへどう逃げたらよ

いか。先生にとっても、判断するのは難しいことです。自分の担任している子どもたちがいるのですから。責任を感じれば感じるほど、難しいです。判断の仕方によっては、大変な事になるのですからね。

こうした事は、人間のやる事だから、完璧な判断はできるわけないでしょうが、そこで自分としてしっかり考えて選ぶようにすれば、一応悔いはないというわけです。けれどもね、全然考えないであわてふためいてということになると、取り返しがつかないのです。

3　自分を突き出す我慢

1　教師の腹がすわっていないので、子どももふわふわ

こうしたことは、我々の人生の中にたくさんあるのです。生き抜くということは、本当はそういうことなのです。要領よくやることでも、粘り強くやる事だけでもないのです。

こうした考え方は、カルテや座席表の基本的な考え方だと思っています。カルテなどを見せてもらっても、「先生、どこで想像が裏切られたのですか」「新しい想像は、どうしたのですか」と問わなければ、分からないのが多いのです。「はい書けましたよ、一丁揚がり。次もできましたよ」ではね。いくら書き並べても、ここぞという時に役立ちません。これは方法・技術のことでなく、人間の問題だと思います。教師として、子どもに対していく腹がまえが必要であると思います。

そういう事が、今、現場で薄れてきているのではないでしょうか。そうすると、いろいろな事件が起こってきて、学校は窮地に落とされることが出てきます。実は、教師の腹がすわっていないのです。子どもの方もまた、ふわふわしてくるのです。すると、自分を抑える事ができなくなるのです。私は、学校自体の重心が上へ揚がってしまって、どっしりした感じが薄れてきたように思います。

本当に一人一人の子どもが重心を押さえて成長しているかと思うと、不安になります。全体に、重心が持てていないということでしょう。浮遊している感が強いです。これは、単に教育だけの問題ではなくて、政治も経済も含めて、日本人の在り方が問題ですよね。事がなければいい。事があっても新聞に出なければいい。悪口を言われなければいい。ということでみんな動いているとすれば、困ったものです。根無し草のように安定しないでいて、それが繋がってくるからオームのようなものが出てくるのです。あれはたまたま異常な人物がいてということでしょうが、その異常な人物を野放しにしたのは、安定させない世の中ですからね。

2 みんなで結束し、新しいやり方をやってみようとする強い力

ではオームの問題について、教育ではどう取り組んでいるかとなると、全く考えていないのですよね。あれは、特別な事件だとしているのです。そうではなくて、我々が普通に育ててきた子がああいうところへ行ってしまう。これは根本的な問題なのです。今すぐにはどうしようもないという感じがあるかも知れないけれども、教育に重大な変化が出てこないのです。これは、非常に不思議なことなのです。

オームどころではないですよ。中学生の非行なんか、昨年からすごい増え方でしょう。でもそのために、中学校の先生で指導に自信を失ったという人いませんよ。「そうか、また学校へ来ないか」それだけの話です。登校拒否の子どもが増えていく事に対しては、あれよあれよという感じです。そこには、一生懸命に取り組んでいる先生がいられるのはよく分かるんですけれども、ちっとも減っていかないのです。そのうち、何も学校を出てなくても社会で生活していけるよ、ということが出て来るでしょう。それも一面の真理だけれども、そういわれて、では小・中学校ではどういうつもりでやればいいのか。来たい人だけやればいいのか。

こうした問題は、教師の正面にあるのですが、「そんな事言ってもしょうがないよ。受験準備だけやりましょう」と問題をすり替えているのが、現在だと思うのです。親も同じ事なのです。

でも、これに対しての特効薬がないのです。我々は我慢・我慢でいかねばならないようなのですが、もう少し自覚して、本当に必要なところで我慢する事です。子どもにいろいろ言われて、いやになりますよね。昔、校内暴力の頃に、学校を辞めていった先生がいました。その気持ちは分かりますが、辞めたら負けだから、子どもに対して我慢するというのではなくて、もっと親とか社会に対して、受け身の我慢ではなくて自分を突き出していく、戦っていく我慢をすべきだと思うのです。

今、色々な事件が出てきて、それについて学校の責任はないといいます。もちろん学校だけが悪いというのではないのですが、たとえ責任は大きくないと思っても、やっぱり我々はその大きくない責任を明らかにして、それとどう取り組んでいくかということを、世の中へアピールしていかねばならないと思います。「我、感せず」という形でいくことは、最悪だろうと思います。

だから、これでは黙っていられない。学校の在り方を、教師によって改革しようというような運動が、各所に起こってきていいはずだと思います。登校拒否が増える。これでは教師としていたたまれない。だから辞表をたたきつけるのではなく、みんなで結束して、新しいやり方をやってみようとする強い力がほしいですね。教育委員会や文部省は問題にするかも知れませんが、日本の各所で事が起こってもおかしくないと思いますよ。でも、そうしたところに行き切れないのですね。私は、ただ騒ぐのがよいというのではないのですが。

3 教師が人間的な想像力を働かせ、力を付け、問題を提起していく

今言ったように、子どもに対して人間的な想像力を働かせて、自然に対していくと、学校のやり方には我慢できないことが教師としてあると思うのです。それをお互いに力を付け合って、問題にしていくということでしょう。そのやり方というのは、いろいろあると思います。どうも色々な事件に対して、教育界の中から反省というよりは、「おかしいぞ」と問題を提起していくようなことが出てこないのです。結局、小さくなっていて嵐が通り過ぎるのを待っているのだ、と世間に見られるのはまずいと思います。

これは、教師のプライドとか、職業観ということなのですが、それだけではなくて、子どもを人間として見ていれば、黙っていられないものがあるはずということです。何も、大々的に抵抗する必要はないのですが、少なくとも、自分の授業のやり方を納得のいくように少しでも変えていくことは、してもいいと思います。

ところがそうした時に、学校の中で他と違った事をやるのはまずいというような声が先行してしまって、結局「元の木阿弥」になります。そして、結論としては、みんなやる気がなくなってしまうのです。現状に対して満足している人は少ないと思いますが、それに対して、何かをやろうとすることが阻止されているのです。

このことが、子どもによく分かると思うのです。先生への信頼を失っている原因も、そこにあると思われます。子どもには不満がたくさんあるわけです。その不満を、子どもも正面からはき出す事はしないのです。お互の中で、解決しようとしないのです。その間に、色々な犠牲者が出てくるのです。そうした生活の中で落ちこぼれたり、うまく泳ぎそこなったりということになっていくのでしょう。

こうした状態を、どこかで歯止めを作るということが出てこないのです。そして事が起きると、心理学者の評論が始まるのです。カウンセラーというのがやってきて、みんなを安心させるということもね。そんな役割が本当にできるのか、私には分かりません。○○博士がきてくれたから、もうこれで安心と。その博士は、子どもの登下校にまで付き添ってくれるのではないのでしょう。何をもって安心させるのか、不思議なのです。もっと違ったやり方があるはずなのです。まあちょっとなだめておけば、そのうち消えるでしょうという筋立てだと思われます。「そんなカウンセラーは拒否しますよ」と、なぜ先生たちが言わないのですかね。まあ、それを受け入れておけば、今度事が起きた時に弁解ができると考えるのでしょうか。すべて弁解ということを主にして、事柄を運んでいるように思えます。これは官僚の特質なのでしょうね。日本の社会が、弁解の社会になってきた感がするのです。

4　人間は、自分を甘やかして生きられない

敢えて言えば、みんな横を恐れているということのようです。子どもたちは、まさにそうですよ。先生方も、そうなってきているようですね。こうなってくると、足が浮いてきて、横を見ては悪口を言われていないかうかがう。何とか事なかれでいけるということだけで、生きているという感じがします。だから、ごく普通の人が問題を起こすのです。それを、何とかしなければならないのです。

世の常識では、教師が子どもに対して情熱を傾けるということが当然とされるのですが、実際情熱が持てないのでは仕方がないですね。情熱が持てなければどうするかということについて、自分の中で問題にならなければいけないのです。誰か情熱を持たせてくれるだろうと待っているのでは、先生は務まりにくいですね。

だから、やはり、自分の中から情熱を出してこないといけません。それができない時は、教職を辞めるより他ないと思います。でも、先生として子どもに情熱を持てなかった人が、他の仕事について、そこで情熱を持ってやれるかどうかはなはだ疑問ですね。こんな場合、教育に合わないからそうなったのではなく、もともと生きる事に合ってないのです。

我々が自分の仕事に情熱が持てないという状態は、非常に不幸なことなのです。どんなことにでも情熱さえ持てばいいんだというものでもないでしょうが、人間というものをもっと直視して、理解して、人間は自分を甘やかして生きられないということを感ずべきなのですね。そのことを、我々がもっと身にしみて分かれば、ひたすら弁解で通るというような生き方はできなくなります。

5 人間として、つまずきを自分と世の中のために生かす

人間というのは、完璧なのは一人もいないのです。みんな隙だらけなのです。つまずいてばかりなのです。ただ、そのつまずきを、人間として、自分と世の中のために生かすことができる生き方と、自分も周りも不幸にする生き方があります。どうすればつまずきっ放しの我々が、そのつまずきを栄養にすることができるかということを考えるべきでしょう。

つまずかないようにしましょうというお勉強は、いい加減にした方がいいでしょう。どんな立派な大学を出ても、つまずかない人間はいないのです。このように考えてきた時に、できの悪い、言うことを聞かない子どもたちと、我々は対等に向き合うことができるのです。

でもやはり気にはなりますよね。その気になることを、もう一度考えてみる。どうして、できが悪いのだろうか。どうしてだらしがないのだろうか。大切なのは、彼らがそういう生き方の中に落ち込んで生きている、そういうことへの理解の深さを持つことだと思います。だからといって、それを肯定せよと言っているのではないのです。人間はそういうことをしたくなる動物であるということが、どれほど分かっているかということなのです。

私はそんなことやってないからいいよというのは、全然理解がないということなのです。どうも、日本人は、自分の都合で判断するのですね。日本人には、神さんがいないのです。そのことを、悪いと言っているのではないのですよ。あぐらをかいていてもいいですが、そのことに人間として責任を持っていなくてはいけません。私さえ評判がよければいいですよ、他のことは知りませんよ、では最低ですからね。物

事に対してでも、心をいれて考えていないし、実際何も考えていないのです。そのことについてしっかり考えさせるのが我々の仕事なのです。

そんなことをやっていると、大きくなって不幸になるよというのは別に間違っていない。そう言っていいのです。でもそれは、口だけで言うのではどうにもなりません。なるほど、これはまずいなとはっきり見えるように、分かるようにしていくのが教育なのです。それを説教で、昔の修身のように上から与えるという形ではいけません。教え方自体がおかしいのです。教師も、自分の勝手・都合に溺れているということです。

6　子どもたちと話し合って、子どもの力を借りて世の中を立て直していく

先生だって、お父さん・お母さんだって泥沼の中にいるのです。お互いに泥んこだという意識があれば、説得力が出てくるのです。私はもうすんだから大丈夫だけれども、あなたたちはこれからだから心配なのという言い方は、今の若い世代から反発を受けるでしょう。というのは、今の世の中は、これだけ色々な事があって、子どもにも言い分が当然あるからです。一部の人が一生懸命にやらないから、汚職が起こるし、銀行にお金を安心して預けられないのですと弁解しても、子どもが納得するはずはないのです。それに対して先生は、「今の大人は駄目です。せめてみなさんは、そうならないように」と口先で言うだけではなく、子どもが「先生は一生懸命にやってくれているよ。僕たちは、先生やお母さん・お父さんを助けて頑張ろう」と思う方向へ、持っていかなくてはなりません。

大人というのは楽でないのに、子どもから見れば楽なように見えるのです。そういうことでないということを、もっと子どもが理解できなくてはいけないのです。理解させようとしていないのです。今のおじいさんたちも、戦争などがあったので、駄目な人生を歩んだのだということを理解させなくてはね。昔は戦争までしたのだから、今の僕たちは何をやってもいいんだという考えもあるでしょう。でも、それでは世の中が本当に駄目になっていくということを、きちんと理解させるのが大切なことです。世の中のこと、昔の人はきちんとやってたのに、今のお前たちはだらしないぞと言うのは最悪です。

登校拒否でも、いじめでも、今の少年問題については頭から押えるのではなく、もっとフランクに子どもたちと話し合って、子どもの力を借りて世の中を立て直していくというようにしない限りは、子どもが白けていくように思います。全部の子どもが非行に走るのではないけれども、そうした子の気持ちが分かるという子がたくさんいるでしょう。分かるというのは、非行に走るというのではないけれども、それくらい不満であり、空しいということです。

第9章　「教師の発想を生み出すカルテ」①

1 立体性のこと

1 本来カルテは、裏方的なもの

カルテと座席表があって、座席表は割合に目に見えて使われているということなのですが、カルテの方は、何がどうなっているのか見えにくいのです。だから、カルテはいけないというのではなくて、本来カルテは裏方的なものであって、舞台には出てこないのです。

せっかくカルテを取ったのだから、それを生かしたいというのは当然なのですが、教室の表舞台である授業でカルテを働かせないと物足りなさを感じる人があるようです。するとカルテは、本来の在り方からはみ出してくるのです。そのあたりは、カルテを本当の意味で捉えている人から見るとおかしいことなのです。ここが、カルテというものの使いにくさに繋がっていると思います。あまり、難しいことを考えたら誰もやろうとしなくなりますから、「まあ、こう書いて、こうしていけば何とかなりますよ」というところでみんなが食いついてくるのですから、あまり心構えみたいなことを言っても仕方がないと思いますが。

でも、カルテというのは、本来は先程言った目に見えないというか、どこで、どう役に立ったか分からないというところに特色があります。だから一種の漢方薬みたいな感じがあるのです。ごく自然に慣れていくと、素晴らしい効能が出てくるものなのです。今日やります、今度やります、見てくださいよというようになると、どこかでつかえてくるのです。すると、分からないとか、やりたくないとかが出てくると思います。そのあたりのことが一番の基本になることなのです。これは、マニュアルというのと反対です。そういうものをやるということは、人間の体質を変えることなのです。よい例えではないのですが、西洋医学の薬に慣れているのを漢方薬に慣れさせることなのです。そういうように変えることが、大事であるのです。テクニックをどこかで覚えてきて、操れば役に立つというようなものではないのです。

これは、人間の性格もあるかも知れない。考え方もあるかも知れない。私は、証明された実験の結果こうなったというものではなくては信用できない。という人もあります。けれども、その人は、自分で実験したのではないのです。はなはだ心もとないと思いますが。そういうような生き方と、「ちょっとおかしいな。疑問があって疑問が捨てきれないな。今ちょっとやれないけど、月の内には」とか、「今チャンスだからやってみましょう」とかというように対応できるような生き方と違うのです。「今から勉強します」と、とても一生懸命にやる。他のことは全部忘れてやる。そういう勉強の大事なことがポイントに出てきている時に、「今は勉強の時間でないから、一応打ち切って休みにしましょう」というようになると、分かったかもしれない物事が分ってこないかも知れません。

だから、電車の中でもいいし、会議の席でもいいし、テレビを見ている時でもいいけれども、そこで「おや!?」と思ったらちょっと考えてみる。そのちょっと考えるだけで、違ってくるのです。ところが、それは場でないから頭から追い出してしまう。疑問を感じても、すぐ忘れてしまうというようなことになると、前進していかないのです。

2　パッと気が付いた時に、メモしたことを

これはわれわれの勉強の仕方でも同じで、子どもたちも同様だと思います。ちょっとした時間、ちょっとしたチャンスを生かせるような子どもに対して、何となく神経が注意散漫になっていて働いてこない、せっかく分かり始めた時に駄目にしてしまうというのは気の毒ですよね。

人間は食事の時にものを考えると消化に悪いという話ですけれども、テレビだって見たりしているのです。ちらっと気付いたことをメモでもして、あとできちんと見直せればいいのですよ。こうしたことは、できた方がいいですね。前にも話したことがあると思いますが、短歌とか俳句なんかを作っている人は、ふと気が付くものがあるのです。それを覚えておいて後で、と思っていると忘れてしまうのです。その時にちょつとメモしておくと、後でそれを見ると思い出せるのです。

こうしたことは、人間が生きていく上でとても大きな働きがあるし、やるとやらないではとても大きな差が出来てきますよ。カルテというのは、そういった何かボーッとしているようでも、パッと気が付いた時にメモしておいて、後で生きる形にしておくということです。あまり、詳しく書いたりする必要はないのです。

車を運転している時にフッと思ったことにのめり込むと危険ですが、車を止めた時にちょっとメモしておくことも出来ます。こういうやり方は事務的といわれますが、むしろ、人間が生きている自然のやり方なのです。自分は事務に堪能だと思っている人もあるし、堪能でないと思っている人もあります。大学の教授なんかは、事務的なことにはいい加減な人がいますが、その分研究に熱心で、素晴らしい発想が出て

くるはずですが、必ずしもそうではないのです。事務が堪能であると、発想が生まれないのではない。つまらないと思われる事務的なものの中から、素晴らしい発想が出てくる可能性があるのです。だのに、私は大学教授だからそんなことはやらないとか、知らないとか、勝手にしろとかいっているのはどうもいい姿ではないですね。周りに対しても、うんと迷惑をかけているのです。

そういうのは、カルテ的にいうと大変まずいのです。几張面でないとか、行き届いていないからいけないというのではないのです。ファーッと抜けているところがあっていいのです。その抜けているところを、どのようにカバーできるかというのが問題であって、そこには個性がありますから。そのあたりの在り方が、カルテを作ったり、生かしたりする時には非常に大きいのです。

3　出来ることと出来ないことをはっきりさせて、出来ないことをどうやっていけばいいのか、出来たと思ったことが本当にできたのか確かめる

本当は、カルテを見ると子どものことがよく分かりますが、先生のこともよく分かります。この先生は、こんなところでびっくりしているのだなあ。こんなことを一生懸命に書いているなあとかいろいろ分かるんです。書いた自分でも一年前や半年前のを見てみると、何か分かるはずですよ。分からなければ、進歩していない人なのです。裸になるのは難しいけれども、人間は衣装を着けていても裸なのです。だから、自分の自然に忠実であるのは、裸になるより難しいことなのです。流行の衣装など着ていると欠点がカバーできてというのは思うだけのことであって、見る人が見れば、流行の衣装を付けた分だけ余分にみっ

ともないと言うのかな、「あれ、おかしいよ」となりかねないのです。その辺の勝負というのは、まさに人間の問題であるのです。

学校の制度というものは、先生の人間をカバーしようとするように出来ていて、それは、個性があり過ぎる教師とか、まずい教師がいるとかすると困るから、それをカバーしようということなのでしょう。けれども、そうなると、肝心の個性もどこかへ消えてしまうのです。先生が本当にやろうということも、出来なくなってしまいます。それなのに、体罰なんかの騒ぎが起こっているのです。そのあたりが非常に困るのです。

カルテというのは、そのあたりをもっと自然に帰していきましょう、ということなのです。人間として、出来ることと出来ないことをはっきりさせて、出来ないことをどうやっていけばいいのか、出来たと思っているが本当に出来たのかを確かめるような体制、それが教師に出来ていれば、授業は、指導は、まずいはずがないと思います。

女性の方が化粧されますね。それが自分と違ったとこへいっていると、自分とのギャップが問題になってくる。ところが本人は気が付かないのです。そういうことがなくなっていくようにというのが、私の考えなのです。

4　カルテは豊かなイマジネーションを与え、こんこんと発想が湧いてくる

それで、どういうふうにカルテを生かしていくと、いい発想が生まれるのかというのが今日の本題なの

です。ちょっと考えてみれば分かるのですが、発想というのは勝手に出てくるでしょう。自然にと言っていいのかなあ、思わないとこへ出てくるのです。だから、発想の発というのは、そういうことを言っているのでしょう。方程式を解いていくと答が出るようになっている時は、発想などと言わないですね。

発想というのは、飛び出してくるでしょう。それで隣の人のと違うのです。発想とは、突然に、極めてその人らしく、個性的に出るという意味を持っているのです。それを意識するだけで、違ってとらえられるでしょう、発想はね。

先生の質問で、子どもが手を上げるでしょう。そして答える。「○○君らしいなあ」と先生が思う前に、「これは駄目だ」と決めつけてしまう時が多いですね。そうだとこれは、発想でも何でもないのです。ただ、答を先生が思っているとおりに、合わせることができたかどうかですね。そこには発想は全くないのです。子どもがいい考えが出てきそうな時に、それに刺激を与えるような先生の発問があるといいのですが、先生は教科書の中味を見て、必要上マニュアルで発問しているのだから。「あの子は、今、どういうとこへさしかかっているのかな」「今、ちょっと休んでいるな。そしたら、こんな質問をしてみるとおもしろいなあ」というようなことではないのです。一方、子どもの方だって、発想といったって、偶然でね。先生が大きい声を出したので、思い付いたということもあるかも知れませんが、学習している流れの中での考えは、発想とは言えぬものです。

先生の方は、カルテからいい発想が生まれると言います。ある子のカルテを見ていると、授業の始めにこんな発問をするといいというようなことが考えられる。これも発想です。これは、その子あってのことです。でも、発想というものは、その場で出てくるものなのです。カルテによって教師の発想が生まれるというのは、やはり、その場で生まれるのであって、もちろん予め、「あの子はこうだから、こんなにして」ということを考える場合はあります。それも、発想の中の大事な部分です。けれども、発想というのを、予定の部分、決まったものとして扱おうとしても、それは出てこないのです。

「あの子は、話を聞いてこんな顔をした。それは、どうして?あの子のカルテから見ると、こんなことが考えられるなあ。では、こんなに対応してあげられるな」ということが出てくるのです。これが発想です。

だから、カルテというのは、いろいろな可能性を先生の中に用意してくれるのです。それが、その場の問題によって触発されて、生きてくるのです。というよりは、カルテを使っていると、子どもを見る時に、いつもは平面的にしか見ていないのに、いくらか立体的に見ることができるのです。

いざという時に勝負しても、立体性がありますから、奥行きがありますから、どうしても生き生きしてきます。先に言った、いろいろな可能性を先生の中に用意しているというのは、その子が立体的に捉えられているということなのです。それだけで結構なのです。

そうなると、こんこんと発想が湧いてくるのです。湧いてこなければ、そのカルテはただ文字を並べているだけで、刺激するものを持っていないのです。だから、要するにイマジネーションなのです。カルテというのは、豊かなイマジネーションを与えるのです。イマジネーションを生かして対応すれば、発想が生きてくるのです。

2 カルテの奥深さ

1 その人について、いろいろなことを繋ぐ

こういうところが、一般的に足りなくてね。カルテは、一度書いたらしまっておけばいい。すると、向こうから呼び出しにくるのです。これが大事なのです。何かないかなあと探し回ることもあるかも知れないけれども、それは、第二、第三のことであるのです。記憶している知識というのは、使わないと忘れます。でも、カルテというのは忘れませんよ。向こうから出てきてしまうのです。

「あの子が、こういうことを言ったよ」「こういうことがあったよ」というのは、我々の中に残っているのです。忘れてることがあっても、事ある毎に蘇ってくるのです。我々は、よく忘れることがありますね。でも、あることが起こった時には、思い出されてくるのです。記憶力のいい人は、そうなるかどうかわかりませんがね。やっと思い出せたことが、大事な手掛かりになることだってあります。ただ、聞いたことをしゃべり、思ったことをしゃべって、後はケロッとしている人もいますね。そういう人は、思い出したことが、大切なことの手掛かりになるということはありませんでしょうね。

つまらない話をしている中でも、「これは、ちょっと」という場合があります。そうしたことは、忘れないですよね。それは、その人について、いろいろなことを繋いできた時なのです。それがカルテなのです。カルテというのは、ただたくさん並べて書いても駄目なので、そこに味がついていなくてはいけませ

ん。ここはピリッとしたとか、ここは甘すぎたとかね。そういうものが伴って、我々の中に貯えられるのです。すると、これがいざという時に出てくるのです。自然に出てくるのです。

こうしたことをすることによって、自然に発想が出てくると思っているのです。ところが問題はね、カルテというのは、こういうことがあって、また、こういうことがあってと繋げることなのです。この繋げることに、とっても意味があるのです。

2 家庭の状況も、社会的な動きも、いろんな問題が繋がって

「この子は、自己中心的である」とか、しかし、「こういうところがやさしい」とか考察されます。そのことはいいのですが、そうしたところで止まっていると困るのです。やさしいとか、やさしくないとかいうことでも、その子がどういう環境に置かれているのか、もっといえば、お母さんはどんな人で、父親は何をしているのか。そうしたことも先生は分かっているので、その上でカルテをとっているのです。

だから、そうしたことも入れて考察していくのです。すると、家庭訪問はカルテにとっても意味があるのです。子どもの住む舞台も、見る必要があるのです。あの子のお父さんが勤めていた会社がどうなったということも、カルテを見る上で、踏まえておかなければならないことかもしれないことなのです。「天下泰平だと思っていたが、家の方で大変なことが起こっている。だけど、あの子はこうなのだ」というふうでなければ、カルテの解釈はできません。

その子の家庭の状況についても、先生は知識を持っていなければいけないのです。詳しくは分からなく

ても、必要なことは分かっているのが当たり前なのです。登校拒否になったって、その子のおうちはどんなおうちでしょう。何も知りません。ではまずいですよね。

そうすると、「○○証券が今度つぶれましたね」と言われて、「そうですか。私は新聞も見ないので」では教師としてまずいですね。社会的な動きというものについては、教師として捉えられるだけ捉えていなくては、子どもを捉えることもできませんね。おかしなことに、私は教室の外のことは何も知らない、私は子どもだけ見ているのです、という先生も案外あるんですよね。

そういう人は裸になっているかといわれると、実はそうでないのです。そこが問題ですね。社会科を担当している人は、そのあたりはよく分かっているはずですが、学校は世間とは少し違うというのは必ずしも悪いことでもないし、不自然でもないと思います。でも、教師も社会人であって、社会的に生きている以上、「世間のことは知りませんよ。私は、教科書を教えるだけですから」というのは奇妙ですよね。算数とか、美術とかであれば、社会のことは知らなくても出来ると思われがちですが、それさえ健全でないと思いますよ。

そのように考えていくと、カルテの内容を検討するということは、繋げて考えていくと、社会問題を検討することにもなります。私は、イデオロギーなんかの問題はいやで、ただ、子どもがどういう心理状態にあるか、どういうことで困っているかだけを見てやるのですよという人があるけれども、子どもは社会の中で生きているのですから。どこかの大統領が死んだからとて、A君が困るということはないかも知れません。けれども、回りまわっていろんな問題が繋がって、A君のまわりにも難しい事態をつくっているんですから、そういうことを分からなくって、カルテで子どもを捉えるということは、私はナンセンスだと思います。そこに、発想が出てることはないですからね。小学校一年生といえども、彼らは生きているのだから。

3　社会科の時間の「座席表」にも、算数や理科の発言がほしい

彼や彼女は一年生であるかも知れないけれども、父母は一年生ではないのであって、また、彼らが登校途中でぶつかるいろいろな事柄も、社会的な問題を持った事柄であって、そういうことから離して、彼・彼女のカルテを追究するということでは、発想なんか出てくるはずがないですから、意味もありませんでしょう。だから、カルテを読むということは、ひとつには人間を読むということなのです。もうひとつは、社会そのものを読んでいるのです。時に、後者の方のカルテの解釈というのを見せてもらうのですが、せいぜい、学校でどういうやり方をしているか分かるくらいです。その背景になっている問題に、どれだけ踏み込めるか。そのことがほしいのですが、あまり、そういうことは書いてないのです。

いつも、社会問題を書けとか、お父さん・お母さんが何を考えているかを書けとかいうことではないけれども、すぐ目の前にあることがどうなっているかということは不要だとはいいませんが、カルテ本来の大事なところとは言えないのです。座席表というのも、割合多くやられていますが、多くは教材とのかかわりだけなのです。それは、もちろん先生にとっては役に立つことなのですが、我々がほしいのは、例えば社会科の時間にその子が何かを発言する。その子が算数ではどうなのか、理科だったらどうなのかがほしいのです。それが分かってくると、その子が今、社会科で一生懸命に言っていることが、立体的に、奥

行きのある姿で見えてくるのです。だから、よい座席表を見たいのです。

4　その人間が持っている問題が、丸ごと我々に呼びかけてくる

そこに生きている人間が立体的な人間であり、その人間が持っているいろいろな問題が、丸ごと我々に呼びかけてくるような座席表が、生きているのです。そういう、奥行きのある考えが少ないのです。そういうことを入れていくと、よそごとのようで、真面目でないように思うのでしょうかね。だから、その子の持っている裏が読めないのです。玄関のところは見えているのですが、彼らが生活している舞台が出てこないのです。すると、発想なんか出てこないでしょう。

カルテの場合でも、今言ったように、カルテを突っ込むことによって、先生が社会そのものとぶつかる。別に、先生がどういう思想を持てばということではないですが、そこにある、今生きている社会の何かが教師に見えてこなくては、本当の意味での驚きがないのです。

今まで出来なかった子に、やっとあることが出来ると、先生には驚きですよね。それをカルテに書いたらいいのです。でも、出来なかったことが出来ましただけでは、内容がないのです。どういうことが出来なかったのか、どういうふうに出来たのかということと同時に、出来るという事によって、その子にどういう変化が現れるか。子どものまわりがどう違ってくるのか。いや、どういうふうであったから、その子が今まで出来なかったのか。子どもを包んだ広い場というものを見なければ、本当の驚きにはなりません。「あ、あんな人でもあくびをするか」という時、「あんな人でも」というところが大事ですよね。人前で

あくびをしないというのは、いろいろな内容を含んであるわけです。それが、今、こつぜんとして破られたから驚くのですね。それでは、これからいつでもあくびをするようになるのか、もうめったにやらないのか、なぜ、彼は人にあくびを見せないのかなど、そういうひとつの世界が描かれて出てこないと面白くないし、発想も出てこないということでしょう。

そうした舞台装置を見ないで、役者の口元だけを見てあんな大きな声を出したよとか、黙っているよとかいうだけでは、どんなに頭のよい人でも発想のしようがないのです。そういう意味で、カルテとか座席表とかいうのは、おおげさに言えば世界を捉えているということなのです。

5　カルテや座席表で考えが変われば、その子の教育目標も変える

カルテや座席表は、技術的にしか考えられていないようなところがあります。そうではなくて、それらは、教育目標とかかわっているのです。カルテによって、その子どもに対する考えが違ってくれば、目標も変えなくてはいけません。カルテによって、どういう質問をするとか、どういう対応をするとか、テクニックの上では役に立つけれども、教育目標が変わってないというのであれば、人間的な意味のある把握ではないですね。

そういう意味からすると、カルテでも、座席表でも、うんと大きなものなのです。その子どもに対するねらいを変えてくるのですから。教育のねらいというのは、その時間の、その教材ということだけではないのですから。

学校で決めている目標は、お題目というと悪いですが、よそ行きのものですからね。個々の子どもに、あまり関わりがないのです。一人一人の子どもをよく見ていたら、あのようなものは出来ません。今、カルテについての問題は、その子に対して、個性的なねらいが変わらざるを得ないということなのですから、これは響きますね。今度その子が先生に何か言った時に、笑顔で答えるか、厳しい顔で答えるかということが、すでに目標と関わっているのですから。

あまり細かい事を気にしても仕方ないですが、そういう事になってきますと、カルテや座席表の位置付けも異なってくるでしょうね。私が一番望むのは、今言った事も結果であって、カルテをとるとか、座席表をつくるとかが持っている自然の意味を、はっきり捉えてほしいというのが、私の本来の願いなのです。

6 苦しくても、態勢を覆してでも勝つという実力

先生が子どもに対した時に、自分の持っているものを全部出してもらいたいのです。それは、先生が知っている事を全部言えというのではなくて、例えばスポーツでいえば、自分達のいい技を出し、相手のいい技を引き出すようにすれば、いいゲームになります。また、それぞれが伸びるのです。そのために、勝つか負けるか分からない相手と、対戦することです。そこで、双方が個性を出し尽くして、どちらが勝つにしても初めていい試合になります。そういう考え方が、授業の場合にも必要なのです。

私が教えてやればすぐ出来るようになる、という考えでは困るのです。すぐ出来るようになってはいけないのです。すぐ出来るというのは、方法やコツを伝授するのであって、テストの時には役に立つかも知

れないけれども、本当にその人間が将来へ生かしていくということのためには、どうなのかですね。問題でしょう。今苦しい勝負をして、そして負けても、その内容が後々に生かされるようであれば、これは本当は素晴らしい勝利なのです。

スポーツであれば、一応勝てばいいのです。勝つために作戦を立てればよいのです。本当に自分の実力をつくる、ということとは違うのです。そこの問題なのですよ。要するに、自分のいろいろな問題をさらけ出しながら生きていく。そのためには、マイナスもあるでしょう。でも、お互いがぶつかりあうところが、勝負であるのです。

先生と子どもの場合もそうなのです。先生はテクニックを上手に駆使してうまくやって、子どもが「ああっ」と言っている間に終わっちゃった。たしかに先生は、いいですよね。いろいろ苦労して、そうしたテクニックを生み出したのですから。子どもの方は、ただいただくだけ。ちょっと間違いが少なくなり、上手に点が取れるというだけのことなのです。こうしたものは、この後、子どもの中でどう生きていくだろうか。調子よくいくといいが、調子が悪いと駄目というようになったのでは、これはまずいですね。苦しくても、態勢を覆してでも勝つという実力が必要なのですから。それを子どもの中につくり出すには、どういうふうに先生と勝負をさせたらいいのかという問題なのです。

3　完全で自分を守ろうとする

1　先生も子どもも当然まずい事を起こす、それをどう乗り越えるかで勝負する

話がちょっと横へそれたのですが、教師が自分の弱点とまでいわなくても、いろんな面をさらけ出して子どもと対応する。子どももまた、そういうふうに、あらゆるものを持ち出してやっていく。そういうやり方なのです、カルテというのは。そうしていると、ものの根底が生きるようになる。いいものだけピックアップして出す、お互いにそういうことをやろうとしているのでは、本当の力が出てこないということなのです。

先生にも、恥ずかしい事があるというのは分かります。けれどもそういうところで、子どもが先生を馬鹿にするようでは、指導が成功することは全くないのです。もっと先生は裸を出していく、子どもも裸で答えるというようになってくると、カルテとか座席表というようなものは、自然にものになってくるのです。

何か格好をつけるという状態は、見てくれはいいかも知れませんが、無理をしていてそこへ気を遣いますね。気を遣わなくて自然になっていけば、そこにはあまり力が入らなくてもいいのです。ここは知られるとまずいとか、ここにうまくいかないから避けようとか、そんなことを気にして授業をするとしんどいでしょうね。

大学の教授だって、知らない事や間違いは、たくさんあるのです。わざわざ間違いをしなくてもいいですが、一生懸命にやっていれば、知らない事だってたくさん出てきますよね。でも、それでいいじゃないの。それが実力なんだから。それを、今後何とかしようとする気持ちがあればいいのです。子どもでも学生でも、先生は何でも知っている、間違いをしないものと思っていると、本気で物事に取り組むのは難しいです。

お互いに有限な存在だから、当然まずい事が起こってくる。そのまずさを、どういうふうに乗り越えるかということで、勝負をすればいいのです。そうすれば、カルテとか座席表は、もっと自然に出るのです。まだへまなことやるまいと思っている間は、役に立たないのです。

2　自信満々でやっている授業は見なくていい、子どもの反応を受け付けてないから

学習計画、指導案だって同じ事です。上手にやりましょう、能率的に効果を上げましょうということに凝り固まっていては、見る人が見るとつまらないですよ。「ここで先生が勝負しているな。失敗したら、どうするんだろう。直前に不安になった時にどうするんだろう」というようなことが見られて、初めて授業を見る甲斐があるのです。だから、顔つきを見ていると動揺したりして、そこがいいのです。自信満々で、得意にやっている時は、見なくていいのです。子どもの反応なんかは、受け付けてないのです。しかし、先生が動揺してくると、子どもも動きが出てくるし、先生に対しての波も押し寄せるようになるのです。「それをどうやるかな…」それで、先生の考え方も、力も分かるのです。

予定通り着々とやっている間は、先生の人間が何も活動していないから、見ていても仕方のないところです。そういう時は、子どものいたずらでも見ているといいですね。本当の勝負って何かを、考え違いしている先生が多いのではないかと思われます。人間というのは本来弱い者であって、作られた、波の立たないところを見せられていると、退屈してくるのですね。

3 事が起こるというのは、いいこと

やっぱり授業の中では、事が起こってこなくては。事が起こるというのは、悪い事ではなくていいことなのです。そうでなくては、カルテなんかは発想する必要がないのです。人間というのは非常におもしろくて、これもカルテの根本的なことにかかわりますが、予想外の事があるのです。私は若い頃から、食料品なんかを買うのが好きなのです。私の父親が江戸っ子でして、私の子どもの頃は関西にいたのですが、朝役所へ行く前に、買い出しに行くのです。六時半頃起きて、乳母車を持って行くのです。そして朝の市で、いろいろ買ってくるのです。父親はそういう趣味があって、私は、それは、あまりやりたいと思わないのですが、値切るのがうまかったです。

要するに、世の中に買い物が好きな人は多くいますが、あまり上品なものではなくて、食べ物ですよね、私は。魚は難しいですが、とにかくあれこれ買います。やっていると、慣れてきて分かります。私は社会科を教える先生は、どうしてそういう日常品を買わないのかと思いますね。そんな事は、よく知っているはずなのですね。

長野県というところは、校長・教頭人事は全県です。大体は、自分の家から通えないのです。単身赴任なのです。田舎へ行くと宿舎がありますが、町だと、一括して、単身赴任の人が入るところがあります。そこに住んで自炊をします。すると初めてスーパーへも入るのです。ある校長さんが私に教えてくれたのですが、スーパーというのは六時か七時を過ぎると、うんと安くなりますよね。その校長さんは、帰宅後、食べ物を買いに行くのですが、ちょっと時間待ちしているのです。そうしたことを、私が知らないと思って報告してくれたのです。でも、校長さんは、それによって、世の中を知る上で、随分得るところがあったと思います。

4　世間並みに社会人として対応することから、いろいろな理解力が出てくる

そういう事は、一途に授業をしていることから見ると余分なことで、それに力を取られたりするのはまずいことでしょうが、そこで、世間並みに社会人として対応していくことから、いろいろな理解力が出てくるのは当然のことでしょう。そういうことがおろそかなまま、カルテだの座席表だといっても、あまり力にならないでしょうね。

そうなると、総合力だということになります。小学校の先生はまだいいですが、中学校以上になると、私はこれが専門だから、この学問だけをやっていればいいということで、大いばりで飯を食っている。となると、傲慢というよりは扁平ですね。普通なら分かることが、分からないのです。

私はそこに、カルテの発想を邪魔しているものがあると思います。でも、その先生方が、世間のことに

無知だというのではなく、知っていても、子どもを見たり授業を考えたりする時に、それとは離れたところでやっている。それを残念に思うのです。生きた社会とのつながりを、捉えていかねばと思います。そのルートを切って、血行が止まるとなると、生きているものと遊離してくるのです。

5 「自分だけ」を乗り越えて、より多くの幸せをどうつくっていくか

こうしたことが実は大事で、横綱が、勝負にならぬようなのを相手にしていても、進歩はないのです。やはり、食うか食われるかの勝負をすることによって、いろいろなことが分かってくるのです。、何連勝もしたといって喜んでいるけれども、あれはおかしいですよね。時々負けるようでなければ、勝っても値打ちがないと思います。いつでも勝っているというのは強いように見えますが、私は強いとは思えないのです。どういう負け方があったのか。むしろ、かんじんなのは、どういう負け方ができるかですよ。どういう勝ち方ができるかというのは当たり前ですが、どういう負け方があるかを考えられないと、奥行きがあるとはいえないのです。勝った時だけが名勝負ではなく、どういう負け方があるかということが大事なのです。

こうしたことから考えると、負け方がいいというのがスポーツの世界にもあっていいと思います。そうすると、スポーツは、人間にとってプラスになってくると思うのです。勝てば人気が出るという単純なことではなくて、むしろ、負けて人気が出るというのは、素晴らしいことだと思います。

こうした考え方をしないと、教育というのは、授業というのは、偏差値が高いとか、先生の言うことを

よく聞いて、その通りやれるという人間だけが価値があるとされて、はみ出した人間は場所がなくなってしまうのです。でも、世の中を生かしていくのはむしろ、はみ出す人間なのですよ。先生と子どもが向かい合うには、先生は全身を投げ出し、さらけ出して、どこにかみついてもいいよという構えを持つべきであって、自分をより完全にしたいと思うのはよいけれど、完全になってないとまずいという前提でいると、防護壁を作りたくなるのです。そんな壁をぶっ飛ばして、「私は、こんなものよ。でも、これで頑張るんだ。君達も一緒にやろうよ…」。そうなると、カルテというものが生き生きと働いてくるのです。そのためにカルテがあるのです。

だから、防御壁の内側でカルテを使ってみても、それは使えるはずがないのです。今、世の中は末世だよ、と言って嘆いていても仕方がないのです。世の中まずいことばかりですが、どうやればまずくないようにできるか、ということが追究されないのです。うまく手抜きをする、今はきちんとやっているが、チャンスがあれば手抜きをする、という世渡りを考えている限りでは、真面目にやっても、馬鹿馬鹿しいだけなのです。でも、いい加減にやっていればいいのかも知れないけれども、それではやっていけないのです。歴史を見ても、滅んだ国だってあるのです。少なくとも、我々が今生きている社会では、自分達はあまり惨めな思いをしたくないと思えば、やはりそれに対応する策を講じていかなければならないのです。

結局、自分だけ安全で、自分だけいいことをして楽をしてということは、他に安全でない人とか、犠牲になる人とかをつくるということなのです。そういうことで、我々は生きてきている面をもつのです。そうしたことがなくなると、簡単に考えることはできません。けれども、そういうものをどう乗り越えて、より多くの幸せをつくっていくか。自分だけよいように見てもらいたいとか、自分だけがよくできるのだよということに閉じこもるってことは、一番問題のところだと思います。

6　自分の中にどういう不完全があり、それとどう取り組むか

今までは、自分さえしっかり勉強すれば楽な生活ができる。お金儲けもできる。そして、人がどんなにおかしいことをやっていても、自分だけはきちんとやる。それが立派なことだとしてきたのです。それによって、社会は支えられるという考えだったのです。確かに、多くの人がいい状態になるということはないから、少数でもいいから支えるというのは、現実には確かにあるのです。でも、それをよしとしている限りにおいては、私はマイナス面がもっと大きくなるだろうと思うのです。ある部分の人だけが正義であって、神様そのもののようであって、何も間違わないということは有り得ないのですから。自分は正しいと思いこんで、困難を乗り越え乗り越えしていくことで、大きなマイナスをつくっていることが多いのです。それを自覚しないから困るのです。そういう人は、自分達だけはよくて、他の人は駄目という考えなのです。そうしたことが、今の世界を不幸にしてきているのです。

だから、完全であることがあり得るとか、完全でなくてはならないとか、自分は完全だという考えは、最もこわいのです。自分の中にどういう不完全があるか。その不完全とどう取り組むか、ということが大事なのです。そうすれば、先生も子どももお互いを心身ともに寄せ合って、しっかり考えていくことができる。そこで、初めてカルテというものも、生き生きしてくるわけです。そのことが、根本的なことだと思います。

今の世の中というのは、随分変なことが起こってきています。なにしろ、自分の裸をさらして、ぶつかっていくということを考えようとしないのです。国際的な問題でも、結局は自分の国の利益が優先するのです。そんなことをしていると、環境問題で、地球はどうかしてしまうということはわかっているのだけれども、やっぱり自分の国の産業を守りたい、国民の生活程度は下げたくない、という立場を固守するのです。結局、残念だけれどもいくらか妥協してと、いうことになるのですが、それでは環境問題を当面だけ何とかしのいだとしても、取り返しのつかない大きな問題を残すことになります。そうしたことを、繰り返し繰り返しやっている、ということです。

7 カルテを生かそうとすれば、先生の顔つきが変わる

全部の人がそう考えているということではないけれども、怖いのは、学校において、これが正しいとされ、当然とされていることが多くあるということなのです。その場しのぎが多くあるということなのです。校則を守る。しっかり勉強していい点を取る。一応文句なしですね。しかし、そのことの中に、将来に対する、大きなマイナスが残されているということなのです。それに気付いた先生は、自分と子どもたちとの間の人間的な繋がりを生かして、カバーしようとするのですが、いろいろな抵抗にあうのです。カルテは、それに対する一種のレジスタンスなのです。レジスタンスは腹を据えてもらわないと、テクニックだけでは役に立ったことになりにくいと思います。

だから、カルテを生かそうとすれば、先生の顔つきが変わるはずだと思います。その顔つきは、子ども

たちに大きな影響を与えるはずです。ところが、カルテを生かしているという先生の顔を見ても、何も変わらないのです。魅力がないのです。そして、カルテは役に立ってこないと言い出すのです。

まず、あなたの顔つきを変えたらどうですか。カルテを検討するということは、顔が変わるということなのです。「こう思っていたけど、そういうことがあるのか。そうすると、簡単に決め付けることが出来ないな」というように、先生の中で、驚きが強く働いてこなければおかしいのです。驚いたことを書きなさいと私は言ったのですが、それは驚いたことをただ書くのではなくて、その先生が変質することなのです。変質しないと、いくらカルテを並べても、発想がないのです。

それは、カルテの中に世界があるということです。だから、教師自身が、カルテの中にいるということを感じてないと駄目です。普通は、テクニックの一つとして考えているのです。初めはそれでもいいでしょう。十回に一回は、本当にびっくりすることが出てくればいい。でも、うその驚きは、やらない方がいいですね。

こうしたことが、発想の問題なのです。だから、こういう発想がよくて、こういう発想が悪いと、それですませているわけにはいかないのです。発想というのは、初めにも言ったように、突如として個性的に起こるものなのです。よくありますね。ある人はどんどんおもしろい発想をするのですが、こちらの人は全く発想をしないということがね。出てこないのではないのですが、自分の中でつぶしてしまっているのです。それは、防御の気持ちが強いのです。こんなことを言ったら、恥ずかしいとか、馬鹿にされるんじゃないかとか思うから出てこなくなるのです。

だからといって、思い付いたら、すぐに言わなくてはいけないのではない。書き留めて検討すればいいのですが、ただ貯めておいても駄目です。どんどん繋がってこないとね。そういうことは、発想というものになれてないということもありますね。民主主義の社会になってから五十年が過ぎたのですが、発想に乏しいですね。

◆質問に答えて◆

①「カルテの中の驚き」について、補足をお願いします。

1 カルテは心配性

驚くというのは、自分の油断というわけではないけれども、自分の前提としたことが崩れるとか、あるいは隙を突かれるとかの時に起こってくるのです。それにはレベルがありますが、わざと驚くというのではないのです。そういう意味では、自然なのです。ただびっくりすればいいということではなくて、びっくりしたことから後に、どういう変化が表れてくるかです。教師自身が、どういうふうに考えを動かしてくるかというのが、問題なのです。その拠点として、意味があるのです。

教師が思っていたより、よくなったという驚きもあります。でも、カルテを生かそうとして考えていく場合には、「人間はもっとこうあってほしい」「これでいいのだろうか」「これでは困るのではないか」ということを驚きの基本に持っているべきです。

「よかったね」というような成長への喜びというのはありますが、そこで終わりになったのでは、カルテとしての意味がないのです。そういう意味では、カルテは心配性なものなのです。心配だけれども、ある基準を決めて、そこへ達するというようにはしないで、本当はどうなっているのだろうか、本当にうまくいくのだろうか、というのが問題意識だと思います。だから、内容としては、やや悲観的なものが出やすいのが当然ですね。

驚きが弾みを付けて、前進出来るというのは確かにあるのですが、驚きの持っている含みを確かめ確かめしていくと、また、新しいものを生んでくるという形になります。次の発想源になるということなのです。今悲観的と言いましたが、それは、問題をたくさんはらむという意味なのです。しかもこれは、強いられたというよりは、突然に起こってくることであって、膨らみがあるのです。

我々が心配する時は、あることにしぼって心配しますが、驚きというのは、もっと全部を含んだ形で出てきます。それだけに、実は安心出来る面も含んでいるけれども、その全体をもって、その子の将来を考えるということになるのです。だから、分析でなくて総合なのです。

そうしたことが、カルテの発展性であって、だから、すべてめでたしめでたしではないのです。カルテというのは温かさがありますが、人間を冷静に見ようとするものなのです。ですから、どうしてもきれいごとにはなりません。都合のいいところだけ見えてくるのではなくて、それでいいのかな?というのが絶えずついて来るのです。

そういうものが、驚きと一緒に出てくるところに意味があるのであって、人を見る時には、冷静に見ようという気持ちがいつもあります。一時的には、好きだからいい面だけを見ようという場合もありますが、

「やはりこういうところが心配だな」というように見るのが当たり前なのです。教育というのは、それを前提に考えているのです。決して決めつけて見るのでないのが、カルテの基本的な立場なのです。驚きは、その中に出てくる、丸みを帯びた人間的なものですから、活用ができるのです。

2　自分の悪いところ、欠点を、堂々とさらしていく

今、学級崩壊の問題が出てきていますが、そうした問題を抱えているクラスでは、カルテなんか言ってられないよということなのです。私の知り合いの教師の中にも、学校へ行けなくなっている人がいます。相当にひどいのですね。その時、どうしたらよいかと言われても、どうしようもないのです。それは、我々の人生で、自分自身でぶつかるより仕方がないことなのです。そういう時に、どう乗り越えるかですね。神様に頼ることも、あるいは、素晴らしい先輩なり指導してくれる人に従うなど、いろいろあるでしょう。ですけれども、我々は教師として、何十人かの子どもに対して、そういう場に追い込まれているということは、ただちょっとある信仰を持てば解決するというわけにはいきません。はっきり言うと、捨て身になるということが必要です。

捨て身というのは、自分のことを全部振り捨てて、夢中になって没入するということではないのです。むしろ、自分の悪いところ、欠点を堂々とさらしていくということです。そんなことをしたら、いよいよ子どもが荒れてきて、どうしようもないと考えると思いますが、それでは救われないと思います。要するに、自分の裸で、子どもの裸を引き出さなくてはいけないのです。子どもが暴れたりしているのは、裸だ

と思うでしょう。確かに、子どもはいつもいい子でいるのに、それが堰を切ったように破れて、彼らの欲望や不満を露出させているのだと。確かにそうであるけれども、それは彼らのある一面に過ぎないのです。ですから、そこで「この子たちはもうどうにもならない」と思ってしまうのは早計であって、彼らは壁にぶつかって、それを破って煮え立っているところです。それなら少し待っていれば、沈静するだろうと思うでしょうが、それはよくないと思います。今までも、そうした時には、少し待ってみようとよく言われました。私は、待つべきだということには間違いがないと思うのですが、そのうちに通り過ぎるだろうという考え方は、よくないと思います。

子どもたちの行為に対して、自分の方もそれに対して対抗していくのです。それは、暴れているから警察を呼んでというのではないのです。そこにカルテの考え方があるのです。カルテというのは、いいも悪いも先入観がなしに、そこに出しているもので、そのものの意味を探っていこうというのです。そういうことを、荒れているクラスに対してやろうというのだから、こちらも、それだけの覚悟がなくてはできないと思います。

3　視野を広げることによって、より納得できるものを見出す

こちらは都合のよいところだけを出して、都合の悪いところを隠しておこうというのでは、絶対駄目です。こちらも、足りないところを露出させていくことです。そうすることによって、お互いに繋がるものを見出だすのです。それはあるところだけを持ち出すのではなくて、カルテ的に全体を出してその全体に

ついて考える。そうすると、人間というのは、冷静になることができるのです。

子どもにしても、先生の強いところだけを問題にして、あれを叩くのだと考えているのです。先生という存在も、強かったり弱かったり、いろいろな面を持っているのです。そういうものの全体が子どもの視野に入ってくると、段々違ってくると思います。仮想敵というのは、やり甲斐のあるものを描いているのですから、先生の全実像というのを、彼らが捉えるようにすることが大事なことなのです。それをしないでおとなしくなれというのは、挫折しろということなのです。

だから、全体の姿を、いつも明らかにし合おうとすることなのです。政治家なんかは、いつもある部分だけを一般大衆に見せておこうとするやり方なのですね。我々は、政治家に神様になってくれと願っているのではないのです。政治家だって楽しんでいいし、お金もほしいだろうということは分かる。分かるけれども、それがどういう状態で、どうあることが必要かということをみんなの前で明らかにして、相談してもらいたいと思いますね。でもそれはやらないで、そのうちにあきらめるだろうという思想なのです。うわさも何日かすれば消えるということでしょう。

子どもにだってそうですよ。半月もすれば収まるとたかをくくられている。これでは、子どもだって生きがいがないですね。やっぱり、先生も洗いざらい出して訴えかける。そうする中で、問題を解決していくことです。大変になっているクラスは、それどころでないというのは分かりますが、大事なのは、カルテ的発想で、冷静に自分と相手を判断することだと思います。

驚くということの中に入っていますが、カルテというのは、人間に対する一種の鎮静剤でもあるのです。鎮静剤というのは、静まれというのではなくて、「そうか、こういうこともあるのか」「こういうこともあるぞ」と視野を広げることによって、より納得できるものを見出だしていくのだと考えます。

だから、子どもの方にも先生のカルテをつくって、考えてもらうことが必要だと思います。でも、それではまずい、という考え方があります。それでは、成り立っていきません。情報公開というのは、相手の情報をしっかり捉えて行動をしていくために、また、いい納得の仕方をするためにぜひ必要なのです。

私はそういう意味で、カルテというのは、極めて積極的な問題解決への拠点になり得ると思っています。医者のカルテだって、ただ薬を飲ませるためのものではなくて、その人を生かしていくためのものでなくてはいけないでしょう。だから、カルテは荒れ狂った狂乱の中でも、問題解決をしていく拠点であると私は思います。

第10章　「教師の発想を生み出すカルテ」②

1　カルテは教師を変えるためにある

1　子どもの本体が現れると、先生自身も先入観から脱出できる

前回カルテについてお話をして、今日はその続きとなりますが、ごく基本的なことを重ねてお話しして、今日のお話に入っていきます。

カルテという言葉は医者の使う言葉ですが、それを教育の場で、違って生かして使うということです。ただ私が考えて参りました趣旨から言いますと、少し取り違えというか、理解がくい違いっているところがあったことを前回申しました。でも、それは非常に大事なことであります。詳しく子どもの行動を見て、それをメモしていくと、子どもがよく見えてくるというのは嘘ではないのですが、それだけであるならば、別にカルテという言葉を使う必要がないのであって、よく子どもを観察していればよいのです。

そうした子どもの観察は、昔からやられていました。心理学者等が研究したものをもとに、子どもの心理研究をしていくという面からアプローチされていたのです。でも、それで子どもがよく分かるのだろうかということです。子どもを、こういう型・こういう型と決めてそこに入れ、だからこうなのだ判断するのは便利ですけれども、限界があるというか、人間というのは、そう簡単に何型といえるものなのかどうか、大変疑問であるのです。

もっとデリケートな、もっと複雑な捉え方が必要なのではないだろうかということです。しかし、複雑

にしてしまえば、一人の子どもについても大変な論文が出てくるのです。一人の子どもを追究するのであれば、それでいいかも知れません。それは他の子どもにも応用ができますから、それなりの効果がありますけれども、一人一人の子どもをよく捉えて、その本質に追っていくということになってきますと、それはちょっと無理ですね。

そうなると抽象的になったり、概括的・決め付け的になるという場合が多いのです。それでは困る、生きた人間を捉えたい、その手がかりにしたいということだと思います。そういうように考えた場合に、私が言ってきたのは、ただ羅列的に記録を重ねていくのではなくて、もっと捉えようがあり、表現の仕方があるということ。それが、その子を生かす場合に、大事な決め手になってくるということです。

しかし、それにはどういう表現がいいか。表現を研究し、研修し合っても、それだけではどうにもならない。生きた子どもが、生きた先生によって捉えられるというのでなくては。私はそれを「驚く」「発見」という言葉で表わすのですが、今まで思わなかったことでその子を把握したということは、非常に生のものであって、そこには子どもの本体が現れると同時に、先生自身も先入観から脱出できるのです。

思い込みというか、レッテル貼りというか、とにかく、この子はこういう子だと決めてしまいたいというのが、教師の大きな問題点・欠陥だと思います。それから、どうやって抜け出るか。「おやおやこういうこともあるのかなこの子は」というようになることですね。「こうとは思わなかった」というようなことが出てこないと力が弱いので、驚くことを媒介にして、その時だけ書けばいいのです。

2　簡潔にポイントを捉え、それを繋いでいく

それをごく短い言葉で表現するということを、私は考えたいのです。それを幾つか重ねていく。重ねていくといっても、同じことには驚かないでしょう。こうだと思っていたら、また、こんなことがあったと新しい驚きがあり、そこでまたメモをするということになります。それを貯めておいて、この子はこういう時にこうなんだ、こういう時にはこうなんだ、時にはこういうこともあるんだと繋いでいくと、そこに、今まで思いもよらなかった子どもの姿が現れてくる、という考え方なのです。

だから、たくさん記述すれば、カルテというものではなくなるのです。平板に、微に入り細に渡って書き続けてみても、それはあまりカルテとして役に立たないでしょう。角度をもって子どもに迫るということは、実は、教師自身に迫るということなのです。そういうふうにやろうとするのが考え方なのです。そのことがきわめて大事なのですが、その点がはっきりしていないのです。ただ書き並べるだけなのです。でも始めの頃はそれでよいとして、だんだん立体化してくるとか、簡潔にポイントを捉えることができるようになるとかいうことです。それが、教師の成長ということになります。

3　先生がやりやすく、深い角度での教育ができるようになる

もう一つ大事なことは、カルテというのは先生が成長するため、先生がいい教育をするためにあるのであって、子どものためにあるのではないのです。もちろん、先生がいい授業をすれば子どものためになり

ますけれども、まずは先生がやりやすく、深い角度での教育ができるようになるということなのです。子どものためにやってやるというのでは、カルテは生きてこないと考えますね。

このことは、大事なポイントです。カルテという言葉を使ってくれている人が多くいますが、少し違っているようなのです。要するに、教師が自分をどう変えることができるか、ということが最大の問題で、自分を変えることができなければ、いい指導ができないのです。これは、座席表の場合も全く同じなのです。

このあたりがピンボケになって、曖昧になっていて、子どもにペッタリとおんぶしているようなのを、どうやって切り開いていくかですね。そうでないと、授業で役立つなんてことは、有り得ないことです。といっても、子どものことをいろいろ知っていれば役に立ちますから、授業に無用だと申しません。けれども、そういうことでは、今日のような難しい問題を背負った実態の中で、子どもが本当に成長していけるような指導をするということは、できないと思います。

なまくら刀と言いますが、なまくらな小刀で何かをやろうとしても、うまくできません。それが冴えた小刀では、違ってくるのです。授業を見ても、なぜか回答者の順番を回しているだけという形で、ここぞというところにメスが入らない授業もよくあります。それは教材研究の不足でしょうか。いや、教材研究をする時に、子どもが生きていないのです。子どもを度外視しては、何もできないのです。どんなに専門的で、百科全書を背負ってきたところで、切れない刃物で切っても、切れるはずがないのです。

こうしたあたりがカルテの問題です。カルテは非常に鋭い武器になります。でも、誤解すると、子どもをめった切りにしてしまう。切り刻んでしまう。自分の思うように料理してしまうのは、やりがいがあると言われるかもしれません。でも、「そんな料理は、人間に対してはできないのだ」そういうことを我々に鋭く教えてくれるのが、カルテなのです。そこのところは、考えにくいでしょう。教師でも親でも、子どものためだと想っていろいろやっていくのです。それが、恐ろしいことが多いのです。でも、気がつかないのですね。それを気づかせるのが、カルテなのです。見かけでは分かりません。

4　人間のその背後にある世界が分かり、教師が自己変革できる

そうしたことで、カルテは非常に大事なものです。もう一ついえば、今、教師の自己変革だといいました。これは重大なことなのですが、自己変革できるのは、子どもについて、いろいろ詳しく分かってくるからとすぐ思うけれども、分かってくるのは、子どもでは無いのです。人間なのです。あるいは、その背後にある世界なのです。カルテを読んでいると、「こうかな?」「この子はどうして、ここでこうなるのかな?」「こういう面はどうなっているのだろうかな?」と考え考えしていくので、そこには子どもの生活が出てくる。子どもの家庭が出てくる。親も兄弟も出てくる。それよりももっとその背後に開かれた、その子ども、その家族、そのまわりの子どもたちを含んで、現在の日本の社会が出てくるわけなのです。世界そのものが出てくるのです。環境問題だって出てくる。別にそういうことは書いていないけれども、子どもが、子どもなりに悩んでいることが教師によく分かってくると、それは、特に社会をしっかり見ているということなのです。また、人間をより深く捉えるということなのです。

「こうだから、こうよ」と、簡単な結びつけはできません。そこで、教師は、大変な勉強をすることに

なるのです。それはまた、教師という立場を離れても、大変大きなことだと思います。しかし、こういうものを含んでいないと、カルテを見ても分からないのです。狭いところで、この教材をどう扱うか、この答えをどう出させるかと考えたって、それはカルテ的な見方からすれば、片々たるものであるのです。そんなことだけに関わっていては、人間の大事なものが、どこかへいってしまいます。知識だって、本質的にいい働きをすることがなくなってしまいます。ただテストの時にどう書けばよいか、丸がとれるかということでしかないのです。これは知識でも何でもないでしょう。

5　社会に責任がある場合でも、それに対してどうするか、どうできるかが教師の責任

ですから、カルテを通して子どもを見るということによって、先生方は、今の生きた社会そのもの、生きた世界そのものへ、自分をぶつけていくことになるのです。それと対決することになるのです。今、子どもが事件を起こして大変ですね。それだから、どんな子どもだった、これまでの教育はどうだったと考えねばなりませんが、そこに出てくるのは、現在の日本です。生きた社会です。下手をすると、都合の悪いことはみんな社会のせいで、親も教師も、何ら責任はないと言いたくなるようなこともあります。それはよいとは言えません。でも、社会には責任がありますよ。社会に責任があれば、そういうものに対して教師はどうするか、どうできるかが教師の責任です。教師が無責任になるということは、有り得ないことです。

とにかく、教師だけ空回りして「私が悪かったのです。でも、これだけしかできません」と言って事を

済ましていれば、いくら謝ったって、謝ったことになりません。そうした空回りを何とか喰い止めるためのものがカルテなのです。確かに子どもを追究する、子どもをよく知るということは大事なことであって、そのためにカルテは大きな手立てですが、そこにある問題は、単なる一教師・一児童の問題ではないのです。

そんなに大げさに広げよというのではないけれども、子どもの中に、教師自身の中に、無責任さが染み込んでいるのです。そういう捉え方が、日本人には非常に乏しいのです。だから、腹を切れば、辞めればいいのでしょうということで、片づけてしまいます。もっと悪いのは、七十五日位経てば、だんだんどこかへ消えてしまうからということでしょう。その間、頭を下げて我慢をしていれば、通り過ぎるからということですね。

カルテによって捉えられたものは、通り過ぎません。何もしつこく、それを覚えていろというのではないけれども、関連して動いていきますから、そういう世界に我々が入ってしまうということなのです。自分の目の前だけ何とか処理すればそれで終わり、というのは空振りの無責任です。カルテによって関連してとらえていく、それが教育の大きな目的でもあるわけでしょう。

そういうふうに考えると、カルテというのは、とてつもなく大きなものを含んでいると思います。そんな大きなものは、嫌だと言われるかも知れません。あんまりそうしたことについて、考えようとしていない人に申し上げるとやぶ蛇みたいなもんで、あんなもの無くてもいいよと言われるでしょうが、だからといっていい加減なことで、当面をごまかしていくというのでは、全然意味がなくなるのですから、このあたりのことは、本当に分かっていただきたい事なのです。

6　一人か二人の子に集中して、そこから他の子に応用していく

教師が、自分が生きている社会と、生きている世界とを繋いでいく、その窓の役割をしてくれるのがカルテです。そこから、いろいろなものが見えてくるのです。だから、一人一人の子どもを大事にしていかなければならないのですが、みんな平等に比重をかけてやるというわけにはいかないのです。やっぱり、目につく子もあれば、そうで無い子もある。しかし、目につかないならばつかないで、非常に大事なのです。

いずれにしても、一人か二人の子について、カルテをしっかり追究することができれば、それを他の子どもにも応用ができるのです。内容的にね。いや、それ以上に、教師にその力ができ、目が肥えてくるのです。そうなれば、どの子をみても、今までと違って見えてくるということになります。だから、一人一人を落ちなくというのは問題なのです。落ちなく浅くやっても仕方の無い事です。どうやって深めるかということになれば、一人の子に集中して、そこから他の子に応用していくとか、その子をもとに他の子に関係させて考えるということが、当然でてこなくてはいけません。

これが抽出児とか、対象児というものの役割なのです。あれも、「一人か二人の子を捉えて、ああでもない、こうでもないと言っていると授業がよくなる」という甘い考えではなくて、教師がそれだけ目が肥えてくれば、把握が他の子にも広がっていくということになるのです。また、一人の子についてやったことが、別の子についてもやれるということなのです。これは当然のことであるのです。

2　総合の重要さ、失敗の重要さ

1　今、人間の育て方の核心に、民主的な人間形成を

民主主義で、何でも同じものを与えておけば、公平だと思っている間違いが多々あります。その人に全然役に立たないものを与えられても、それを平等だといえないのです。やはり、その人が欲しいと思い、その人にとって意味のあるものを用意してあげるということが民主主義です。これはみんな喜ぶはずだからといって、だれにも同じようにそれを配ってみたって、迷惑だなあと思う人が出てくるだけです。

こうしたことに対して、日本人は考えていなかったのです。このこともカルテ的な考えと反対の姿勢です。こういうことを、もう一度言っておきたいと思ったのです。少し急ぎすぎたので、分かりにくかったのかも知れませんが、カルテが含んでいる意味というのが大変大きいと思うのです。そのように考えてくれる人が少ないですね。いわゆる研究者でも、そういうふうに捉えてくれる人は、稀だと言ってもいいと思います。

これに対しては、私は民主的な人間形成というものが、特に今のような時代の人間の育て方というものからいって、核心にある問題と思っています。そのことを、直接・間接に生かしてくださっている方々も相当あって、いい教育が行われていると私は思いたいのですが、なかなかこれは前途遼遠という感がします。文部省は「個性尊重」とか、「生きる力」とか、みんないいことを言ってくれるのですが、そういうものが持っている意味、例えば、カルテの話で分かっていただけると思いますが、そこにある意味という

ものに余り触れていないというか、本当には分かっていないのかもしれません。ですから、上辺だけを撫ぜることになります。そうすると必ず行き詰まりますから、個性を尊重しても駄目になる心配があります。思考力といってみたけど、結局駄目で、どんどん覚えさせて、その覚えたことだけで事をやるようになると、大変なことになります。一人一人の個性的な人間が信用されないのですから、人間は「覚える機械」になってくるのですから、これではいろいろな問題解決に当たっても、どうしようもありませんね。外国に対してでも、立ち遅れるだけでしょうね。

2　総合も生活科も、他学年・中学校・他の教科へどう生きていくか考える

文部省が言っていることは、大事なことなのです。でも、言っている底が浅いのです。先生方は、そこを深く追究させせくださらないと、いけないと思います。総合学習というのはいいのですが、本当に難しいのです。難しいけれども、それは、今までのような教科というものでしか見ていないから難しいのであって、教科なんか取り払ってものがみられる人にとっては、決して難しいものではないのです。

ところが、今はまだ、教科で一つ一つ片付けようという考え方でしょう。そこへ総合をしなさいと言われたのでは、さてどうでしょうか。ちょっとやり方を教えてください、真似をしますからというようになるのです。総合ぐらい独創的なものはないのです。個性的なものはないのです。だから、個性や独創性のないところでの総合は、ナンセンスなのです。総合というのは、悪いものではないのです。素晴らしいものなのです。だけど、教師一人一人が自分の責任で、自立して創造的にやっていくという体制をとった時に、

初めてこれは生きてくるのです。総合をやっていると、だんだん独創的になるというのは無理なことです。

そうしたことについて、文部省はどう考えているか知りませんが、今のところはちょっと間違っています。だから、先生方は、是正をしていかねばならないのです。ところが、どうやったらいいのか。「文部省はどうやれと言っているのか、そのとおりやりましょう」では困ったことですね。文部省は、一人一人の先生が、考えて実践してくれることを希望しているはずなのです。その上での総合は、おもしろいのですが、旧態依然たるところでの総合ではね。生活科も、特にそれと同じです。生活科というものは、悪いものではないのですが、大切なもの、心構えができていないところへ持ってくるのですから、ただ物まねになってしまうのです。あれではいくら生活科をやっても、効果は出ないのです。中学年・高学年・中学校へどう生きていくか、他の教科へどう生きていくかについて、全然取り組んでいないのです。

そういう筋の通らぬことはやめましょうということです。総合もいい、生活科もやるならば、それが本当に働きを持つものにしなければ、意味が無いですね。文部省も、先生方の工夫を待つというところでしょうが、でも、現場では工夫をしないのです。文部省も、工夫をする環境を作らないのが、まずいところです。だから部分的には面白そうだけれども、全体的にみるとナンセンスなのです。そのあたりのところを、日本の教師は目覚めなければいけませんよ。文部省を、もっと正しく生かすようにしなければ、いけないですね。

少し脱線しましたが、そうしたところで、カルテが本当に考えられれば、教育はよくなると思います。それは、先生方が主体的になってくるからです。文部行政はおかしいです。教師が主体的になることを望みながら、ならないところへ、ユートピアみたいなところへ、進むことを押しつけてくるのです。それが、役人の点数稼ぎで無ければ幸いですがね。これに対して、何かをしていかなければ、今のような教育の低落傾向はどうにもなりません。これからカルテを考えるならば、そうした意味で、目覚めが必要でしょう。

3 失敗をどう生かすかが勝負

そこで、カルテを生かすとどういう授業ができるか、どういう点が大事なポイントか、というご質問がありますので、そちらの話にいきたいと思います。

しかしあえて言うならば、ここには素晴らしい授業をしていらっしゃる方が居られるので、そういう点では話しやすいのですが、やってみないとわからないのです。なぜかというと、今の授業は、荒削りというのかな、言葉を悪くはっきりと言えば、独り善がりの授業なのです。先生は教材研究をして、計画を立てて、しっかりやられるのでしょう。けれども、どう失敗するかということを考えていないのです。成功しない時もあるということを、みんな知っているのでしょうか。いつでも成功するつもりで、やっているようなのです。そうではなくて、本当は、あらゆる授業は失敗するものであり、失敗せざるを得ないものなのです。日本人というのは、失敗するということが嫌いなのですかね。嫌いというより、「失敗した」と人に言われなかったり、自分でまずかったと思ったりしなければ、それでいいという気持ちになっているのでしょう。

失敗というのは、目がある人が見れば、たくさん見つかるのです。たくさんという数だけでなく、質からいっても、非常に重大な失敗も出てくるのです。でも、分からない人には分からない。うまくいったと思っているのです。芸事なんかをしてもそうでしょう。まだ素人的な段階では、自分ではうまくいったと思っていても、玄人から見れば、とんでもないよ、まだまだそういう段階なのだよと言われるんです。

まずいということがわかれば、進歩するものです。先生方もそうしたことは、よくご存知のことです。子どもの指導においても、そうお考えになっているでしょうが、授業を見ていると、授業の計画からして、「成功、成功」という考えでやっているようです。

ちょっと言い方が過ぎますが、「失敗、失敗、また失敗」というように、どうして考えられないのか。だって、本当に失敗しているんだもの。その失敗したことは忘れてしまう。あるいは、まわりから失敗を騒ぎ立てられないでよかったね、という具合で次々進んでいく。人には分からなくても、自分でわかっているのだから、明らかに失敗したんだから、その処置をしなければいけません。失敗をしたから、そこで訂正しておとくというのでなく、その失敗が今度どのように挽回されるのか、敢えて言えば、失敗がどういうふうに生きていくのか。失敗は成功の母というけれども、失敗というのは重要だということは、誰にでも分かるのです。だから、失敗は何ら恥ずかしいことではない。失敗をどう生かすかが勝負なのです。

人間なんてそういうものであって、成功ばかりしている人間っていませんよ。仮にいたとすれば、それは危ないですよ。いつも、うまく抜けてやっていると、偉い地位に就いていく。それで人生を終われば、大成功と思うでしょうが、そういうところに人間の幸せがあるのではないのです。いざとなれば、どうにもならなくなるでしょう。

だから、自分の授業がどこでつまずくかな、「つまずくかな」と言えば期待しているようで悪いですが、実は期待しているのです。素晴らしい失敗を生めば、その授業はすごいのだから、素晴らしい失敗でなくては。少し失敗しただけで、順調に進んで万歳となると、見ていても情けないのですよ。「ああ助かった」

ということだけのことでしょう。そういうことの危なさというものを、教師はどうして感じ取れないのか。恐ろしいことには、その授業を受けている子どもまでが、同じようになるのです。ちょっとおかしいところがあったけれど、見にきている人も気がつかなかったようで、後で褒めた。「よかったね」となるのです。

4 きめの細かい授業をやらなければ、子どもは本当に納得しないし、また、納得しようとする力さえ出てこない

「授業というものは、学習というものは、そして先生っていうものはそういうものか」という程度の理解しかない。そういう理解は無意味ではないですが、平板にしか見ないようになるのです。先生がやかましく言って掃除させたのは、「今日は偉い人が見に来たからだ」と子どもはそう思っているのです。人が見にこないのに、うちの先生はハッスルすることはない。格好を付けるはずがない、と子どもは知っているのです。誰も来ない時にはひどいものだよ、という子どもの認識は当然あるのです。それは間違っていないのです。そのことは、先生として恥ずかしいことですが、先生も人間ですから、いつもいつもちゃんとやっている訳にはいかないのです。今日は視察があるとなると、走り回って何とかしなければならないことを、子どもは知っている。そうしないと先生が困るという理解を、子どもは持っているのです。

だけど、そういう理解だけでいれば、先生が見ていない時にはどうやってもいいよということになり、先生には○○に甘いんだから、それを利用して楽をする、ということになります。そういう世界から、少しずつでも脱却させなくてはいけないのです。

ちょっと話が飛びましたが、先程言った粗雑というか、決めつけてだけいるような一本調子の授業に対して、きめの細かい微妙な出入りのあるような授業をやらなければ、子どもは本当に納得しないし、また納得しようとする力さえ出てこないのです。「いい加減だよ。見てくれさえよければいいんだよ。褒めれればいいんだよ」という非常に雑なものの見方しか育ってこないのです。

そうでなく、「あの子は凄いことを言ったようだけれども、こんな問題があったよ」「あの子は、いつも言えないのに、こういうことを言ったよ。なぜ言えたのだろうか」「それに対して先生の態度はどうだった。もうちょっと何とか言ってやったらよかったのに」「先生はあの子に甘いからすぐに引きずられるけど、あれおかしいと思うよ」などなど、いろんな思いが、子どもの中にはあるはずです。

社会科をやっても、その社会科の内容についても、「教科書にこう書いてあるし、一般的にはこう言われているようだけれど、これは違うよ。うちの近所で見たら違っていた」「店のおじさんに聞いたら違ってた。どうするんだ」そういうところにこだわることができる、そういうものが授業に出てきて、それがまた、他の子にも受け入れられるということです。「先生がいいと言ったし、そんなことにこだわっていないで先にいこうよ」という子もいるでしょうが、「待てよ。先生がいいと言っても、ここはもう一度考えることにした方がいいと思うよ」と言える子が必要だということです。

5 「いつも何も言わないあの子の考えを、簡単に押し伏せてもいいのか」

「いつも何も言わないあの子が、こういうことを考えてきている。それを簡単に押し伏せてもいいのか」

というふうなデリケートなものが、自然に教室の中で動いてくるような、そうした授業が大事です。私がきめ細かいと申したのは、そういうことなのです。

そうすると、理解力とか、いろんな能力の育ちが、違ってくると思うのです。一般論に強いという子ではなくて、個性というか、自分に忠実に、裏を返せば、人に対しても厳しいけれども、また、暖かいものを見ることができる子です。それは、発言した一言一言にこだわるのでなく、なぜ、あの子は、あのようなことを言うのか。何を考えているのか。いつもあの子はどうなのか。について絶えず受け止めて、対応しようとする姿勢です。

そうなると、思考力が何倍にも、何十倍にも生きてくると思います。ただし時間がかかりますよ。だから、先生がやりたいと思ったことを、カットしなければなりません。カットしてもいいですね。どうしても困るというならば、三学期になってから、教科書でやれていないところについて、子どもの実態を調べてみれば対応ができます。

あらゆることが揃っているということを、前提においてはいけない。人間ですから、あらゆるものが凸凹なのです。落ちているところもあります。それを他のことでカバーできる力を、その子が持っていれば十分なのです。そうしないと、指導要領に添った指導ができません。みんな百点をとって完璧でないと、上の学年に上れないとなると大変です。実際は六十点でも上がりますし、三十点でも進級するでしょう。

それに対する対応を、教師は考えていなくてはなりません。六十点までいったのだから、それでいいよ、ですな。だって、四十点足りないのですよ。それをどうするか。四十点足りないからって、原級に留めることができないのですよ。それをどうやっていくのか、そこが教師のきめの細かさなのです。

6　一人一人についての細かい配慮が、教師にも友達にもある学級経営

結論からいうと、文部省が決めているようにはならないのが当然です。人間は皆違うから。一応、文部省が言っていることを、基準として考えるのは、いいことです。でも、それを自前で、先生が修正をしていかなければ、子どもはみんなおかしくなりますね。そういうことを、どう考えているか。文部省が出したものをその通りいただいて、形だけなすり付けようとして起こってきたトラブルと、そうではなくて、その子に即してやろうとして起こってきたトラブルとは、全く質が違うのです。後者は、むしろ褒めた方がいいですね。そうでなければ、文部省は、いくら民主主義を要求しても、それを現場で実施することはできません。やっぱり、上から降りてきたものは、そのままの形でいただかなくてはいけない、というように現場がなっている限り、無理ですよ。

上から強いるなら、文部省は個性尊重もやめ、生きる力もやめ、総合学習もやめた方がいいですね。そこのところ、誰も責任を持っていないですね。本当は校長が、そのあたりをしっかりと押さえていなければなりません。ごくあたり前の事ですから、校長に考えてもらいたいですね。そして、先生も自分で責任を持ってやれるかどうかですね。そこのところを、もっと研究しなければいけません。

また、脱線しましたが、そういう訳で、きめ細かい指導が大事ですね。話し合いも、ベラベラ喋るのでなくて、タイミングのいい、間のとれた話し合いが大事ですね。先生の言ったこと、友達の言ったことにもすぐには返答できない。いろいろ考えなければいけない。その間待つのが当然です。それに、ある問答をすれば、それと関連して、クラスの中ではいろいろな動きが出てくる。いろいろな考えが出てくる。そ

れを延々とやっている訳にはいかないでしょう。どういうふうにうまく動かしていくか。そういう事はテクニックだけでは駄目なので、一人一人についての細かい配慮が、教師にも友達にもなければなりません。それをつくるのが学級経営です。

7　子どもたちは信頼感や愛着があれば、先生の弱さまで補おうとする

先生は責任者だから、子どもをしっかり理解しなくてはいけません。でも、自分のクラスメイトに対する理解は、子どもたちも持たなくてはいけませんよ。「○○君のお父さんはこうだ、○○さんのお母さんは…」といろいろ話題があるでしょうね。でも、そうした話題を持たなければ、人間として成長していけません。だから、先生の持っている能力・性格の長短なども、子どもはしっかり把握しなくてはいけないのです。

教師でも、できの悪い教え方をするのは確かにまずいですが、それなりに子どもの対応があるのです。ある教科に弱い先生だっています。でも、「あの先生の授業は嫌だ、私たちはソッポを向いていよう」というのではなくて、やはり、一生懸命に子どもたちは対応をしてくれるのです。先生が弱くてもいいというのではないけれども、先生だって万能ではないのですから、それに対して理解を持つ、思いやりとは言いたくないけれども、実は思いやりなのです。むしろ、大部分はあきらめかもしれません。あきらめながらも、その先生の授業に一生懸命に取り組んで、先生の弱さまで補っていこうとするのが子どもなのです。けれども、先生に対する信頼感・愛着がなくなると、そんな事をするはずがないですね。そうなると揚

げ足を取る、いじめる、ボイコットをするところにいきかねません。今起こっている授業崩壊には、そうしたものがあると思います。

3　たがいに人間としての信頼を

1　つまずきを子どもが人間的に理解し、人間的に対応することによって、力も伸びる

子どもだって人間なんだから、教師を人間として理解すれば、いろいろ我慢する事もある。感動する事もある。ところが、困った事に、教師の方が、人間として理解してもらいたくないのです。教師は、神様みたいなものであるべきだ、と思い込んでいるのですね。一生懸命頑張って、落ちのないような授業をしようとしている先生もいる。それは、涙ぐましいかもしれないけれども、無理なのです。

経験が多い少ないでなく、どんなに神様みたいな顔をしてやっても、人間ですからね。どうして、人間であるという事を認めないのか。もっと言えば、つまずきです。教師はつまずくという事が、非常に大事な事なのです。それを子どもが人間的に理解し、人間的に対応することによって、子どもの力も伸びていくのです。つまずけばいいということではありませんが、つまずくまいとしても、つまずくのが人間なのです。教師がそういう自覚を、どこまで持っているかということですよ。ちょっと褒められると、いい調子になってしまう。それは人間らしいですがね、見ている方が「可愛らしいなあー、無邪気だなあー、教

師だのに」と思いますよ。そう思われたっていうことが、いくらかでも分かればいいのですが、分からないのです。それは、子どもたちが、自分を神のように尊敬していると思い込んでいるからです。どうして人間的になれないのかです。

カルテの世界は、人間の世界です。子どもたちには、「つまずき恐怖症」というのがあるのです。点数が下がるからね。だから、つまずきを評価するという生き方が、教育にだけなく、社会に出てくれば一番いいのですが。つまずいて威張っていろというのは変だけれど、もっと淡々として、自分を見つめてほしいですね。

2　つまずいて、それをどう乗り越え、生かして自分を成長させるか

それは、逆に言えば、人間が謙虚になるということなのです。人間はつまずく存在なのですから、先生も子どもも、当然つまずく。友達が何か発表でとんでもないことを言うと、みんなで笑う。「分かりません」と言えば、恥ずかしくて身の置き場がなくなる。どうして「分かりません」と言う事が、それほど軽蔑されなくてはならないのか。人間は分からないところがあるのは当り前なのであって、分かっているということの方がみんな仮なのです。どうして、そういう認識が持てないのかということです。

大事なのは、つまずいて、それをどう乗り越え、生かして自分を成長させるか、ということであるのです。つまずきっ放しで、後は投げ出しというのでは恥ずかしいです。先生も、場合によっては、厳しく責めていいと思います。でも、相手がそのつまずきを何とか打開しようとしていれば、これは認めてあげな

ければいけません。始めからうまくいっている子よりも、ずっと価値があります。そんなことは分かっているのに、教室に行くとそうならないのです。中央官庁のような限られた中では、特にそれがあるのです。こういうことをしてはいけないとか、こういうことは評価するんだという事が決まっている。極めて人間的であり、広い視野から見れば望ましい事であっても、その官庁特有の世界で価値判断されて、都合が悪いと駄目ということになります。どうも、教育社会も同じと思われます。

3 偶然の出来事があって、それにどう取り組むかということでこそ、味が出る

こうした事を、どう突き破るかが問題です。つまずきに気付き、それを何とかしようとするのが、一番正常なのです。つまずかないで何とかいっているより、遥かにいい状態です。

そういう判断で人間の評価をすると、今のような汚職だらけ、ごまかしだらけの世界は許されないはずです。成功するようにうまく立ち回るような事は、できなくなってくるのです。例としてよくないかもしれませんが、陰影というのは影ですね。絵を描いても、影が表現されないと困る。立体感を出すためにも、陰影が必要です。学級の経営でも、授業でも、どういうように影が生きているかということなのです。影といえば暗くて、ジメジメした嫌なことみたいですが、表通りがあれば必ず裏通りがあります。その二つが相補って、どう生きているかということなのです。むしろ、私の考えでは、裏通りの方が重大なのです。裏通り表通りは広くて、いかにも綺麗になっていますが、裏通りは人間のまなの生活があるところです。裏通りをピカピカにせよというのではないけれども、裏通りが非常に大事だということを考えれば、表通りも本

当の意味で充実してくるのです。汚いものはみんな裏通りに入れておけ、では話になりません。

東京銀座の朝というのは、歩くと面白くないのです。表通りも大分汚れていますが、裏通りはひどいです。それは、夜の華やかな世界ですから、朝はもう廃墟のようになっているのですが、でも、その裏通りを不愉快でない状態にしていくことが、大事な問題です。表通りはケバケバしくても、裏は鼠が往来しているのですね。果たして、そこに健康な力が生まれてくるでしょうか。授業も同じことが言えるのです。ベテランの先生は、裏を見せないのです。一番極端なのは、裏を見せないための予行演習をやることです。人に見せる前にやるのです。そして、子どもに役割を与えて、台詞まで教えておくのです。芝居の練習ならいいでしょうが、それは、見る人が綺麗に見えるようにやっているだけです。

これは、ハプニングが起こると困るからです。そうでなくて、人生というのはハプニングがあってこそ、偶然の出来事があって、それにどう取り組むかということでこそ味が出てくる。その人の個性が生きるのです。それを、全部予行演習つきで規制しようというのです。あるいはまた、他の学級で、同じ教材で先に授業をやってもらうというのもあります。白々しいですよね。

本物を隠して、嘘もので構成しようとしているのです。横丁、裏通りが生きていない。影が立体を与えていないのです。ノッペラしていて、きちんとしているように見えるけれども、そういう授業を好きになっては困るのです。子どもに問題のあるような場合は、ジメジメした感じになるかも知れません。それを少しでも明るい、さわやかな状況にもって行くために、掃除しなければならない時は掃除をするのです。たでも、先生が号令を掛けて「大掃除だ」と言うのでは駄目なのです。掃除というのは難しいものです。ただ綺麗にすればいいというものではなくて、あんまり綺麗になり過ぎてもどうでしょうかね。よそへ来たような感じになりますよね。自分の住まいでなくなってしまうのです。

他の家へいった時、そこの人がお茶の用意にいった間に、障子の桟を指でさわって喜んでいる人もいるらしいけれども、そういうのは余り歓迎したくないですよね。でも、不潔なものがよいというわけではないですよ。やはり、横道が欲しい、裏通りが欲しいです。そういうものは、自分のクラスで健在かということなのです。

4 「全体のけしき」の発想

「全体のけしき」という言葉があります。これは安東小学校などでつくった言葉ですが、今、各地で間違って使われているようです。「全体のけしき」というと、単元全体の流れのように思われているようです。そうでないのです。「全体のけしき」というのは、その時間の前後、二時間か次の時間まで位をスケッチしようというのです。そして、こういうことを教えたい、こういう教材が出てくる、こういう展開になってくるということを簡単にスケッチしてみて、そこへ、いろいろなことを書き加えるのです。注意しなければならない子どもとか、活躍させたい子どもとかを入れてみたりするのです。

指導を実際やってみると、つまずきます。予定通りには行きません。そうした場合にはどうするかです。次の時間のことを繰り上げて持ってくるとか、今日やるところを明日に延ばすとか、いろいろなことを図上作戦してみるのです。すると、動きのある生きたものになるのです。そういうのをやってみたらというのが、「全体のけしき」の発想だったのです。

あまりいい思いつきでなかったのか、実践されにくいですね。言葉だけが、違った形で使われているのです。安東小学校では、名称を変えて「作戦図」というようにして使っています。その方が誤解が少ないかもしれません。そういうものは、つまずきが出てきても、それに対応するということを前提に考えられているのです。授業計画を五分間こうして、次の五分間は…というようにしているのがあります。そんなにうまく行くのかなあと思いますね。五分でできなかったら困るから急がせる。すると、授業のどこかが、おかしくなりますね。そういう時は、思い切って時間を延ばす。その代わりに、ここは次の時間へ延ばす。と先生はいつも頭の中で考えているべきですね。それをスケッチして、図上作戦をすると、楽にできると思います。

大体、授業案もあれば、座席表もあるでしょう。そういうものを一つにしてみようとするものです。それを先生は、自分の机に広げて授業をする。そして、思い付いたことがあれば、書き入れておくようにするのです。それを、後でちょっと覗くだけで違ってくると思います。先生方は、こうしたやり方でなく、非常に真面目にきちんとやろうとするから、「全体のけしき」の書き方を教えてほしい、モデルがあれば見せてほしい、そのとおりやるからとね。それならば、やらない方がいいのです。

この授業案は、あの人しか書けない授業案だよ。この座席表は彼の専売だよ。そうしたものが面白いと思います。さすがにあの先生だな。こんな書き方は独特で、あの先生しかできないよ。と言われるようであればいいのです。だんだん発展していきますよね。

今は、どの教案を見せてもらっても同じです。どのクラスのか分からないのです。そういうことが、能率的でなくし、きめを荒くしてしまうのです。これは授業だけではありません。人生そのものも、人によってはいろいろある。丁寧なのもあれば、ルーズなのもある。ルーズだから悪い人生になるかといえば、そうではないのです。極めて、人間的に面白いものも出てくるのです。

そういうのも、教室の中にあっていいのじゃないでしょうか。子どもにもあっていいでしょう。ノートの字だって荒いとか汚いのがありますが、その子らしい個性的なノートを先生は評価することができます。どこから見ても隙のないものが、ベストだとする考えはどうでしょうね。

5 子どもが先生を絶対的に信頼し、子どもがすごく伸びている学級

時間が迫りました。問題は先生と子どもの人間関係・信頼感の問題と思うのです。ただ、先生大好きよというだけでは困るのです。あの子はいいよ、と言うだけでは困るのです。そうでない、お互いが欠点をもった中での信頼感というものを、何とかつくっていかなければなりません。今、一国の総理大臣に対しても、国民は信頼してないようですが、だからといって、言うことを聞かないわけではないのです。信頼できる人に変わった方がいいけれども、完璧に信頼できる人なんていないのです。その関わりあいを、どう作り上げるかが問題です。

これは安東小学校の昔の話ですが、ある若い先生が五年生の水産業の授業をした。全体研といって、授業を見た人が、全員で授業者をいじめるのです。当時の安東小学校は、先生だけで五十人位いたでしょうか。教室の後ろと横で、寿司詰になって見ているのです。二十歳半ばの先生の授業です。子どもたちは元気でした。始めの挨拶もない。「頑張るぞ。頑張りましょう」のかけ声で始まります。先生は何も言

いません。すぐ子どもたちの討論が始まるのです。すると、「先生はこんなことを言ったけど…」「先生はこうしたが…」と、先生に対してどしどし意見が出てくるのです。先生はなかなか答えられない。すると、先生は段々と黒板のところへ押しつけられた格好になって、これはという返答ができないのです。

私の隣にいた先生は、途中からブルブル震えだしたのです。どうしたのかと思ったら、授業者があんまりやっつけられるので、気が気でなくなってしまったのです。教室の中が緊迫していて、そういうふうな雰囲気なのです。元気なのは、子どもたちだけです。子どもたちは互いに討論をしているのですが、先生はやられっ放しなのです。先生は答えも少しはするわけなんですが、元気がなく、締めくくりもしないうちに時間がきて、授業は終わりになるのです。子どもたちが、「次はこうする」と言って終わってしまうのです。

こういう状態の授業が、ありましてね。安東小学校では珍しい授業ではないのですが、先生がこれほどやっつけられる授業は、まずないのです。それで、大丈夫かなと、誰でも思いますよね。

ところが、その先生が授業をすると、いつもやっつけられるのです。子どもたちは凄く元気で、しかも不思議に力が付いていくのです。だから、教師の指導性が、どこにあるのかが問題です。とにかく、子どもたちをよく伸ばしているのですよ。だから、いったいどういう手を使っているのか、あの先生はちょっとおかしいよということになるのです。だから、安東でも問題になっていたのです。

それで指導主事がやってきて、その先生の授業を見ることになったのです。その指導主事が直接子どもたちに聞いてみると、子どもたちは、授業はとても面白いと言うのです。そこで、「先生はきちんと教えてくれるのか」と聞くと、子どもは「もちろんだ」と言うのです。そして、「あの先生は凄い先生だ」と子どもは言うのです。「あんな凄い先生は初めてだ」と言うのです。何が凄いかといえば、「あの先生は僕たちのことを全部知っている。だから凄いのは僕たちでなく先生だ」と言うのです。どの子も同じ答えなのです。そして、「先生は僕たちのことをよく考えてくれている」と言うのです。

子どもたちは、先生を絶対的に信頼しているのです。子どもは、「私のことを、私より先生はよく知っている」というのです。だから、先生の言うことは、大事にするのだというのですね。これを聞いて指導主事は、びっくりしてしまったのです。その先生が次の年六年を持ち上がったので、国語の授業を見ました。昨年と同じで、また、先生がやられているのです。けれども、子どもたちは凄く勢いを持っていて、よく伸びているのです。

その基は、あの先生なら自分達を託することができるということです。信頼しきっているのですね。どうしてそうなったかというと、子どものことをよく知っていて、誠意を持って対応をしているということらしいです。まだひどく若いし、テクニックだって十分ではなく、教材研究だって浅いのです。だから、子どもにやられるのです。でも、子どもはそんなことを問題にしていないのです。

私が見た範囲では、安東小学校でも、その先生だけでした。特異でしたね。子どもたちは、よく見ていたようです。凄く先生を評価していたようです。そうなってくると、子どもの学力がうんと伸びるのです。「どうしてあの先生が、そんな力があるのだろうか」と疑問に思うのですが、嘘ではないのです。

6　きめの細かさとかつまずきが溢れ、カルテ・座席表を生かした授業

その教室に存在したある力が、欠けないようにすることですよね。先生が子どもを信頼するということ

が大切ですが、その前に、子どもに先生が信頼されるということですね。その先生は、人間的に素晴らしいものがあったと思うのですが、指導力は一見やや弱く感じましたね。でも、学力を伸ばし、子どもから信頼されることが可能であったのです。これは、特異な例であるようですが、私はそうではないと思っています。私の言ったきめの細かさとか、つまずきというのは、そのクラスには溢れる位あったのですね。もちろん、その先生もカルテ・座席表を生かしてやっていたのです。でも、どんなカルテであったか、その内容は、私には分からなかったです。しかし、極めて個性的であったと私は思っています。

これは30年ばかり前の話で、今の教育状況と違うし、また、子どもも違ってますけど、人間であるということは同じです。特に素晴らしい人間を、教師を前提に置いて、それを学べといわれても困りますが、この先生は、弱さもたくさん持っていたのです。ここにおいでの先生方は、素晴らしいものをもった方たちですが、あの若い未熟な教師ですらも、それだけの強さを持っているということです。おそらく、その先生のよさを発見することのできた子どもたちが、素晴らしかったのかもしれません。それは、安東小学校が苦労された成果だとおもいます。

人間を見ることができたのですね、子どもたちに。子どもが、無心になれたということですよ。格好とかに惑わされないで、自分の教師を真っ直ぐに見ることができた。これが根底だと思いますが、そういう子どもたちを、やっぱり作ったわけですからね。

安東小学校のような研究校が、方々にできるとは思いませんが、お互いに人間なんだから、もっと人間を出していけば、私はそんなに不可能なこととは思わないのです。その先生は、おそらく自分を裸にすることができただけなのですね。だから、希望を持てると思いたいです。

7　正面からぶつかっていけば、痛い思いもするけれども、面白いことも出てくる

最後に一言言えば、楽をしたい、人に勝ちたい、うまくやりたい、褒められたい、そういうことをあきらめなくてはなりません。あきらめるということは、どうでもよいということではなくて、いろいろ出てくる困難に、自分をぶっつけるということです。ぶっつけなくては、逃げる以外にないのです。逃げたら楽にいくかというと、本当はそうではないのです。その時は楽にいけても、どこかでまた、ドカンと捕まるだろうから。だから、素直にぶつかる方がいいのです。ぶつかる時に、必ず成功しようと思うとやれないのです。もともとうまくいくはずがないのだと思うと、予想したことと違う結果が出てくるよと思うと、楽しみも出てこずにはいないのです。逃げたりすれば、楽しみなんかなくなります。正面からぶつかっていけば、痛い思いもするけれども、面白いことも出てくるのです。その積極性が、今は失われているので困ります。

人生は大変だけれども、逃げて無事にいくはずがありません。正面からぶつかることによって、新しい変化が生まれる、自分も変わり、相手も変わるということを期待する他ないのです。教師はそういう考えで、問題児とか、いろいろな事態とかに自分をぶっつけたら、私は五十％は成功といわないが、心配しているような恐ろしいことにはならないと思います。もっとちがった困り方が出てくるかもしれませんが。体当たりを避けるから、事態はますます悪化するのです。というのは、子どもの方は、先生がぶつかってくれるのを待っているのですよ。そして、簡単にはうまくいくとは思っていないのですよ。先生のことを責めるわけでも、嫌いなわけでもないのです。だけど、ぶつからない先生は嫌なのです。そのあたりの問題は、カルテに取り組んでやっていくと、分かっていただけると思っています。

◆質問に答えて◆

①「つまずきを生かす」ことについて、もう少しお話し下さい。

1　褒める・認める事が大事

母親は、小さい自分の子どもがつまずくのを心配して、つまずかないように気を遣うのですね。赤ちゃんでは無いけれど、よちよち歩きの子が転ぶと、すぐ駆け付け抱き上げて、さすって慰めてやるという母親もあるし、何か邪険のようですが、自分で起き上がってくるまで待っているというのもありますね。これには、母親も子どもも個性はあるし、条件がありますから一概には言えませんけれども、大怪我をしているのに放って置くというのは論外ですが、できる限り、自分で起き上がるようにさせた方がいいように思いますね。大きくなってもいろいろな条件があって、悩んでいるとか、弱いところが出ているとかの時にあまり厳しくやるのは問題でしょうが、それも総合判断で、やはり自力で立ちあがることですね。

誰かに頼って、救ってもらうことがないようにしていかないと、困ることが出てくるのではないでしょうか。つまずくということを生かすためには、始めは泣いていますよ、でも誰も助けてくれない、自分が何とかしなければならない、このことでしょうね。とにかく、どうしたらいいのか、起き上がるにしても、その術を自分で考えることですね。起き上がったら転ばぬように、どうしたらよいかを考えるというような、時間と場を与えてやる必要があるのです。

すぐ、次どうするというように、スケジュールが決まっていると困るのです。我慢しながら次にいくだけですから。そのつまずきを、自分で見直すという余地がないのです。できるだけの余地を与えることです。それが見守るということでしょう。それは、子ども自身が、今を立て直す場と時間を与えるということで、そうすると子どもだって、考えざるを得ないのです。そして、その後が大事です。「よく頑張ったなあ」とか、「よくやった」とか、「どうして転んだのか」とかいろいろ話し合い、褒める・認める事が大事です。

ただし、それは毎日やらなくてもいいのです。やる以上、前のことを持ち出したりしていいでしょう。それは、つまずきを大事にしているということになるのです。

2 工夫すればいいのだ、よい機会なのだ

それともう一つは、お前は駄目なんだと言って、「僕は駄目なんだ」「私は人よりも劣っているから、こんな失敗をするんだ」と思い込ませないようにすることです。誰だって転ぶし、誰だって失敗するのです。目の前で転ばなくても、どこかで失敗しているかもしれないのです。つまずきには、いろいろなつまずきがあるのです。人間が生きていれば当然あることなので、そう思って用心すればいいことなのです。工夫すればいいのだ、よい機会なのだと考えさせなくてはいけませんね。このことを省くと、その場限りということになってしまうのです。だから、つまずきは、素晴らしい教育のチャンスと私は思います。

これはそのあたりで、ちょっと転ぶというのでなくて、人生の長丁場の中では、いろいろなことがありますね。受験に失敗する、競争に負けるということも、いくらもあるのです。そういうのを親子で、教師

と子どもで噛み締めて欲しいですね。そして、このことを、明るく感じなくては困ります。どんどん落ち込んでしまっては、どうにもなりません。これでお前は駄目だ、人生お先真っ暗だと説教しては困りますね。つまずいたことはおめでたい、というのはおかしいけれども、そこからどういうチャンスを作ることができるか勝負だ、ということですね。受験に失敗した人だって、立派になった人がたくさんいるのですから、そういうことについて、真剣に話し合うことですね。

その失敗・つまずきを忘れないで生かしていく。人生は失敗だらけであって、成功なんてめったにないのですから、そこで気を落とすのではないと言うことを説教ではなく、子どもに考えさせ納得させるようにすることですね。

テストで百点が出れば、本人は万能だと思い込む。そうではないのであって、それは、たまたまうまくいったということが多いのです。逆に、失敗した場合、その失敗の中に中身がたくさんあるのです。その失敗を基にこういう道もある、これからこうもできると、今後に向かっていけば、今までとちがってくるでしょうね。先生としても、すんなり答えをだしてくれるよりも、そこでつまずいて、その周りにある大事な問題に気がついてくれる方が、はるかに効果があるのです。失敗があれば、おっとり刀で駆け付けるというのはおかしいけれども、それぐらい貴重なことなのです。

3　生活科でも、失敗の生かし方を

ちょっと外れますけど、例えば、今の生活科ですよね。昔は、ゴッコ遊びとかやっていました。あれは、要するにトラブルが起こる、うまくいかなくなることが狙いなのです。それを、先生は用心をして失敗させないようにするとか、失敗したらしかるというのは駄目なのです。ちょっとうまくいかなくなったら、先生はすぐにみんなを集めて、「○○君はこうなって、うまくいかないがどうなったのか」とみんなに相談し、話し合う。それを一時間のうち二〜三回やろうものなら、凄い成果が上がるんですね。

それを、楽しく、何の失敗もなく無事に終わりましたでは、効果がないですね。失敗だらけでは構想もまずいですが、効果的に幾つかの失敗があれば、問題点が出てきて、みんなで解決に向かって取り組める。それは非常に大事なねらいですよ。失敗を生かす生かし方を、教師も親ももっと研究すべきではないでしょうか。

自分の人生の失敗についてもそうなのです。今の世の中、家族を抱えて職を失うことがあります。自分が悪いのでもないのに。でも、そういう時にどうするかですね。そういう問題は、考えておく必要がありますね。それには、過去の失敗を手掛りとして考える以外にありませんね。

お答えになったかどうか分かりませんが、つまずきというのは、ジメジメとした暗いものではないのです。意識の上では、その時はうちひしがれて情けない気持ちになるでしょうが、そのままいる訳にはいかないですから、立ち直らなくてはなりません。嫌なことはどこかへ捨てよう、忘れようとしますが、それは損な生き方です。やはり立ち直ることです。だから、子どもにもそうした力というか、癖を付けておく必要があります。

失敗した時、なにくそ、今度はやるぞとファイトを盛り上げるのもいいけど、力んでみても失敗しないわけではないので、大切なのは、失敗の教訓を自分の中でどう探求するかということです。これは張り合いのあることですから、教師は評価してやることによって、子どもにそれをさせるべきだと思います。

②「子どもを立体化して捉える」ことについて、ご説明下さい。

1　奥にあるものを、表に出ているものを繋いで考える

多面的という言葉もありますが、カルテなんかはいろいろなことが出てくるのです。その時、その時に、教師が驚いた事をチェックするのですから、社会科の事、算数の事とかに限らないのですね。だから、そういうことでは、多面的・全体的なのです。それを、教師が眺めると、いろいろな事が分かるのです。これは立体的と言えましょうね。ちょっと見たところ、いいように見えたり、悪いように見えたりします。そうしたものの奥にあるものを考えたい。そのために表に出ているものを繋いで考えるのです。

一つ一つ良いとか、悪いとか、世間は評価しますけれど、それらが繋がってきた時に、どう評価するか。そうなると、その子、特有の問題の在り方が見えてくる。それを立体的と表現したいのです。

主体的という事についても、例えば、通知票で体育が３・国語が３・算数が３と並びますね。それを見ると「ああそうか、平均３という子か」と見えるけれども、社会が２で理科が４と分かれば、同じ子でも見え方が違うのです。個々の学習はもっと違うのです。この時は打ち込んでいた、歯を食いしばっていた、こちらでは楽々とこなしていたというように、その姿は富士山であったり、八ケ岳であったりするのです。また、春日山である時もあります。それが立体的であるのです。

これは分かりやすく言ったのですが、同じような事を子どもたちがやっていても、その必要性、原因が異なるのです。それによって、子どもにうんと違いがでてくるのです。絵が好きだといっても、いろいろな在り方で好きになってくるでしょう。そういうのを見分けられるようにする。そうなると、音楽と美術は親類だとは言えなくなるのです。確かに、芸術的な才能があればどちらも伸びるでしょうが、片方が駄目になる事もあります。それをどう考えるか、そういうあたりが、その子特有のあり方で見えてくるのです。これを立体的という言い方をするのです。

2　周りを見れば特色が分かってくる

カルテはその子の中に立ち入ってくるから、谷もあれば山もある、野原も出てくるのです。これは個性的であるのです。遠くから、望遠鏡で見ているのでは駄目ですね。そういうのは、立体的と言えません。立体的というのは、人間が平面に装ったのと違う側面が出てくるのです。だから、動作は立体的ですよ。変化なども出てくるのですから。そこには、見かけとちがった、奥行きが出てくる可能性がありますね。こうしたものが、人の評価の時には大事なのです。通知表も、所見の欄にいろいろ書きます。ああいうところを読んでいると、先生はこの子を立体的というか、奥ゆき深く捉えているなという事が分かります。でも、平面というか、ありきたりの事しかみていないなと思われる時もあります。

ですから、この差は大きいです。本当は、私は評価の場合は、追究的評価という言葉を使っていたのですが、今のでいえば、数学・国語の片方が悪く、片方が良い。たとえば、算数が５で国語が２である場合、算数が2で国語が5である場合。数理的なものが非常に弱くて、文学的なものがよくできる。これは文学者に多いのです。だけど、小説はよく書くのだけれども、数理的な才能もあるという人の文学というのは、ちょっと違うような気がします。

だから、その事自体を見ただけでは分からない場合でも、周りを見れば、特色があるという事が分かってくるのです。国語といっても、作文も入れば、読みも解釈も入るのですから、そこにも特色が出るのです。そういうところが見えてくるのが、立体的なのです。

人間を知るということは、こうしたところをよく見ないと困ります。あの子は算数がよくできましたではね。算数だっていろいろあるのです。どういうところに才能があるのか。計算能力がうんと優れているというのと、数学的な創造力が非常にたくましいというのでは、全然違いますからね。どこがどうなのか、その入り組んだ所が、その子を理解する核になると思いますね。一般的には、数理的な能力がありますだけで終わっているのです。

③「子どもを信じること」について、もう少し詳しく説明をお願いします。

1 人間だから、過ち・困ったことも入れて、丸ごと信じる

先生が子どもを信じるというのは、決していたずらをしないから、行為の面で信じているというのではなく、人間だから過ちもある、困ったこともやるということを入れて、丸ごと信じているということです。

そのクラスからは、非行なんかは出てこないでしょうね。批判されるようなことが、絶対出てこないというのではないけれど、先生は間違ったとは思わないでしょうね。人間だからそうしたこともあり得る、自分もいろいろ下手な事をやっているという前提をもって、クラスに自分を安定させる、打ち込んでいける状態を作っているということだと思うのです。

先生だって、若いということを自覚して精一杯やっているのであって、自分はまずいなということを次々感じていると思うのです。それを隠さないで、子どもに謝っていけるということが、子どもの信頼の基になっていると思います。

質問にもありましたが、安東小学校の家庭は、みな協力的だったのではない。むしろ、受験体制に対して非常に熱心な親がいて、実は学校との間にトラブルが多かったのです。子どもは、母親より先生の立場に立った場合が多くて、学校は何とかもったのですが。だから、ＰＴＡの会合などでは、厳しい批判が出てくるのです。中には、安東の打ち出している教育に賛同して、わざわざ安東の校区にくるような人もあったのですが、やはり批判する人の方が多かったようです。

そうなると、子どもは戦わなければならないのです。全部の子どもが、母親と争うわけではないのですが、うちの先生が家で評判がよくないということは、子どもはよく知っていたでしょう。評判がよくないというのは誤解だと、子どもは思っていたでしょう。でも、いろいろな見地から見れば、批判の余地もあっただろうと思いますね。けれども、子どもたちは、その先生を信頼できたということです。それは、子どもですから、確かな見方ができるとは限りませんが、先生も子どももお互いが、極端に言えば先生と子どもが一丸となって、家庭とも戦い、世間というより学校社会と戦ったという側面があったように思います。

2　言わなければならないことは言ってくれるという信頼

客観的にいえば、欠陥はたくさんありましょうから、それを問題にすることはできるけれども、それでも、教師と子どもが信じ合うことができるということは、非常に大事なことです。私の言いたいのは、子どもの気持ちが、あの先生には知られているということの上に成り立っているということです。だから、あの先生から逃げられない、ごまかしても駄目、これが非常に大事ですね。そういうように、子どもを思わせたというところが、先生の凄さですね。

それは教師のテクニックも入っているかもしれませんが、子どもは、先生に思いっきり言っているのです。バンバン言っているのです。それも丁寧な言葉でなく、やっつけているのです。でも、この先生なら大丈夫と思っているのです。先生をなめたり、軽く見たりしているのでなくて、この先生なら必ず受け止めてくれる。そして、具合の悪いところがあればちゃんと言ってくれる、だから思い切って言うよということらしいです。

これは、私は素晴らしいと思います。信頼するということは、母親が子どもを信頼して、「うちの子は事件を起こすはずがない」と信じている、そういう信じ方ではないのですね。「うちの子は非行なんか絶対やらない」というように信じているのではないのです。そう信じてしまうと危険がありますが、非行をやっても私のところに戻ってくる。私と離れられないという信頼だろうと思いますね。もし、悪いことでもしたら、何らかの形で、私に言ってくれるはずだという期待・信頼の仕方でしょうね。

よい例ではないのですが、自殺する子がいた。先生は全く知らない。その子の担任の先生はショックですよね。だけど、その時に、その先生に電話をかけている。大急ぎで駆け付けても、間に合わなかった。でも、先生に話してから死んだということは、先生にとっては非常に大きいですね。もっと言えば、僕が死なねばならないのならば、あの先生に話してからでないとと言うことです。そう思われる教師になれるか、ということですね。それは、非常に優れた教師だからというのではない。子どもにそういう評価をされているということは、つらいけど、本当に教師の生きがいでしょうね。

こういうことには、思い込みもありますから分かりませんが、私はそういう関係になっていると、断絶というものは起こらないだろうという気がします。今の学校を見ていると、そういう断絶は平気で起こる。起こっても、先生の方も余り強く感じないかもしれません。

教師と子どもが信じあえる関係というのは、大きいと思います。信頼するというのは、すべてを一任しますというのではなく、僕にも言ってくれないことはあるかもしれない。でも、言わなければならないことは言ってくれる、という信頼でしょうね。

だから、先生方は、人間の勉強を、もう少ししていただけるといいと思っています。心理学をやっただけでは分からないでしょうね。人間というのは、どういうふうにあり得るかという事について、職業としてよりも、人間として追究してほしいと思います。

第11章 「子どもをやりがいのある授業に導くには」

1　後始末ができるということ

1　授業の効果は、そこに見えているもの、心の中に問題として持っているものがどれだけ深いかで決まる

教師が、どういう作戦で授業をすすめるか。その時に、そこに見えているもの、あるいは心の中に問題として持っているものが、どれだけの深さのものであるか。それが授業の効果を決めてくるのだと思います。

毎回毎回、慎重に念を入れてやるというのはいいのでしょうが、そうもできないのです。だから、そのあたりで、教師の個性にもよりますが、それぞれに異なった問題を提起してくるのです。そこには、どうしてもその人の癖が出る。長い間の生き方があって、ある時は軽くやっていく時もあります。ある時は、ずしんと重くやる。そういうようなこと、そのやり方が異なるのです。いつも在り来たりに流していくというのは、好ましいとはいえないのです。

しかし、それだけでなく、或る所でぐっと歯止めを掛ける。むしろ、そのために普段は調子を落として、楽にやっていくというやり方も、必ずしも否定出来ません。こうしたことは、人によって違いがあるのです。私は、こうやるから、君もこうやれ。私はこうしますから、あなたもこうなさい。というやり方には問題があります。

時には、何としてもそうさせなければならない、という時もありましょうが、感心出来ることではないですね。若い先生に質問されたり、頼まれたりして、指導される場合も、まず、相手を見ることが大事ですね。この頃は、教え合うようなことは、少なくなっているそうですが。

ただ、教えればよい。聞けばよいというものではないのです。六年生との間でも出てくる、「本当に分かるのだろうか」「本当に相手を理解できるのだろうか」ということですね。そういうとき、子どもたちに、いつも深い認識が生まれるとは言えません。実は、そういうことの中に、問題の秘密があるのです。

2　一人一人の子どもごとに、その子らしく受け取る

よく分かる授業をするということは、いいことですね。ハンドブックなんかにも、これを読めばいい授業が出来ると書いてあります。それは、誰にとっても魅力ですから、いいような感じもするのです。でも、そんなに簡単に分かるのかなと思います。あの人に分かるように書いてあるのが、どうして私にも分かるのだろう。あの人と私は違うのにというような見方は、六年生でなくても、もっと小さい子だって持っているのです。先生の前では出てこなくても、本音としてはあるのです。どうしてその本音が、マニュアルみたいなものに引っ張られていく時に、出てこないのだろうかということです。そのマニュアルみたいなものに引っ張られるということ自体が、人間を理解するということと、実は正面衝突しているのです。

人間は似たようなものだというのでなければ、マニュアルみたいなものは意味をなさないのです。そういうことは大人だけでなく、子どもにとっても、同じようにあるんだと思いますね。ただ、平素、家庭で

も、学校でも、そういうことを伏せる形というより、教師自身が気が付いていないから、ごく普通のように、私に分かることはみんなにも分かるんだと決めてしまっている。もちろん、「もっと分かるように言いましょうね」そう言うことは間違いではないのです。はっきりしない言い方とか、自己満足的な言い方をしている子どもには、注意してやる必要があります。「みんなに分かるような言い方をしましょう」そのことは間違っていないのですが、みんなが同じように分かるということは、あるとは言えないのです。実は、みんな違う理解をするのです。みんなが分かるようにということは、普通一律の答えが出てくるようにということですね。しかし、Aさんの言う事をみんなよく分かりましょうね。ということは、Aさんを一律に受け取るということではなくて、一人一人の子ども毎に、その子どもらしく、Aさんの言う事を受け取るということなのです。その子のいうように、教師が考えているかということです。

何か難しい事を言うようですが、そうではないのです。みんな、本音で受け止めるということを大事にするというか、大前提にしようということです。自分をどこかへ棚上げして、正解を受け入れる事をやめようということなのです。正解を求めるということが、悪いのではないのです。正解というよりは、世間でどう考えられているのか、どういうことをしたらどうなるのか、ということの知識は大事なのです。しかし、それを得てくるということが、一人一人のものを考える自由とか、心の統一とかを除いて、いわば治外法権的に、正しい知識が入り込んでくるとされるところが怖いのです。それを食い止めなくてはいけないのです。

3　生きた子どもたちのかかわりが、一人一人の異なった子どもの中に、どうしみ込んでいくか

系統的にものを捉える勉強をすれば、同じ答えが次々と受け入れられて、その上にまた、次の答えが積み重なる。そうするのを、当たり前とずっと考えていたのです。今は、大分そう考えなくなっているようです。一人一人が、自分の受け取り方をする。自分の考え方を大事にするというのは、そういう事なのです。だけど、本当にそうなってきているか。そうなろうとしているか。系統学習というものを、問題解決学習に変えなければとただ考えてもですね、問題解決学習なるものが、系統学習的に先生に理解されていれば、これは何をやることになるのか。要するに、系統学習的に考えるのと、問題解決学習的に考えるのとでは、根本的に異なるのです。正解があるのか、ないのか。本当に、人間が人間を分かってやれるのか。分かることができるのか。そこのところに、系統学習と問題解決の分水嶺があるのです。

だから、系統学習の捉え方で問題解決学習を理解し、それをやろうとしても、どうしようもなくなるでしょうね。その点は、そう急に変えるということは出来ませんから、今の時代は、そういう悩みはあっても仕方がないけれども、その事自体が、問題として意識されてないと怖いですね。

系統学習の内容が悪いというのではないのです。でも、系統学習的に考えるというのは、ある意味でやさしい。筋が立ちやすいのです。1＋1＝2で、2＋3＝5です。ということで事柄が済んでいきますから。問題解決学習も、そのやり方でやりましょうということになると、それぞれの人間が持っている簡単でない在り方が、この学習内容に絡まってきた時にどうにもならない。AさんもBさんも同じように考え

た。原子爆弾が、何月何日降ってきたということは、それは間違いないです。どういう被害があったか、という数字も、そんなに違いがあるわけではないでしょう。しかし、その事の意味は、二人にとって違うのです。違わなくてはいけないのです。

そういうのを止めて、問題解決学習のディスカッションをやっていくとすると、先生は立ち往生をします。立ち往生することは悪い事ではないのですが、一人一人の子どもが持っているものの捉え方・考え方・育ち方が、どういうふうに意味を持って働いているかを問題にしなくては、どんな物事の理解も、成り立たないのです。

系統学習的にいえば、そんな事の成り立ちに、関心をもつ必要はないのです。そんなとこへ、心理学の問題を持ってきても仕方のないことだとなるのです。それは忘れましょう。そうなると、事柄は簡単になるのです。簡単になるだけ、そこに生きている人間から遊離します。だから、そこに出てくる正解は、空中に舞っているようなものです。

生きた人間のかかわりが、一人一人の異なった人間の中にどうしみ込んでいくか。しみ込み得るのか。どこまでしみ込めるのか。二人の子どもが、正面からぶつかってディスカッションしている。そのことに意味があります。お互いに影響があります。その時に、どっちが勝ちでどっちが負けとか、相手の言うことを完全に理解したとか、そういうことを期待しても、それは駄目だということです。二人が意見を戦わせてお互いが影響し合うとなると、近付くということもあります。その逆もあります。そのことが、とても大事なことなのです。

だから、勝ち負けではないのに、どうしても私は相手を説得してやるぞと思ってやるのですね。そのことは悪いことではないのです。それでいいのです。だけど、理解させきってしまうということをできると考えていれば、そこには無理ができます。最後のところは、物別れだなあということになるのです。物別れであっても、今回はであって、二回、三回やっていれば、変ってくるかも知れない。けれども、「自分の力で相手を理解させきることができる」ともし思ったら、それは大きな間違いです。そこのところが、どうなのかが問題なのです。

4　子どもも先生も親も、迷わなければ駄目

今日、発表されたことに出てきた子どもたちは、能力も高いし、よく育った子どもたちだと言えますけれども、逆に、そこに問題点も出ているのです。そこで教師が考えるべき事は、まさに教師も一人の人間であって、子どもたちとの間に、同じ関わりがあるということなのです。AとBという子が違うように、Aと教師も異なるのです。Bと教師も違う。でも教師と児童との関係ですから、教師はクラスメートではないですからその在り方は違うけれども、先生だって人間だから、よくあるように、先生は正解の権化で子どもは間違いの塊だという考えは、決定的に良くないのです。

子どもの方が正しいのだとは言えませんけれども、何が正しいのかは簡単に言えません。「そんなややこしいことはいやだ。教師は教えればよいのだ」「教師に要求した答えが子どもから出たら、高く評価してやればそれで良い」と思っている人達がまだたくさんいます。こんな考えでは、民主的な社会の成立はありません。ある一定のレベルに達したら、人格を重んじてやりましょうということになれば、社会はお

そらく固定したものになるでしょう。それではいつも、知的に勢力の強い者の支配になるということしかないのです。今の教科書も、一種の支配勢力であるといってもよいでしょう。別に、教科書に悪い事が書いてあると言うのではないのですが、それのみが正しいと押し売りしている限り、好ましくないと言わざるを得ないのです。教科書に書いてある事も間違いがあるのだ、という前提があるべきなのです。もちろん、創る人も、検定をする人も、間違いがあれば直すというつもりでいるはずですけれども、何が正しいのか、正しくあり得るのかということの認識が、曖昧であると危険だということです。

少し話がずれますが、進んだ国の中では、教科書に対して、日本は一番厳しいのでしょう。そうしないと安心できないのでしょう。「使っている教師と子どもが、間違いがあれば訂正していけばよい。検定なんて意味がないよ」という国が多いのですね。日本人は心配なのですね。教科書にあるから、間違っていないという証拠になると言うのですよね。私に言わせれば、こうした傾向があるからこそ、検定なんかなくしていかなければと思います。子どもも先生も親も、迷わなければ駄目だ。今、文部省が言いたい事は、本当はそういう事だと思います。文部省としては、大胆不敵だと思います。それは、今の受験体制を代表する、テスト方式への挑戦です。テストというのは、正解によって押さえていこうとするのですから、正解がいろいろあったらどうやってテストしますか。文部省自体は、そういう新しい方向に向かおうとしているのですよ。やがてペーパーテストで評価する、今までの○×式はできなくなってくるはずなのです。

5　我々はプロとして、後始末をする

こうした事への覚悟が、あるのかないのか。先生方も、頭ではそうならなくてはと思うことがあっても、手足がそれについて動いていくだろうかということです。時間がかかっても、そこのところに、着目していかなければいけないのです。

要するに、あの子はすごいよ。新聞の社説みたいなことをとうとうと論じて、他の子が煙に巻かれている。それをやっぱり、先生もすごいなあと単純に捉えて終わるということが、果たしてないだろうか。しどろもどろで、自分の意見も言えないというのがいいわけではないけれども、案外真剣に考えていることがあるのですよ。

ですから、そのあたりの事が、まだまだ困難だというのは、人間の意識が変っていないのです。どうしても正解に依存するという意識に囚われていますから、非常に難しいけれども、やっと可能性があるというところへ来たのです。

私は、今の状態は、文部省はああいうことを言っていますが、そういうもので、全国の教師にとって体質改善を生み出していけるかどうか、大変疑問だと思っています。系統学習的に問題解決学習を捉えようとしているのだから。でもそれは、抽象的な問題ではなくて、先生方が日々、子どもをご覧になる時に、常に出てくる事なのです。あの子のこと、分かっているかなあ。感動して褒めるのも悪いわけではないですが、そのことの中に、ちょっと本当にそう言ってよかったのかな、後始末をやらなくてはならないのではないかなという思いが…。

うんと叱り飛ばしたが本当によかったのかな。やはり後始末をしなくてはいけないのじゃないかな。後始末といえば、ちょっと頭をなでてあげようか。それもいいのですが、待てよ、あの指導は間違っていたのではなかったかな。いや、あの子には、もっと違ったものがあるのではないかな。それを追究するのが後始末なのです。正解がないのだから、そこで一巻の終わりにしてしまってはいけないのです。

そんなふうに、子どものことを叱っても褒めても、ぐじぐじ後悔をしているのでは、とても身が持たない。子どもだって、そんな先生を嫌がります。そういうことをやれというのではないのです。人間である以上、気になってなくてはいけないのです。むろん、いつもは忘れていていいのです。だけどある時、また蘇ってこなくてはいけないのです。その子に対して或る指導をする時に、ふっと出てこなくてはいけないのです。それは、決して終わったことではないのですから。そういうものを、人間が大事に出来るかどうかというのが、子どもの教師に対する信頼の問題になると思います。

体罰だっていいじゃないですかと、子どもの方でも言いますよ。あっさりしているから。バンと一つやられて、後は何もない。それを、何回も思い出して言われたのでは、本当に憂鬱になってしまう。殴られる方が、はるかにすっきりすると思います。だから、後悔し続けるというのではなくて、教師自身が、その子に対する認識を、自分の中で再認識できるかどうかということです。しかしそうなれば、絶対に子どもを殴ることはできませんがね。

とにかくそのことは、先生方が貰っている月給の中に、入っていないように思っている。そうではなくて、我々の仕事はプロであるから、お金を貰うとすれば、後始末というか、その子どもの再評価というか、そのことをやれるためであって、一発パッとやって終わりというのなら月給は半分でいいと思います。そのあたりの認識が、以前からあまり変っていないのですね。いじめの始末にしても、登校拒否の始末にしてもね。だから、事は解決の方へ行かないのだと思います。

2 「独りぼっち」を大切にすること

1 非常に狭い視野の中で、受験戦争に勝つための競争

皆さんもご存じの「今日やる事を明日に延ばすな」。延ばすなどころか、明日の事も今日やってしまう。一生懸命に勉強する子なんかは、そうですよね。それは、日本人として立派なことのように思ってきたのです。ある外国では、「明日やれる事は今日やるな」と。これは考えてみると、凄い事ですね。だから、やっぱり後進国じゃないかと人は言うかもしれませんが。

いや、それはやっぱり一日一日を大事にしているのです。遊ぶ時は遊びたい。何で明日の事を、今日やらなくてはいけないの。考えてみると、我々は戦争も挟んでいますけれども、急いで急いでちょっとでも今日のうちに仕事で稼いでというようにやってきて、どうなったんですか。それだけ、お金が儲かる。確かに生活が楽になる。しかし、生活が楽になったために、どんなことが起こってくるな。そういうことまでは、考えなかったのです。

確かに、昭和五十年以降、生活が楽になりました。子どもたちも、受験体制のこともありますが、家の

お手伝いをしないでお勉強、というようになってきたのです。それが裏目に出ていないか。そういうことは考えてなかったのです。勉強ができて、いい成績でいい学校へ入って、いい会社へ就職すれば万歳だとしてきたのです。

非常に狭い視野の中で、我々はやってきたのです。考えてみると、裏目が出てくるのは当然ですね。それは何かというと、答えが決まっていて、そこへ早く到達するという競争をやって、その受験戦争に勝つということだったのです。

2 何ら子どもたち自身の個が生きてない、教師自身も驚きを持っていない授業

「違う答えを出そう」「私は、教科書と違う答えを出してみたい」というような子のことは、先生があまりうれしく思ってくれなかったのです。どんどん先取りして、次の学年の内容にまで入っていくことをやっている学校もあります。それが進むと、飛び級がいいのだと思ってしまうのです。すごく小さな視野で見ているのですね。

この点を基本的によく考えていかないと、どうでしょう。今の授業を改革していくことは、難しいでしょう。先生は、授業を構想しなければならないのですからね。その構想の場が、どれだけ広くて、奥行きを持っているか。厚みを持っているか。そういうことになってきた時にどうですか。私はたくさんの本を読んでいて、このことに関しては豊富な知識を持っているから、十分に自信があるよといわれるかもしれません。でも、たくさん本を読んであって、たくさんのことを知っていればよい授業が出来るというこ

とは、今はもう通りませんよ。以前は、べらべら先生がしゃべる授業があったのです。大学の先生にも、そういうのがあるんですよ。すごいなあ、あの先生は。でも、どこがすごいのか。独創的に位置づけられていればよいのですが、次から次へと知っていることを並べ立てたのでは、授業ではないのです。

こうした授業は今はないでしょうが、先生が仕組んで華やかなディスカッションを取り入れた授業でも、そこに何ら子どもたち自身の個が生きてない、教師自身も驚きを持っていないというのでは、いくら華やかに見える授業でもお芝居的で空疎なのです。

そうした授業をやっていても、子どもはある程度育ってくれるでしょうが、その育ちの中には非常に怖いものがありますね。問題解決学習というのは、常に未知のものに向かい合うということなのです。教科書にも答えは出てこない。最後のところは、独りぼっちになる。その独りぼっちになれるということが、重大なのです。これが、人間が成長するということですから。

3　あくまで納得を得ようとして努力する「独りぼっち」

今の学生達をみても、集団を成していて仲良くやっているというのかな、支えあっているのですが、難しい問題が出てくると支離滅裂になってくるのです。追い詰めていくと、一人一人が弱いのです。集団を作らないと交渉も出来ないのです。そういう生き方になると、新しいもの、困難なものに自分をぶつけるということは非常にやりにくいのですね。お互いに責任を回避してしまうのです。

そういうことからいえば、今日発表してくれた子どものように、自分で極めて主体的に追究していく姿は非常に素晴らしいのです。だけどそれが、本当に素晴らしいかということになると、異を立てるために独りぼっちになっているかどうかですね。独りぼっちというと、どうもまずいような気がしますけれども、私は、人間は、自分の独りぼっちをどう作っていくかということだと思っています。それでこそ、お互いの仲間もいい集団になっていけるのですから。だらっと寄り掛かっているのは、本当にまずいですよね。自立するというのは、独りぼっちになるということでしょう。

独りぼっちというのは、反社会的な感じがしたり、ひがみっぽいという感じがしたりするのでしょうか。独りぼっちの力が弱いから、いじめも登校拒否も起こる、自殺もするのではないでしょうか。でも、「独りぼっちを強くする」とは誰も言わないのです。言うのは、怖いのではないでしょうか。私は、何も人付き合いが悪く、孤独であったり、外れ者になったりしている子がいいといっているのではないのです。どうしても納得出来ないというのが、独りぼっちなのです。「あくまで納得を得ようとして、努力する独りぼっち」なのです。このように考えると、独りぼっちの生き方は、極めて社会的な生き方なのです。今の役人など、目立ちたくて一人になっている人がいます。本当に人間として、独りぼっちになろうとしている人が、どれだけいるかですね。だから、当てにならないのですね。当てになる人間を育てなくてはいけないのです。

4 「基礎・基本」は、長いものには巻かれろということに正面対決すべきもの

そうなると、系統学習を進めている世界というのは、寄り掛かりの一番強いものなのです。今まだ、基

礎とか基本とかをいっていますが、教育界が言っている基礎・基本が、独りぼっちを育てるなら素晴らしいです。そうでなくて、寄り掛かりの共通性というか、「私もこうならあなたもこうよ式」のものであったら、「大勢でやれば怖くない式」のものであったら、人間の世界というのは、だんだん退廃していくということではないでしょうか。

今、片方では、自主性・主体性をいいながら、片方では寄り掛かりを奨励しているのです。都合のいい言い方は、「小学生・中学生は基礎をしっかりやりましょう」です。そして、「大学に入ったら、それを生かして主体的に」というのです。そんな都合のいいふうに、人間が出来ているのでしょうか。大学生でも、社会人でも、主体的な人間って珍しい位ではないでしょうか。要するに、小さい時から主体性を養ってないから、大きくなればなるほど駄目になってくるのです。経験が増えてくるから、悪く言えば純枠性がなくなるから、長いものには巻かれろという方向へどんどん行ってしまうのです。基礎・基本なるものは、むしろそれに役に立っているということでしょう。

基礎・基本というのは本来、長いものには巻かれろということに、正面対決すべきものなのではないのでしょうか。先生方は、一生懸命に苦労なさっているけれども、子どもを見るという事すらもまだ、うまくいかないのです。カルテでも、座席表でも、子どもを深く見るものですから、今まで見えなかったものが先生に分かってくる。それによって、少しでも先生は前進できる、発展できるはずなのですよ。

5　一人一人が、今、変り得るという素晴らしい自由を持っている

授業においても、生活の中にあっても、先生は子どもに素晴らしい指導をすることができます。でも、それは、先生がなんの努力もせずにやれるのではないのです。そのことを成り立たせるためには、教師はもっと利口にならなくてはいけません。利口になるためには、人間というものを知らなくては駄目なのです。そこに大勢いる人間にレッテルを張って、この子はこうだ。あの子はああだ。この子は使いものにならないとか、あの子は絶対大丈夫とか。そういうようにきめつけると、教育の関係ではなくなってしまいます。

レッテルなんか張れないということが分かってきて初めて、教師が子どもと正常な関わりを持つ事ができるのです。そのためには、今言ったように、この子はこうだという世界を簡単に作ってはいけない。正しくは、出来ないのですね。そういうことは。

一人の子が、どういうプロセスで育ってきたかということは、とても大事なことなのです。ただ、そこのところで、レッテルを張って類型分けをしただけでは、どうにもならないということなのです。一人一人が、素晴らしい自由を持っているのが人間なのです。自由を持っているということは、変り得るということです。昨日まではこうだった子どもが、今日はこんなになった。すごい変り方ができるのが、人間なのです。

教師だってそうなのです。何かと適当に変る人がいますが、それは必然性を持ってないのです。ほんとうに変わるなら必然性があります。それが、自分にも相手にも予想されてない場合は、びっくりするので

す。変る事は凄い事です。変らなくては、授業をしていても張り合いがないですよね。

子どもが変るのをどういうふうに助けるか、というのが教師の仕事なのです。そうなると、子どもの奥にあるものが見えていないと、開店休業です。だから、子どもをどこまで分かるかというのが、第一なのです。そういうものが教師を支えていなくてはいけません。ずっと長い歴史の中には、無名であっても、子どものことがよく分かった素晴らしい教師もいます。子どもを少しでも変えるためにと思うと、それだけ自分の認識も変っていくのです。自分を裸にしてやっていきましょうという教師です。でも、そうした教師の数は、あまりにも少ないのです。

6　生きている限り、自分からどうしても離れない問題を持つ

こう考えてくると、教師の仕事は、やり甲斐のある仕事です。でも、今日では、非常に困難な問題も多いですね。しかも、それだけではなく、自分の中での戦いが、どうしても必要になりますね。しかし、それは教師でなくても、どんな職業にあっても有り得る事だと思います。その戦いが嫌だということになれば、教師の仕事は、やり甲斐のないものになってしまうでしょう。その仕事にある苦しみというものに、愛着が持てるかどうかですね。これも先生以外の仕事であっても、同じ事だと思います。それが分からないで、先生以外の仕事であれば、もっと楽にいくと思うのです。

でも、そのあたりのところを考えてみないと、教師の仕事をしていることは不幸だと思います。少なくても三十歳半ばぐらいまでに、それを考える事でしょうね。そうでないと、周りにいる子ども達は不幸で

す。そういう事に対しては、今の世の中では若い人は考えないようですね。人間が、こんなに世の中に生きていて、楽にいくはずがないということが、どうして考えられないのかと思います。

それは、世の中が悪いのでしょうか。今、環境問題で、五年生あたりでリサイクルなどがよく取り上げられていますね。リサイクルもいいのですが、そんなことで片付く問題ではないのですね。だから、二十一世紀は案じられているように、暗いと思いますね。情報関係はもっと伸びるでしょうが、伸びても人間の幸せと結び付いてこないと思います。便利になると言いますが、便利になるほど事が起こってくるということがあります。先が暗いとは、だれも言いたがらないでしょう。でも、何とか道を開いて明るくしていかねばならないでしょう。

困ったことは先送りという考え方ではなく、何とかみんなで考え合って、少しでも解決していこうとする努力が必要なのですね。そのために、社会の研究もあるわけでしょう。戦争の事を、皆で考えていこうとすることは大事な事です。でも、戦争の論をあるところに閉じ込めて、こんなに悲惨だと訴えるだけでは困ります。なぜ戦争が起こるのか。どうすれば戦争を防ぐことが出来るか。ということについての、奥の深い認識がなければなりません。ただ、戦争反対と叫んでいるだけでは、問題は解決しません。

幅広く見せていくと、いろんな考えが出てきてしまって、戦争が悪いと言えなくなってくることもあるのです。悪いけれども、起こるべくして起こってくるとか、さらにそれを広げていくと、最後は戦争も仕方がないではないかとか、この戦争で人類の戦いが終わるのだから徹底的にやろうじゃないかとか、そんな考えに近づきかねないのです。

もっとも困るのは、民族問題なのです。自分達の民族が勝ち残るためには、相手の民族を殲滅してもいいんだということになるのです。ぎりぎりのことをやっていくと、人殺しだって仕方がないとなりますね。民族と民族というのは、今まで違った考え、違った生活をしてきているのです。自分のものを曲げないとなると、これはもう喧嘩しかないのです。

そんなことは、みんな分かっている。でも、分かっていながら、今の大人はどうにも出来なくて、子どもたちを死なせているのですね。そういうものを変えていく力は、正解を決めることが出来ないという力なのです。このことが非常に重大なのです。

「民族が、国があるんだから、勢力争いが起こるのは仕方がないんだ。そうなれば、備えてある武器もあるんだから、少々の人殺しは仕方がない。それなら、勝たなければ」そういうことが、どうにもならないところへ人間を追い込んでいく、不幸な認識の問題なのです。そして、人殺しをして勲章をもらうということが、平気でやられているのです。

こういうことを、もっと具体的に追い詰めていくと、私の言っている未解決の解決という問題になり、正解ということが悪だということが出てくると考えます。一つのことを正解にするということが、悪だということです。

絶えず、継続審議でなくてはいけないでしょう。継続審議というのは、生きている限り、自分からどうしても離れない問題を持つということなのです。それを、私は、可能な事だと思っています。その点を信じ合って、世界が動いていかなければ、どうにもならないところへいってしまうでしょう。

3 どうなれば信頼が生まれるか

1 教えるべき重要な事は、「君達は先生に頼っていては駄目」

ですから、戦争の問題を取り上げるといっても、簡単なことではないのです。日本の場合でも、国家観・民族観にも繋がりますが、他の国から日本を信用しないという発言なんかも出てくるのです。その事については、もっと根本的に対決しなければと思います。対決するということは、どうして日本だけが悪いの、イギリスやアメリカやその他の国も、昔は他国を占領して人殺しをしているじゃないの。どうして最近の戦争の事だけを言うのというのが、ある人達の言い分だと思います。

前の事は問題にしないというのは、やはりおかしいと思います。だけど、事実人類は、こういう馬鹿げた事をやってきたということであって、「それをここで何とかしなければ」という問題意識で考えるかどうかということなのです。どっちがいいの、どっちが悪いのということではないのです。

戦争については、子どもたちにもっともっと考えてほしい。あの頃は極度に不自由であったということを、知らないのでは困ります。ひどい話ですが、アメリカと戦争したことすら知らないという大学生がいるといいます。要するに、自分が生きていることに誠実にならなくてはいけません。そうならぬのは、独りぼっちになれないからです。何時でも、都合よく、お父さん・お母さんに寄り掛かる。先生に寄り掛かる。あるいは宗教団体に寄り掛かる。そういうことで、何とか凌いでいく事が出来ると思っているのですね。そうはいきませんよということを、我々は子どもに教えなくてはいけないのです。

教えるべき重要な事は、君達は先生に頼っていては駄目だよということであるのです。でもそれは、単に先生が無力だというのではなくて、先生も人間であるということを知らせる事なのです。そういう事から、授業が展開していかねばいけないのです。すると、自然に子どもは主体性を持ってくると思います。いつも先生の方から引っぱっているから寄り掛かってくるのですが、だからといって、先生が縮こまっていて、子どものやりたい放題をやらせていいというのではないのです。先生は、ちゃんとそこにいるのです。いるけど、人間なんだから、神様ではないのだから、先生はしっかり人間として君達を守っているぞということを、言葉でも体でも表していればいいのです。そうすると、授業は変ってくると思います。子どもは、先生を人間として信頼するからです。

先生だって、字を間違えたりして、子どもから指摘されることはありますね。だからといって、子どもは先生を駄目だと思ったりしないのです。先生も人間だから欠点もあります。でも、人間として努力していれば、そのうち先生も変ってきたよ、凄くなったよと子どもはよく分かります。そういうことが出てこない平板的舞台で授業を展開しても、見た目には整然としているでしょうが、子どもは独りぼっちになれないのです。子どもが寄り掛かるような授業になるのです。それに、先生も誰かに寄り掛かってしまうから、頼りないよということになりそうです。

2 「独りぼっちの裸」をどうさらせるかということで、人間としての評価は決まる

だから、独りぼっちの裸をどうさらせるかということで、人間としての評価は決まっていくのです。そのことを、子どもたちの中に、しっかりとたたき込んでいかなくてはいけないでしょう。

私は、このことが先決であろうと思います。そうでないと、授業が変らないのです。そうでないと、問題解決学習だといってみても、見せかけに終わるのではないでしょうか。

昔は、組合なども強かったし、つまらないことで争っていたこともあったでしょうが、とにかく、組合におんぶしたりもしました。だからさわがしかった。でも今は静かです。職員会議でも割合静かでしょう。しかし、学校は収まっているかといえば、そうではないのです。いろんな事件が起きる。学級崩壊などもいわれている。ここまできても、まだ正解におんぶしていたいのかと思います。正解はこうですといくら言ってみても、学級が崩壊していればどうにもならないのですね。

教師は主体性があり、責任感があって、クラスのことは他に世話にならない。他のクラスのことには口を出さない。そのことはある意味では分かるのですが、クラスの子どもというのは学校の子どもですから、他の先生にとっても大事な子どもなのですから、どうしてクラスの枠を乗り越えて、力を合わせるということができないのか。基本的なあり方の問題ですよね。

こうしたことを、我々は今、小学生についても、中学生についても考えていかなければいけないでしょうね。独りぼっちになるということは、裸になって、みんなと協力出来るということなのです。自分だけ、ひっそり自分を守っていろということではないのです。そういうのは独りぼっちではないのです。

だから、一人一人の子どもが本当に強くなっていれば、いざ事が起こっても、必要な協力ができるのです。ところが、独りぼっちでない人が協力すると、やじ馬の集まりになるのです。自分だけいい子になっていて、協力どころではない形ですね。独りぼっちが出来るというのは、自分の役割を自分の限界をしっかり掴んでいるということですね。同時に、他の人に対しても力を合わさねばならないと、当然のように考えるということです。

それは別の言い方をすれば、大人になれということです。子どもに、大人になれと言うのはおかしいけれども、小学校一年生だって、そういう意味で、大人になってくれなくては困りますね。大人でないから、いじめが起こり、学級崩壊が起こっているのです。

3 家庭では、もっと子どもを大人に

それから、いつもの繰り返しになりますが、家庭だってそうなのです。もっと子どもを大人にしなければいけません。小学校一年生であっても同じ事です。まあ、家ではお父さんが忙しいというだけでなく、景気が悪いから苦しい状態だということも、子どもだって分からなくてはいけません。赤ん坊にまで分かれといえませんが、幼稚園の子どもだって、そのことは理解しなくてはいけません。そうなれば決して事が起こらないとは言えませんが、たとえ何が起こっても、前提にこの理解があれば、話し合いも出来るし、問題解決も出来るのです。そして、プラスにしていくことが出来るのです。お父さん、お母さんが困っているのに、僕はこんなことをやってしまっている。後で考えると、それは大きな反省になると思います。

お金の事は知らない方がいい。しっかり勉強して、成績を上げて、いい学校へ入れとある親たちは考える。でも、親がやりくりして苦労いているのを子どもが分からないとすれば、にぶいですよね。単に生活が苦しいというだけでなく、いろんなトラブルもあって、それが、もろに子どもにかぶさってくることにもなる。その実際を知るという事は、子どもをしょんぼりさせるとか、落胆させると考えるけれども、困っているのに僕には何も言ってくれない。私は外されている。それは、そんなにうれしいことではありませんよね。信頼がなかったということにもなりますからね。

4　先生が子どもたちに尊敬されるのは、その先生なりに頑張っているから、苦しんでいるから

教師と子どもの信頼もそうだと思います。先生苦しいんだよと言ったっていいのです。先生がやせ我慢をしてにこにこしながらやっていても、子どもたちは察しているのです。先生は今、こんなことがあって悩んでいる。同じ学年の先生とうまくいかないなどということでも、子どもはよく知っているのです。だからといって、先生の味方をするとは限らないけれども、子どもはよく見ているのです。

ところが、教師は都合の悪いことは子どもに知らせないでいる。心配させないのはいいことのようだけれど、都合のよいことだけを知らせようというのでは、やはり、どこかおかしくなります。大人も、もっと裸になっていかないと、二十一世紀に向かう難局は乗り越えられないのです。そういうことを、もっと子どもに知らせることが大事なのです。しかし、そんなことを分からせると、子どもがひねくれてしまう

とか、教師を尊敬しなくなるとかいろいろ言うようですね。だけど、なおも、教師は尊敬されなくてはいけない。

尊敬されるのは何でも知っているからではなくて、その先生なりに頑張っているからなのです。苦しんでいるからなのです。そういうところに子どもの目が向いてくれる。そして、自分の力で評価してくれる。頼もしいですね。そうでなく、別世界に子どもを置いておいて、お勉強・お勉強で「規則を守りなさい。よい子でいればいいことありますよ」というおとぎ話でやっていくことが、実は子どもを疎外しているのです。

問題解決学習というのは、そういうことを止めましょうということなのです。系統学習的にいうと、発達段階があって、そういう深刻なことはまだ無理です。もっと大きくなってからですということになる。そうなると、肝心なことを知らされないで先送りになるのです。家庭のことなどは、子どもの頃から、ある程度の理解が出来てなくては空振りしますよ。今のように、テレビなどによって得る情報の中で生活させていて、子どもは知らなくてよいと隔離しようとしても無駄だと思います。

5　十分力を出し合って、自分の都合の悪いところの克服を考え合う

学級崩壊などは子どもに知らせてはいけない、学校のスクリーンに映し出されることだけ見ていればよい、子どもは勉強以外のことを考える必要はないというところに、その始まりがあるのです。だから、今までの枠を乗り越えて、新しい方向に向かっていくというようにしなければ、崩壊現象は止めることがで

きないでしょうね。

なぜ、黙っていなければいけないのか。中学生だって言い分はあるのです。先生だって生活していかねばならないでしょう。家庭に病人がいるかも知れないのですよ。人間が、互いに虚心に話し合っていくことで、問題の解決に向かうほかないのです。親だって、自分の子どもの利害だけに走ってしまう可能性が大きいのです。だから、徹底して、親と教師と子どもが問題を正面から捉えていかねばならないのです。

そうしたことをやろうとしないまま、今の問題状況を解決して、いい方向へ導いていくことは不可能なことですね。話は暗くなってきたけれど、道があるのですから、行き掛かりは捨てて、十分力を出し合って、自分の都合の悪いところの克服を考え合わなくてはいけないのです。都合のいいことだけを主張していては、何もなりません。自分の都合の悪いことを出し合って、自分達をどう変えたらいいか、それを徹底して考えるということなのです。人間なんてそんなこと容易にやれることではないのですが、今はそれをやらねばならない時なのです。

学級崩壊なんかで先生の自殺が起きたり、入院という事態が起こったりしてくるのです。正面から受け止めれば、そうなっていくのです。そうならないために、誰かがどこかから声を出さなくてはいけません。でも、今は静かにしているということです。

6　総合が本当に効き目を持ってくるためには、まず、教師が変わらなくては

世の中は、指導要領の改訂で総合に向かっているというのでしょうが、そういうことだけを言っている

時ではないと思います。総合は、私はいいと思っています。しかし、総合が本当に効き目を持ってくるためには、まず教師が変らなくては駄目であって、変らない教師に総合を与えたって、分解してしまう恐れがあります。

これは、文部省では限界があるでしょう。中教審では駄目でしょう。やはり、野にある者が結束してこなくてはと思います。この間も、ある集まりで話を聞きましたが、皆心配しているのです。でも、私が立ってやりましょうという人がいないのです。誰もが話をすれば分かるのです。でも、「仕方がないね」で終わるのです。教師はその生き甲斐に関わることなので、もっと世の中へ訴えるようにしなくてはと思います。でも、今は静かにしている方が利口だと考えているとすれば、これはとんでもないことです。

何をすればよいかということですが、ただ黙っていても叫んでも駄目で、やはり人間をよく追究することによって、それを根拠にすることでしょう。どの子にも問題があり、奥行きがあります。そういうものを、我々は根拠にしていかなければなりません。それが、民主主義的な人の生き方に繋がってくるのです。そうしたことに関して、新聞などは報道価値のあるものだけを取り上げますが、先生方の持っているデータの中には、隠された素晴らしいものがあると思います。そういうものに日の目を当てていく、ということも大事なことです。そうすることの結果として、授業が変ってくるのです。子どもの姿勢が変ってくるのです。そうなれば、先生も打てる手がもっともっと出てくるのです。今のような状態で手を打とうとしても、無理とはいえませんが、非常に難しいでしょう。そういうことから脱出しないと、教師をしていても苦しいですね。

第12章　「総合学習をめぐって」

1　総合が好きにならなくては

1　自分達のやり方を生み出さなければ

今日のテーマは、どこでも今問題にしている「総合学習」というものです。最近の話を聞いていると、急いでいるというのか、二〇〇二年の学習指導要領が出る前からやってみろということのようです。熱心に勉強して、いいものを早くやりたいというのは大変結構なはずなのですが、一体何をやろうとしているのか。やる本人がはっきりしていないようで困ります。

文部省はいろいろ指示を出したようですが、本体である学習指導要領が出来ているわけではないし、こんな形のものではなかろうかと探り探りしてみているという状態です。目的がはっきりして、ねらいがあってやっているのだったらいいのですが、こんなこともやっていいのかなというのでは、少しお粗末な感じがします。

私は、そのことが心配なのです。総合というのを、どういうふうに分かっているのか。字引をひけば誰でも分かることですが、イメージに描いているのは、いろいろな内容が合わさって出てくるものです。それが具体的には、環境問題であったり、地域の問題であったり、いろいろな問題だという話なのですが、それは例であって、別にそれを必ずやれという話ではなさそうですから、その点は結構で、自由におやりくださいというのであれば誰だって歓迎するでしょう。

だけど、本当に自由なのか。やりたいことがあって自由にやるのはいいのですが、やりたいというよりはやらされているという感じであれば、そう見かけ程、楽しくもなければ楽でもないですよね。今の段階で、大事なことはいくつもあると思うのです。そうした話はあまり出てこなくて、ただ総合という形を描いて、悪い言い方をすればその物真似をするということになります。先進校であるかどうか分かりませんけれども、そういう研究会を開いてそれをやってみる。すると、みんなが見に行って、帰って物真似をするということになっていけば非常に悲しいですね。悲しいというよりも、皮肉な感じがするのです。総合というのは、物真似ができるものではないのです。例えば、ドリル式で漢字の書き取りをやるというならば、その型を覚えてそれとそっくりに書いてみれば、それは役に立っているように見えるかも知れません。でも、総合というのは、その人・その人の個性的なもので、どこかへ額に入れて掲げてあるものではないのです。その度、つくり出さねばいけないのです。つくり出すのは一人一人の子どもであり、もちろん教師でもあるのです。誰かがつくって真似をするというのでは、そこには総合というのがないのです。そういうことを承知した上で、総合の研究会を見ているのか。「あの学校、あの先生、あの子どもたちだからこういうように出来たけれども、自分達のところではそうはいかないぞ。自分達は、自分達のやり方を生み出さなければいけないぞ」ということでご覧になれば、まだいいと思いますけれども、そういうイロハのことが説明されてなくて、「こんなふうにやればすごいよ式」にやっているようであれば、ナンセンスというか滑稽な感じがするのです。

漫画的というと悪いけれども、そんな感じがあるのです。今、日本中が、カリカチュア（戯画）的なことを、焦ってやっているという感じがするのです。これは、なんとも悲しいとしか言いようがないのですが。

総合学習の本もありますが、そうしたことは全然書いてないのです。では何を書いてあるのかと思うのですが、そこにあるのは単に架空のことであって、空しいとしか言いようがないのです。こういう事を言うと、一生懸命にやろうとしていることに水をかける感じになるのですが、この事は、実に大事だと思っています。正気になってもらわねば困るのです。寝ぼけていてはいけないのであって、人間が系統に従ってただ教え込む、ただ覚えこむというだけでは、創造的な思考は働かなくなってしまします。

2　生きるための要求が主軸になって、いろいろなものが繋がる

総合というのは、そういうものではない。覚えるものではないのです。頭が、もっとはっきりしていないといけないのです。先生も、子どもたちも、クリアーな状態でないと出来ないのに、それをくふうしていこうとする人たちがぼけているのでは悲しいことです。急にこういうことを言い出すとびっくりするでしょうが、問題の根本は総合とは何かということです。

総合という言葉はよく使われています。総合○○研究所とか、総合大学とかもあります。総合大学って何ですか。いろいろな学部が揃っているのが総合大学ですか。それでは、デパートは最も総合的ですね。確かに、デパートに行くといろんな物があるので便利です。でも、それが繋がっているのでなく、ただいろいろな物を並べてあるというだけです。

これを買えば次にはというようになっているのではなく、どこへでもいらっしゃいということです。これは、総合でも何でもないのです。いろいろな部品を並べているのと、総合とは全然違うのです。環境・

国際的な問題を取り上げると、総合的な学習だといいます。これは間違ってはいないのです。確かに国際的な問題を取り上げると、いろんな事がその中に入ってきますから、総合なのです。でも、それは、いろんなものが寄り合い所帯であるというのではなくて、例えば、貿易の問題を取り上げていくと、工業生産の問題、生産している労働者の問題等いろんな問題が出てきます。同時に外交関係も出てきます。それが商業だけの見地からでなく、他の見地からの問題も絡んでくるのです。これが総合なのです。

だから、そうした取り上げは間違いではないのですが、ただいろんなものが出てくればいいというものではないのです。先生方は教育の仕事をしていますが、他にいろいろな仕事をしている人たちがいて、貿易の問題でも、外交の問題でも、それぞれの場ごとにいろいろな見方が出てきます。そしてこのことは、あの人達にはいいけれども、我々には迷惑だよというふうになるのです。それらは、自分達が生きるための要求が主軸になって、いろいろなものの繋がりが出てくるからです。これが本当の総合なのです。

東京大学も大阪大学も、いろんな学部を持っています。他にはない学部もあります。でも、中でしっかりした繋がりがないのです。他の学部の講義を聞いて単位を取る事は出来ますが、教授は他の分野のいろいろな問題を関係付けて共通の問題として追究するかというと、その点は非常に乏しいのです。学部間にはそれぞれ壁があり、予算は分捕りです。だからそれは、総合大学ではなく分裂大学なのです。ところが、世間では総合大学といっているのです。これはほんとうは嘘なのです。

本物の総合を我々は考えていかねばならないのです。そのように考えると、落ちている大事なポイントがあるということをお考えいただけるかと思います。このことを前提にして本題に入って参ります。

3　我々の生きる中で、それがどう位置づくかを評価する

日本人というのは、総合が好きでないようです。苦手というか下手ですね。これは、日本人だけではないかも知れませんが、少なくとも日本の学問というのは、明治以降、戦後に於いても分析（総合の反対の分析です）、短く区切って分析していく、どんどん狭く掘り下げていくのは割合上手なのです。また好きなのです。世間の人も、そういう学問が何かをやると、すごい、よくやったと誉めるのです。人の見つけないものを見つけたのですから当然でしょうね。でも、その多くは、見つけなくてもいいのじゃないですかと言えるようなものです。

核もそうです。原子力なども見つけない方がいいかも知れません。今、バイオのような研究も進んでいます。食べる物も、すごく大きくて役に立つようにしています。たくさん食べられますが、本当にあれは安全なのか、問題はないのかですね。遂には、人間をそっくり造ろうということになってきます。放っておくとそうなりますよ。それは、分析的に追究していくと、ある程度やれると思います。しかしそのことを、我々の生きている社会の中で、どう位置付け、どう働かせるのか。少々まずいところがあっても仕方がないと言われそうですが、そのまずいところが、だんだん致命的なマイナスをつくりださないとは言えません。

けれども、研究している方はどんどん行ってしまうのです。それは、貴重な業績になるという大義名分がありますよね。人類の先端を切って、新しい発見をしているのですから。だが、それは人類にとって本当に意味があるのか。怖い事にならないか。それをどこで調べ、誰が警告するかです。専門家がその人し

か分からないところで研究しているのだから、それに「待った」をかけられるのは、よほど偉い人でないとできませんね。そんな偉い人はいないから、どんどん進められますよ。そして、取り返しがつかないところへ行ってしまうのです。

環境問題にしても、どんどん生産を高めて富を増すというつもりであったのですが、そのために、大きなマイナスが世界に生まれてきて、我々が生きるのが危なくなるところまできている。誰も、それをストップしなかったのです。

こうした問題が、実は総合の問題なのです。分析でいくことは、従来の学校でいえば優等生のしごとです。それが、我々の生きるということの中でどう位置づくか。その追究は、あまり評価されなかったのですね。それを評価するのが総合なのです。

そうしてくると、日本人というのは、頭が悪くない上に勤勉なのです。掘り下げて・掘り下げていくのが上手なのです。それを広い場所に出して、「いいだろうか」と他のものとどう関わるか考えるという見地で見る、すなわち総合の立場ですね。それをあまりやりたくなかったのですね。せっかく素晴らしい発見をしたと喜んでいるのに、それに水をかけられることにもなりますから。

4　人類が幸せになっていくという見地から

せっかくやったのに、これは役に立ちませんよと言われる。大きな大学の講義にでも、あまり人のやらないものがあるんですよ。価値がないわけではない。けれども、よほど好きな人か、お金がたくさんあって勉強だけ楽しんでいればいいという人だけやれる。でも、そういうものにも国家予算がつきます。国としては、危険な研究をされればそれは困る。それに国費を使われては困る。危険なことはないとしても、骨董いじりみたいなのがあるのですね。いわゆる趣味で勉強しているような人ですね。なかなかすごい勉強しているのもあるのですよ。世界的にも、それにかなう人がいない位の勉強をしている人がいます。でもそれは、我々人類の生活にほとんど関係がないのです。関係がないから、駄目だと決め付けるのは問題だけれども、その人は好きで一生懸命にやって発見しているとしても、人々の生活に返ってこないものに巨額の費用を投入するというのは、やはり問題ではないでしょうか。

そんな人は、実はいくらもいますよ。大学で講座なんか持てなくっても、人のやらないことを一生懸命にやっているのがいますよ。そういうのに、大学教授並の研究費などを出しているのです。

これは、大事なことであるから、国家予算をたっぷり使うんだというのであれば納得できます。みんなが価値があると認めて、大学に講座を置くということでなければと思いますね。それは、みんな総合的見地からやっていることです。私の学問を大事にしてほしいと、学者はみなそう思う。ただ本人に、私のやったことは世界一大事なことだと言われても、大事な予算をごっそりそこへというわけにはいきませんよね。

これは政治的だと言われるかも知れないけれど、そうではなくて、総合的見地に立っているのです。ここでの場の総合的見地というのは、人類が幸せになっていくという見地から、どういうように学問を組織し、発展させたらいいかということで考えているのです。しかしこれ、いやですよね。せっかく一生懸命やったのに、総合の中に組み込むから予算を減らすといわれたのでは…。だから、なるべく総合の方向へは考えないのですね。人間には、やはりこういうところがあるのです。

けれども、本当の学問というのは、見てもらいたくない人にも見せて、そこでその人を説得するようにしなくてはいけないのであって、面倒だから自分達だけでやり、閉じこもっているのでは、学問的であるとは言えないですね。日本の場合は、そのあたりがはっきりしていないのです。学者先生は偉いといわれますが、自分の好きなことに国の予算を使って、勝手にやっているだけ。そうした人が、まあまあるのです。一番悪いのは、そうした骨董先生を学者として評価し、甘やかすことですね。その人が悪いのでなく、世の中が本当の意味で学問的ではないのです。

逆に、国家の注文に従ってやれば、世間でも要求されるから売れる。そういうふうに自分の研究を持って行こうとする人もたくさんいるのです。これは、もちろんよろしくないのです。それに比べれば、骨董をいじっている先生は立派ではないですが、まあまあですかね。

5　自分の考えを抵抗のある所へ突き出して、それを突破する

これらは学問の話ですが、皆さん方にしても、自分の考えを抵抗のある所へ突き出して、それを突破する。あるいは抵抗を突破出来るように、自分の考えをもっと強くするとか、深めるとかする。それが正しい。そのことはお分かりになるでしょう。それが今で言えば、総合なのです。

総合というと、何だか格好がいいよ。いろいろなものが入っているし、現実の問題にも繋がりがあるし魅力的だなあ。という虫のいい考えでいたのでは、真の総合なんていうものは成り立たないです。非常に

苦しいものなのです、総合というのは。そうでしょう。音楽の先生があり、美術の先生があり、いろいろな世界があるのです。美術の世界だけだったら、皆が自然に認めてくれるのです。そこへ、音楽の先生が入ってきて、ちょっとおかしいぞとなると大変です。何も分からない者が、ということになります。でも、美というものを追究するのであれば、音楽だって、美術だって、あるいは文学だって、ある意味では同じでしょう。そういうものがいろいろ入ってきて、評価し合うということになってきたら、なかなかややこしいです。でも、それこそが総合の立場なのです。

そんなことをすると面倒だから、秩序を守っていたい。研究会でも、音楽の場合は音楽の先生が、絵の先生は美術の研究会、数学の会は数学の先生だけというようにして分野を守ってきた。専門家が言うことだから認めましょう、で成り立っているのです。総合というのはそうさせないのですから、大変なのです。それを文部省がやれといっているのです。

これに対して、私は大賛成なのです。しかし、それをやるのは大変なことです。人間の感覚から変えてこなくては駄目だ、というのが私の考えです。というのは、総合的な学習をと今言っている人は、皆分析的というか、閉鎖的というのか、閉じこもった考えの中で総合と言っているのだから、いったい何が出て来るでしょうかね。

6 教師が、自分達の生活感覚をまず変える

私は、日本人は総合をもっと好きにならなくてはいけないと思います。好きにならないから、今の民主

主義だって、いい加減になってしまっているのです。形だけ、多数決をとればよいようになっているのです。総合の立場でいくと、単なる多数決は成り立たないのです。どういう少数意見があるか、ということが重大になってくるのです。

分析的な立場で単純に考えるから、一票でも多くあれば勝つということになります。我々は教室だけでなく、家庭でもまた近所の人と付き合うにしても、あるいは趣味の会に入っていろいろおやりになるにしても、総合的感覚というものを発揮していかねばなりません。今までは分析的感覚しかないから、派閥が出来てくるのです。お花だって何流というのがありますね。でも、それは、美を追究しているというのは同じだから、こちらの家元も、あちらの家元も出てきて、フランクに突き合わせることですね。平素はそういうことをやると、ひどい勢力争いになるでしょうね。大騒ぎするのがいいというのではないけれども、そういう壁を破らなければ、みんなが家元を中心に、極めて封建的なところに閉じこもって平気でいるじゃないですか。それで、どうして、美を追究していることになるのでしょう。

何も混合さえすれば、いいというのではないのです。今の学校の秩序を見ても、大体、総合的でないのです。総合学習が入ってきたけれども、それは仮装みたいなものですよ。総合学習が本当にやれるように、学校を改革しましょう。いや、教師自身を改革しましょう。これを先行させなければ、総合学習は絵に書いた餅になってしまいますね。これから、十年は苦労をして、分析的なのを好む感覚を、総合を好きになるように変えていくことが必要です。そうでなくては、総合的な学習はできませんよ。

でも、総合学習を苦労してやりながら、そうした感覚を造っていくことも出来ると私は思いますが、物真似は絶対に止めるようにしなければなりません。これだけは、考えておかないといけません。どうも上滑りというか、空振りになっていると思います。

くり返しますが、総合学習を本気でやろうというならば、自分達の生活感覚をまず変える。学校の秩序を分析的でなく、総合的にするということです。それが先行しなければいけません。

2 個性的であればこそ、総合が生きる

1 その子特有の世界を教師が大事にし、追究する

このことは先にも言いましたが、総合というのはただ寄せ集めるのでなくて、必然性を持って繋がってこなければいけないのですが、その必然性の根底にあるのは、やはり人間なのです。総理大臣の必要だけで総合をされては困るのです。どんな力を持った人がいてこのように総合をしろと言ったって、それはその人のものだから、いくらみんなに真似をしろと言ってもできないのです。結局、学校の仕組み・秩序を変えると言いましたけれども、それは、子ども一人一人を大事にするということなのです。

みんなが総合学習を言っていますが、一人一人の子どもの個性的な在り方を研究することをやっていないのですね。一人一人の子どもの人間性をどこかへ放り出しておいて、ただ総合の旗を振っているのでしょう。それでは、中味がないのです。

文部省は、子どもの主体性を重んじるようにと言いました。そのことは正しいのですが、言われたから

といって簡単にいくわけではないのです。でも、総合を出してきたことには意味があります。一人一人の子どもは総合的存在なのですから。どうも日本人は、子どもに対して割り切ってしまうのです。この子は真面目な子だとか、成績のよい子だとか、この子はどうも問題があるぞとか、割り切って捉えるのです。これが一番総合的でないのです。心理テストなど、いろいろな調べをするとデータが出てきます。でも、それは分析的データですから、それをその子なりにまとめていかなければいけないのです。人間には、テストなどしても分からないことがたくさんあります。その子特有の世界があるのです。これを先生が大事にして追究していかなければ、総合学習など有り得ないのです。

それをやっていないということは、何を考えているかですね。架空、空にふわふわ浮いているような「総合的」を考えているのかと言いたいですね。一方では、個性尊重などを言っているのに。個性というのは総合的なものなのです。そういう大事なポイントを置き忘れてしまって、誰もが総合学習に夢中になっているというのは悲しいというか、悲劇的ですね。

2　総合は、人間の基本

だから、本当に総合学習を考えるのであれば、子どもをどういうふうに追究していくかですね。ただ、子どものことを調査して、あれこれ言っているようでは総合にはなりません。その子特有の総合性があるのです。繋がり方があるのです。素晴らしい絵が描けても、素晴らしいピアノが弾けても、そのことがその人間の中でどういう意味を持っているかですね。これは、プロになれるぞ。素晴らしい賞を得て。というのはそれは手掛かりであり、結果に過ぎないのです。その音楽が、その美術が、その人間の中でどういうように働いているのか。生活の方も入ってくるでしょうが、そうでなくて、まずものの考え方ですね。絵の中に狭くとじ込めても、どうにもなりません。長い美術の歴史の中には、いろいろなものが出てきていますね。それは、その時の社会とか、人間とかに関わりを持っています。他のものでも同じことがいえます。何も社会に迎合するというわけではないのです。むしろ反発していいけれども、そのことが社会を生かしているのです。そういうものと断絶して物事を捉えてきたから、どうにもならないマイナスが重なってきたと思われます。

独断的な立場で自画自賛をしていれば、一種の美がそこにあるかも知れませんが、ある意味では有害であるかも知れないのです。何も、道徳的で、社会秩序に貢献するものがいいというのではないのです。むしろ私はそれ一辺倒に反対なのですが、ものをもっと違う立場から広く見ることが出来ることこそ、本当の意味で優れているということなのです。一つの立場だけを固守しているというのには、限界があるのです。

広く見るというのは、その中味に後世のことまで入れたっていいのですが、現在の世の中でも世の中に迎合するのでなくて、世の中自体の中に自主的に自由に自分を入れ込んでいく。そのことは、どうしてもほしいのです。これが総合なのです。

総合というのは、難しいけれどもとても大事なものなのです。それが人間の基本なのですから。それだけ重大なことをやろうとしているのです。ちょっと、カリキュラムの中に置きましょうというような安直なやり方は悲しいです。

3　社会科は、地理と歴史と公民（倫理）が一つになった、まさに総合

社会科というのは戦後できたのですが、これは、昔の地理と歴史とそれから公民（倫理）が一つになって出来たということになっています。これはまさに総合なのです。それは単に合わせせられて同居してやりましょうというのではなくて、くっついて離れないような、始めから繋がっているようなところで、教科を考えようとしたわけですから、これは総合だったのです。でも、この総合としての社会科は、その後、日本の社会自体に受け入れられなかったのです。だから、中学校・高校の社会科で分かるように、みんな分かれているのです。高校では、日本史、世界史で選択になっていますね。選択が悪いというのではないけれど、日本史と世界史が、切っても切れないような立場で展開されていくというのでなければ、生きた日本人の教育ではないですよ。ところが、「これもあれもやっておきましょう式」です。これは受験の準備です。

本当に自然に繋がった状態を、日本人は、本来は、自分の正面に置くことが出来た民族だと思うのですが、西洋のものを追いかけ始めてから忙しくなったのか、みんな切り刻んで細かく分けて、しかもそこに閉じこもってやっている。だから、外国から笑われるようなことになっています。学会の発表はというと、本当に狭いところを、何百年も前の外国の学説の一部分だけを、あれこれ取り上げて発表するのです。すると、普通の人はやらないところに手をつけたというので、評価されるのです。ところが、現在の問題を取り上げて追究するということになると、これは皆が、何だ彼は今のことしか出来ないのかというようなことで、一生懸命にやっても評価してもらえないのです。それは常識的に考えると、まことにおかしなこ

とでしょう。

ところが、学問という世界に屈折させると、その役に立たないものが堂々とまかり通っているのです。そして、現在の人間の生き方に密着した大事なことを取り上げても、そんなことは分かっているぞと片付けられてしまうのです。実に悪い癖ですね。これは、総合がないからなのです。

4　自分の責任でものを考えていこうとすれば、総合をせざるを得ない

総合学習は、本当にできれば素晴らしいです。人間のものの見方・感覚が変ってくるのですから。こういうことこそ、我々は目指すべきです。十年かかってもいいじゃないですか。ところが二〇〇二年どころか、もっと早く前倒しでやれというのでしょう。何を考えているのかな。総合は不要だとか、駄目だとかを言っているのではないのです。総合というのは大事なことなのだから、しっかり心構えをして、本気になってやらねばいけないと真剣に言う人がいないが残念なのです。

「なぜ、やるんですか」と言えば、「文部省が、教育委員会がやれと言うからやるんです。それに何かちょっとよさそうではないの」という答えしか返ってこないのです。日本の国は今、駄目になってきていますね。

私は、自分で言うのはおかしいけれど、辛口のというのか、世の中に迎合しないような考えを出したくなってきている。元はそうではなかったと思いますがね。社会科が出来た頃は、私も文部省にいて、そうしたことを推進したのですが、文部省はそれから全く反対の方向に変ってしまいました。ずうっと分析的

立場ばかりを押しつけてきました。それがまた、世界情勢が変ったので方向転換をして、問題解決学習や総合をやれと言っているのです。だから、形の上では結構なことなのですが、本音はどうなのかですね。総合というのは、昭和二十二年から今までいじめられてきた立場なのです。いじめたのはもちろん、政治とか、それらに迎合する閉鎖的な学者たちなのだけれども、一般の人たちにも責任があります。総合的な感覚で生きてこなかったのですから。今、改めて総合にいこうとするのは、「よし」としなければいけないけれども、本気ですか、出来ますか、分かっているのですかという問いは、どうしても出さざるを得ないです。

確かに総合は難しいですが、人間にとっては当たり前のことなのです。子どもたちも大人も同じですが、自分の責任においてものを考えていこうとすれば、総合をせざるを得ないのです。「あ、教科書のあそこにあったからこれでいきますよ。責任は私ではありませんよ。教科書に書いてあったからですよ」ということでいい社会ができるでしょうか。教科書に書いてあることを引用するのは結構です。でも、それはあくまで自分の責任においてやるべきでしょう。

湾岸戦争の時に、ある総理大臣が、そういうことは教科書に出ていなかったと言われたのが有名です。あまりにも正直ですよね。これは、教科書で教えられなかったから、私は今考えられないということでしょう。これで、物事が解決出来るでしょうか。これは、総合が全く欠けているからです。教科書にあったから覚えています。なかったから覚えられませんでした。それで重大な問題が解いていけると思うことが怖いですね。

だけど、従来は、教科書にあることを覚えて、点数が取れて、有名大学に入れて、素晴らしい官庁に入れたわけです。教科書が人間にとって、非常に大事なものであったのです。今、文部省は、そうは言わないでしょう。総合というのは、人間が自分に責任を負うということなのです。自分に引きつけて、納得出来るようにしていくのが総合なのです。そういう学習を、どう推進できるかということです。

5　子どもの学習する力が身に付けば、先生が予想したものと展開が異なる

総合の年間計画を早く作れと校長さんが要求しているということを聞きましたが、総合学習の年間計画なんか出来ることはないのです。出来たとすれば、それは嘘の計画なのです。考えるのはよい。二学期にはこんなことをやろう、三学期にはこのような展開にしようと考えることはよいのです。でも、それは、紙に書いて張り出すものではないでしょう。当然展開が変りますからね。子どもの総合的能力というか、今言ったような能力を身に付けてこなければ、総合をやった甲斐がないのです。そして、学習する力が身に付いてくれれば、先生が予想したものと展開が異なってくるのです。もっと、はっきり言えば、先生の頭だって変らなくてはならないのです。今、先生が総合学習の年間計画を作成しても、一週間もすれば変ってくるのです。年間計画が次つぎ破棄されてこそ、立派に総合的学習が実践されていることになります。

一般的に考え方が平板というか、悪い意味での分析的であるのですね。それでやっていけるという感覚、それを学校から追放していただきたいです。こういう話をできるのは、こうした会だけなのです。たいていの所では、こういうようにやれば立派ですよ、日本人は素晴らしくなりますよ、それで拍手喝さいですよ。それで安心するというのが現状です。

計画を立てることはいいですよ。でも、それにとらわれずに変えればいいのです。変らなければおかしいというだけの話なのです。無理に計画をしてそうしなければいけないと思い込むことの方が、嘘なのですから。その嘘をやらなければいいのです。

6 体力も人柄も、いろんなものが人間の中にバランスよく個性的に生きていてこそ、いろんな問題を解決していける

総合をやるということは、人間に「生きる力」を付けるということなのです。文部省も、中教審も「生きる力」をといっていますが、総合と結んで何の説明もないのです。「生きる力」については、前にここで話したと思いますが、生活力といえば、また違うでしょう。知的な力がないのは生活力がないといえるけれども、優等生だって生活力があるかと言われると、必ずしもそうではありません。生活力というのは、あまりいい意味に使わなくて、少々ずるいこともやるとか、人を裏切ったりするとか、そういうこともないと生活出来ないとする見方もありますね。

そんなに逞しいものではないのですが、食うためには、生きるためには、世の中のために働くには、ただ杓子定規にしていればよいというのではないのだから、非常にダイナミックでデリケートですね。「生きる力」はそういうことを含んでいるのに、文部省も、中教審も、説明をしないのです。

問題解決だってそうなのです。頭がよければ問題解決が出来るかといえば、そうはいきません。体力も必要です。人柄も大事です。そういういろんなものが人間の中にバランスよく個性的に生きていてこそ、

いろんな問題を解決していけるのです。教科書のままの答案を書くのでしたら、覚えていればいいのでしょうが、先生のいう通りに忠実にしていればいいのかも知れませんが、問題解決というのは生きているのですからそうはいかない。これは総合でもあるのです。問題解決学習をしっかりやっていけば、総合学習になるという考えがありますけど、これは間違いではありません。

けれども、問題解決学習の捉え方が問題なのです。私がいつも言う、裸になって格好を付けずにやろうとすれば、これは道はちゃんとあります。先に、坂本さんが出された子どもの俳句。あれ、やはり子どもは大人の俳句の真似をするとか、新聞か何かで読んだのをちょっと持ってくるとか、それはそれでしかたないのですが、本当に自由に自分を出し切っているかどうか。それが問題なのです。大人もやはりそこへ行ければよいのです。そしたら、総合が出来るのです。系統的にやるのでは、覚えていないと駄目ですよ。テストに出ますからね。小さな違いでも、点数はくれません。例えば、明治維新は西暦で言えば何年か、正確でなくては正答になりません。江戸の中頃で十分なものを、何年と明記しないと点数にならない。でも、事件は何年何月何日の筈なのに、何年だけが点数の対象になるのはおかしいですね。問題を出す側の勝手ですね。勝手な分析の立場です。確実に覚えていないといけない。では、その年に西洋ではとなるとそれは関係がない。それは世界史であって、日本史のことではないと言うのです。実に勝手に決めていることなのです。

生きてる歴史は、東も西も関わりがあるのです。これが総合なのです。「こんなことが起こった。それならば、遠い世界で起こったあれは、その少し前だったのだな」と見ていくのが歴史なのですね。しかし、そういうのは、受験には向きません。そのあたりを直していかなければいけないのです。それが総合を重視するということなのです。でも、誰もそんなことを言わない。一体、何をやるのでしょうね。

7 子どもが持っている個性的世界を、親も教師も追究しなくては

子どもについても、概括というか、レッテルを張って先生の思い込みで決めていくでしょう。その子自身の特有の世界が、全く目に入ってこないのです。親子だってそうです。子どものことが分からないと言いますね。人間ですから分からないのが当たり前です。あの子はどういう世界を持っているだろうかという捉え方をしないと、人間としての価値あるものは見えないのです。今の段階としてのあの子は、親のいう事をただ聞いているようではむしろ心配だよ、反抗しても無理ないよと見ることもあるでしょう。むやみに反抗しては心配ですが、要するに、子どもが持っている個性的世界を、親も教師も追究しなくてはなりません。

とにかく抽象的な枠組みの上で、教科書のことをよく記憶しなさいよ、ではどうにもなりませんね。この子には、これを知らせた方がいいとか、知らせてはいけないとか、そういう配慮がなければなりませんね。医者だって、病気の告知をする時は考えるはずですよね。そこで、その医者の人間性とか、生き方の深さが分かるのです。

親も教師も、子どもが持っている悩み・喜びの世界にノータッチであれば、崩壊しない方がおかしいです。総合は、こうした世界を打開しようとするのです。今、片方で学級・学校崩壊があり、片方で総合があるのです。これを、どう関連付けるのですかね。文部省も、もちろん崩壊現象は好ましくないと言って

いますが、本気で総合をやっていけば崩壊は全くなくなる、とはっきり言い切らなくては困ります。こうしたあたりが、教育界だけでなく、日本の社会の問題点でもあると思います。ようするに、官僚的なのです。印を押してください。印がなければ駄目なのですよ。でも、その印を押した人が、本当に責任を持って検討しているのではないのです。形式的なのです。この通路を通りなさい、総合という道を通りなさい。そういうだけで、そこにどんな問題があるか、従来の考え方でやれるかどうか。それを考えることは全くないのです。

学校の方でも、今までの学校の在り方を変えていかなければ、総合は成り立たないのです。文部省は個性尊重を打ち出してきていますが、今までの学校からすれば、個性をどう評価できますか。どう点を付けますか。今までと、考えを変えていかなければならないはずです。

8 親や教師が期待するもの、その裏を追究する

入学試験は点数の多さで決めて、片方では個性尊重を言っています。個性尊重であれば、教科書のことを覚えてテストで点を取るようなことを、一概にほめるわけにはいきませんね。その子なりに、どういうふうに問題にぶつかったのか。その結果はどうなってきたか。それを問題にすべきであって、隣りの子と答案を並べて見るようなことはできないのです。しかしそれに対しては、誰も話を出さないのです。せいぜい個性尊重といえば、評価は難しいですね、どうしたものでしょうかという程度です。個性尊重の評価をやってみましょうという人は、誰もいないのです。学者にだっていないのです。

だから、その意味では、現場の先生は、無理難題を押しつけられているのです。文部省は、関心の強い弱いで評価しろと言い出すかも知れません。世の中には、そういう線で、でっちあげて売りに出しているところもあるらしいのですが。意欲の評価は、何で測るのでしょうね。関心だって、いろいろな関心があります。問題は、先生が好ましいと思っていることについての関心の動きよりも、親や教師が関心を持っては困ると思って方向へ向かう関心が重大だということです。好ましくないことに関心を持つのは、いいと言っているのではないけれども、そこへ関心がいくのが当たり前なのです。

要は、その関心が子どもの中でどういう生き方をするのかということ。その働きによって、その子全体が生き生きしてくるということが重要なのです。親や教師が期待する関心に向かうのはいいように見えるけれども、必ず裏が出てきます。その裏を追究しなくてはいけません。都合のいい所だけを見て、二重丸・三重丸ではね。そのために起きる暗い面を捨てているというのでは、人間をよく見ることにはなりません。人間というのは総合的なものですから。

3 生きている人間のあり方をこそ大切に

1 都合の悪いものを相手にしなければ、人間は発展しない

悪に強い者は、善にも強いとは簡単に言えないでしょうが、ある面においてはそういうことも有り得る

のです。ですから、親や教師にとって好都合な子どもの状態というのは、決して安心できる状態ではありません。そういうことを問題にしなければ個性を尊重することにならないのに、全く気づいていないのです。いや、先生方の頭の中には、実はいくらか入っていると思うのですが、そんなことは通知表に書くわけにはいかず、親にも言えずですね。

都合の悪いことを避けるという精神が、日本の教育をこんなふうにして来たのですから、都合の悪いものに先ずぶつかろう、という生き方が大切ですね。先生が、あえてそうすれば、子どももそれが出来るようになりますから。都合の悪いものを相手にしなければ、人間は発展しないのです。どうも、日本の教師はそこが弱いと思います。それは、世間は、ことなかれで先生らしく格好よくしていればよい、先生が火中の栗を拾うようなことをやればおかしいよ、目立ちたがり屋じゃないかと思われるのです。でも、思われてもいいですよ。人間の真実なのだから。総合というのは、そういうことをせざるを得ないようにすることなのです。そう考えると、昭和二十二年の社会科は私などが作ったのですが、当時は総合でしたよ。そのために五十五年体制の間、本当にひどい目に遭って来たと思いますよ。それだけ、総合というもので苦しんできました。でも、人間である以上は、いくら苦しくても総合は捨てられません。分析の立場へ逃げ込んで「後は知らない。私の責任じゃありませんよ」と言っているのでは、人間として、なんとしてもおかしい。社会も腐ってくるのです。だから、もし都合の悪いことにぶつかれば、それは総合であると考えていいのです。自分が楽なようになれば、それは総合でなくなっているのです。

2　具合の悪いいやなことに耐えていると、苦しみが楽しみになる

そういうことを、それぞれにいつも確かめてくださることが大事であって、不思議なことに、具合の悪いいやなことに耐えていると、それによって苦しみが楽しみになり、楽になってくるのです。それは何も学校でやらなくてもいいのです。我々は生きている間、絶えずどこででもできるのですから。楽しみに転換せずにいないこの苦しみ、それを持って学校で子どもに向かってくだされば、そんなに苦しいことにはならないのです。子どもたちもまた、総合というのは当たり前だということが分かってきます。子どもたちが本当に総合が好きになってくれれば、いじめなんて起こりようがないのです。そういう意味で、総合は実に大事な鍵なのですが、その大切な鍵を使いそこなっては困ります。

今、日本の教育が総合を言い出したのは遅すぎますが、でも、またとないチャンスであるのです。今、総合は大義名分なのです。今、総合をやると文句を言わない。今までは総合をやると文句を言われました。そんなことをしていては入試は通らないと。学校の秩序が乱れると。そう言われてたのですよ。

3　紙屑を捨うためだけに、学校へきているのではない

この間、社会科の初志をつらぬく会の集会があり、その時にちょっと話したのですが、紙屑が校庭に落ちているというのは良くないですね。先生方だったら子どもが拾うように指導するでしょうね。だけどそれにまつわって、非常に心配なことが起こっているように思うのです。外国人は日本へきて、日本は清潔

だと言ってくれますよね。割合ゴミが落ちてないと言います。それはうれしいですよね。でも、本当にうれしいかです。

私が学校へ行って授業を見る時、校長先生が案内してくれます。その時、廊下にたまたま紙屑が落ちている時があるのです。また、靴箱から靴がはみ出ていたりします。その時、校長先生がすぐ紙層を捨ってしまう。すばやくです。それは、あるはずでないのにあったということです。紙屑が落ちていたのは、まぼろしなのだとする考えです。でも、落ちていたのは事実であり、それを何とかしなければならなかったのです。

それがまた、別の校長先生ですと、捨わないで、苦々しい顔をして、こんなことは今までになかったことだと言うのです。あるべからざることなのだと言うのです。しかし、私がおもしろいと思ったのは、紙屑が落ちていても、平気でいる校長さんもいることです。そんな細かいことにはこだわらない、ということでしょうが。そうではなくて、当たり前ですよという顔をしているのです。落ちていて当然だ、というのですね。そんな校長さんのいる学校は、いいですよ。

大急ぎで捨ったり、腹を立てたりする校長さんの学校ほど、授業もお粗末な場合が多いのです。授業に個性がないのです。どの教室も、個性が感じ取れないのです。そして、生気も感じられにくいのです。紙屑が落ちている。でも、平然といく。すると、生き生きしたものが感じられる。どうしてそうなのか分からないが、事実そうなのです。もちろん、紙層が落ちていることはいいとは言えません。でも、紙屑を捨うためだけに学校へきているのではないのです。子どもたちには、もっと大事なことがあるのです。今日はみんなの前で発表するんだと、朝御飯も落ち着いて食べていられない。学校へ駆け付けて、教室へ走り込む。靴も横向いたままということは、十分有り得るのです。

4　靴を飛ばし、紙屑を落としても、一生懸命に発表する子どもって人間らしい

慌てていたのでポケットに入れたものが落ちた。靴を飛ばしてきても、紙屑を落としてきても、一生懸命になって発表をやる子どもって可愛いじゃないですか。人間らしいじゃないですか。靴をきちんと並べてこい、落としたのは拾ってきれいにしてこい、無条件にそう求める先生は、奥行きある人間じゃないですよ。

そう考えると、学校にゴミが落ちているということは実は当たり前であって、人間が生きているという証拠、一生懸命にやっているという証拠なのです。だから、むしろ当然だと思っていいでしょうね。私はどこかで聞いたのですが、ある大きな学校の校長先生の経営が素晴らしくて、一年間に一枚のガラスも割れていないというのです。これは表彰ものだと指導主事が言ったということですが、おかしいですよね。千人もの子どもがいて、一年間にガラスが一枚も割れないというのは。本気で生きているのか、と問いたいですね。

ガラスを割ることは好ましいことではないけれども、人間がちゃんと生きていれば必ずそれにまつわってそうしたことが起こってくるのです。起こらないというのは異常であって、生気が乏しいのではないかと思いますね。紙屑だって、人間が多ければ、そして生き生きと動いていれば、落ちているのが当然なのです。もちろん、通常は落ちていれば拾うでしょうが、拾う間がなかったり、他のことに気を取られてい

てついほっておくことだって有り得るのです。紙屑が一つも落ちてないことは立派だとは、絶対に考えるべきではないと思いますね。ときたま落ちていたって、何の支障があるのですか。

もっといえば、一片の紙屑であってもどうして落とされたのか。いい加減で、だらしない生き方をしていて落とされたものであれば、不都合です。でも、一生懸命に生きている人間が、ふとあやまって落としたのであれば、紙屑も本望だと思います。その紙層は、今度どう拾われるか。拾われるべくして拾われれば、紙屑も幸せであると思います。ただ、命令のもとに拾われるのは、紙屑も生き甲斐は乏しいと思いますよ。

どの一片の紙屑にも生命があって、ただ、そこにあるのではないのです。そこには歴史があるのです。そういうことに対する理解力・感覚を持っていない管理職は、資格がないと思いますね。教師だって同じ。子どもだって同じです。落ちていれば拾えばいい。落とさないようにしましょう。そのことは間違ってはいないですが、それだけでは人間が希薄じゃないですか。そういう希薄なところに、責任を持った人間が生きているだろうか。私は疑問だと思います。

5　先生の思い通りになれば、そこにいるのは死んだ子ども

私は、今までに何千校訪れたか分かりません。それで、校長室から教室へいく途中で、大体のことは分かるようになりましたね。紙屑が落ちているような学校は、おもしろいですよ。もう随分前ですが、道徳で有名な学校があって、すごいのです。廊下を歩くのでも、しずしずと歩いていました。紙屑なんてもの

は全くないのです。校長さんは、それを得意そうに説明してくれました。廊下を歩いていると変な箱があるのですが、それは投書箱だったのです。何年何組の○○がこういう歩き方をした。○○が紙屑を落とした。○○が大声を出した。そういうことを見聞きすれば、すぐに投書箱に書いて入れるようになっているのですね。それを校長さんが全部見るのです。そして注意を与えるのです。

こうしていれば、学校は整然となる。得々とそう説明してくれるのです。私は、何とお答えしてよいか難しかったです。本当に、生きた心地がないような子どもたちでした。それが、道徳の有名な指定校なのです。

三十人の子どもが一クラスにいれば、二、三人は先生に反抗したり、眠っていたりして、先生に都合の悪いようでなければ、生きた社会ではないと思いますね。そうならなければ、先生も生きてないということです。すべて、先生の思い通りになれば、そこにいるのはもう死んだ子どもです。このことは、すべてに当てはめられます。長に対しても、部下の何%かは言うことを聞かない。これは当たり前なのです。それでいいのです。それを相互に話し合い、説得し合っていくことが大事なのです。初めから、ただ「ハイ、ハイ」と言って、長が命じなければ何をしていいか分からないのは最悪ですね。だから、やや雑然としているというような中に美しさがあるのです。人間が生きているのです。総合というのは、そういう姿なのです。

6　教師も守りの姿勢ではなく、攻めていかなくては

環境問題も福祉問題も結構ですが、それをやっていれば総合ですというのでは困ります。子どもたちから生まれるべくして生まれた問題が、発展していくところが大事なものなのです。そのために、子どもが死んでいては駄目なのです。生きているということは、突っ掛かるということです。教師や親に突っ掛かることなのです。突っ張ればいいというのではないけれども、何でも「ハイ、ハイ」では本気を出してやれと言いたくなります。教師は教室に入った時に、今日はどういうハプニングがあるかな、どういう突っ張りがくるかなと期待を持って、それを手掛かりにして、今日の授業を進めようとするのが当たり前なのです。静かで、自分の言う通りになびいてくるような相手では、授業をする価値がないのです。そういう当たり前のことに教師が目を開けば、子どもは違ってくるのです。

だから、教師も守りの姿勢ではなく、攻めていかなくてはなりません。攻めるためには、先生は権力を捨てて裸になることです。「あの先生は内申書に変なことは絶対に書かないよ」という信頼があって初めて、子どもと人間らしい関係を持つことができるのです。だからといって、子どもは、先生を馬鹿にするようには絶対にならないと思います。

内申に変なことを書かれるからおとなしくしているのが中学生の多くなのでしょうが、それは、教師を人間として信用していないことなのです。このあたりのことは誰でも分かる事です。世の中には綺麗好きというのがあるけれど、あまり綺麗好きが過ぎると困りますね。人の家を尋ねると、障子のさんなどを指でなぜてみるのです。どうも感じが悪い。少々障子の桟に埃が付いていても、医者にかからなくてはなら

んということはない。やはり異常に潔癖で、特別な理由もないのに、朝子どもが遅刻するのが分かっているのにシャワーを浴びさせ、身体をきれいにさせている親があるらしいです。こういうのは、直さなくてはなりません。少々汚いのがいいんだとね。いくらかはばい菌がなければ、我々は生きられないということです。汚いのがいいというわけではないのですが、ばい菌なんかはいつも付いているのです。その中で我々は抵抗力を育ててきているのです。これも、総合の問題なのです。綺麗に掃除機をかけてばかりいるというのは、これは分析の立場なのです。それもいいんだけれども、いつも掃除機と心中しているわけにはいかないのです。少々汚れていても、ある程度綺麗になれば、それで我慢しなければいけないのです。

そういうあたりのことを自分で判断出来るようになると、総合が身に付いてくるのです。話がご期待のことと違ったかも知れませんが、私は、今こういうことを言いたくて仕方がないのに、人にはあまり聞いてもらえません。都合がよくないのか、言っていることがよくないのか分かりませんが、私は、総合のための戦いで四十年以上苦しんできましたので、少しは言わせてもらう権利があると思っているのです。

これは、世の中がその方向へ動いていないということかも知れません。非常に恐いですね。要するに、その場、その場を楽に、格好よく、非難がないようにいけばよいとする考え方が定着しているとすれば、これは総合だけの問題ではない。これからの子どもたちは危ないです。ぜひ考えてほしいと私は思っています。

◆質問に答えて◆

①「生きる要求を核として展開されるのが総合学習なのだ」という先生のお話がありましたが、その「生きるための要求を核として」というのは、「子どもが生きるための要求」なのでしょうか。「自分の生き方を考える」ということなのでしょうか。

総合では、人間としての子どもを核にしなければならないということは、表面的というか、簡単に出てくるような問題（関心）、そういうものを一つ一つ取り上げてやる、という意味ではないのです。最初はそういう段階があると思います。自分なりの問題を感じられる子もいるけれども、まだそうなっていない子もいますから、育てながらいかなければいけません。実は、育てるというよりも、子どもは自分の問題をそれなりに自分で持っていると思いますが、それを学校では出さない、先生には言えない、友達にも言えない、あの子だけは言えるというふうになっていることがあるのです。プライベートなことを言うべきかどうかということもありますが、まず周囲とか学校を恐れないようにすることが必要なのです。

「何かないか」と言っても出てこないのは、そういう心配があるからです。それをまず取り除くということなのです。そして、そこで出てきた無邪気な問題でも、それをたぐりながら、話し合いながら、本来向かっていくべき問題に発展させてやることが必要なのです。言葉も、子どもっぽいものであっても、それについていろいろ教え込むのではなく、「こう言った方がよく分かるよ」と助言し、育てていくことです。そうしたプロセスを経て、本人が納得するような問題に導いていくのです。だから、何十人もの子どもの問題を一つずつやるというのではなくて、子どもに、「そうか、それならばこれで考えてみたい」と思えるような動かし方をするのが大事なのです。それには、多少暇がかかっても、子どもをだんだんと高めていくのです。これは、引っ張り上げるということではないのです。

こうしたことがないと、子どもの納得を得て、指導が意味あるものになっていくことはないと思います。これは、焦っても駄目なのです。

② 教務を担当しているのですが、県教委に「研修は総合的学習で何をするか。」「○○の学校では総合的学習の年間カリキュラムを立てている。新しい教育課程を教委へ出しなさい。」などと言われています。子どもの視点が全く抜けているのですが、総合の計画を立てないと学校は動き出さない。

しかし、計画は机上の上滑り。低・中・高で、子どもたちの考えている事や、興味・関心を中心にした計画みたいなものを立てたいと思って着手したのですが、情緒的なものばかりになって、「○○君は学級の中で疎外されていてかわいそうだ。」、「○○さんの家はかわいそうだ。」というような感情的なものばかり出てきています。

計画を立てる上でのアドバイスをお願いします。

1　みんなが認める計画、学校として誉めてもらえるような計画

計画を立てるという場合には、それぞれの子どものことなど無視して立てる場合が多いのです。教師の

方から、教育的といえば格好がいいけれども、都合のいいものが並んでくるだけなのです。子どもに即したものにすれば、幼稚そうなものが出てくるでしょうね。

そうしたところまで下げていって計画を立てなければ、あまり意味がないでしょう。いつも子どもに帰って、子どもから出発するというのが総合の基本ですから、それを忘れてはいけません。ただし、子どもは二〜三か月もあれば、相当成長させることができます。それは、知識が増えるというのではなくて、人間として、確かさを持ってくるのです。

例えば、初めはただお母さんに対して文句を言った。しかし、次は、これはお母さんではなく、お父さんに言うべきだと。いやこれは、お父さん・お母さんだけではいけないな。というように、だんだん気が付いてくるのです。その子どもの要求というものが成長してくるのです。そういうことを含んで考えないと、うまくいかないと思います。

だから、環境問題というのはいいですけれど、ただ環境問題といって出してもどうにもならない。すぐにゴミって言うのです。ゴミはいい問題ですが、手近かにあるっていうことですね。でも、うっかりすると、視野の狭い学習になってしまう心配があります。場所の違いによって、ゴミを焼くことはどうだろう。山村であれば焼いてもいいのではないか。ダイオキシンが出ても、少しならいいのではないか。だけど、町であれば大変だよ。とか、子ども自身が問題を広げていけるようにしていくことが大事なのです。

それがなくて、ただ子どもの問題を取り上げればいいと言ってみても、問題は出てこないでしょう。出てきても、それは全く本音でない、発展性のないものになる恐れがあります。子どもを核にしていかねばいけませんが、先生に都合のいい子どもを考えてもだめだし、子どもの今ある次元の生のものをそのまま出せばいいというのでもないのです。これは面倒なようですが、教育というものは、本来そんなものではないでしょうか。少しずつ学習の次元が高まっていくわけです。専門性が高まるのではなくて、人間としての子どもが成熟してくるのです。そこで当然、そこに出てくる要求・問題も高まってくるのです。そういうことに、先生の目が向いてほしいです。

そうすれば、子どもが生きてくるのです。計画を立てないと進まないのは、何事でもそうなのですが、学校の場合は、特に自分勝手にやっているのではないよ、公認されたものを掲げてもらって、それに従ってやっていこうということでしょうね。だから、みんなが認める計画、学校として誉めてもらえるような計画をやっていくことにしたいということだと思います。これは総合だけではないと思います。

ところが、その先生とその子どもたちがいる集団なのですから、そこでやる計画というのは、実は当然隣りのクラスと違っていなくてはならない筈です。いろんな先生がいるのに、何で同じことをやるのだということになりますよね。でも、そういうことは感じないというのが現実なのですね。これは大切なポイントです。

2　計画を一区切りやったら、そこで徹底的に検討する

私が一番大事に思うことは、計画を立てている場合、計画を一区切りやったらそこで徹底的に検討をするということです。計画通りにいってないかどうか。もし計画通りうまくいったならば、それは真実は空振りです。いい加減な程度でやっているのです。本当にやったら、そこまで分かってない子、異なった考

えの子が必ずいたでしょう。それをどうするの。それをそのままにして、次の計画に移れない。このことを徹底的に吟味しなければなりません。

するると、計画は最初の段階で食い違いを起こしてきます。そして、次の計画も、根本から立て直さねばならないということになってきます。計画に従ってきちんきちんとやるというのは、子どもも先生も、人間ではないということになってしまいます。そうならないですむのは、教育とはこんなものだ、子どもはついてくればよいのだという考えがあるからです。それを破るならば、計画はいやでも立て直しになります。今月の計画通りにやれば、赤字でどうにもならない。来月の予定も、これでやっていけない。そうなれば変更せざるを得ませんね。今月の赤字はそのままにして、来月も赤字を抱えるようにするとなれば、どうなりますか。自分の家庭の生活から考えても明らかですね。

だから、実感として考えてみても、計画というのは、一つ実施すればそこでこれでいいかどうかを検討することがなければなりません。そうでなければ、日本の教員は、お役所の人みたいになるのではないでしょうか。計画を立てたならば、それが一区切りしたところで、徹底的に検討をするようにしてください。すると、この子はどうしてついてこないのか。この子の考えをもっと知る必要がある。次はこの子が生きる計画に変えていかねばならないなどが、どうしても出てくるのです。そういうやり方をしないで、ずぼらなやり方をしているから、年次計画を立てたくなってしまうのです。

それは、題目だけをならべて、何も守っていく気がないのです。自分達が、それによって都合よく守られるということです。こういうことは、学校だけではなく、日本の社会全体がそういうくせを持っているのです。計画は、その通りにいかないのは当然です。その時にあきらめないで、徹底的に検討する。いくらやっても、細かいところまで出つくすことはないでしょうが、重大な矛盾が見えてくるのです。その発見のためにこそ、計画があるのです。計画を立ててやるということで、不備なところが出てくる。それで、またやり直せる。そのために計画しているのです。このことは、自分の生活を反省すれば、誰だって分かることなのです。元旦に立てた計画を年末まで、その通りに守っていけるという人がいますか。そんなこと、出来るはずがないのです。

計画通りにいかないと、計画が悪い。立てた人が悪いと言いますが、そうではなく、計画が変化するということは、人間が素晴らしいという証拠なのです。指導主事なども、今日の授業は良さそうだけれども、授業案通りなっていないと批評しますね。なってないところが、素晴らしいのです。計画通りに動ける人間っていないのです。私がよく言う「計画は破られるためにある」ということですね。破られるから、次の計画は良くなる。また破られるから更に良くなる。ということになります。

③ 教科学習と総合学習の関連を、どう考えていけばよいのでしょうか。

1 子ども全体が総合学習によって動く

教科と総合ということですが、今は総合というのをどこへ置くかとか、社会科の問題解決とどう関わらせるかとか、私はそれは外回りのことだと思うのです。先生方にとっては大事なことかも知れませんが、はっきり言って、それはどこにあってもいいんじゃないかということなのです。

総合学習と看板を掲げてやっても、中身が総合でなければどうにもなりませんよね。「私の学校は、総合をやるだけのセンスが育っていないので先に延ばします」という校長さんがいるのですが、立派ですね。今やらなくても、毎日の指導の中で子どもを中心に教育していれば、一・二年先には立派に総合の出来る力が育ってくるのではないでしょうか。

総合が考えられると、音楽であれ、体育であれ、図工であれ、従来の授業と違ってこなければおかしいのです。子どもは一人の人間ですから、総合の時間だけ違った人間で、後は元と同じというのはおかしいことですね。とても感動した本を読んだということがあれば、その子どもの生活全般に影響を与えるでしょう。算数は、理科は、関係がありませんよ、と果たして言えるかどうかですね。教科の内容からいって、総合と遠いもの近いものというのはあるかも知れませんが、子ども全体が総合学習によって動くのですから、教科の学習もそれに応じてくることになります。

応じるというのは、総合学習のまがいみたいなものを各教科でやれというのではなくて、今まで通りのカリキュラムで学習していても、味が違ってくるということです。目のある先生なら、それが見抜けるでしょう。そこで、総合学習の効果が出ているかどうか、自分で判定できるのです。

総合学習は、まあまあやっているけれども、ほかのところは、今までと全く同じであるとか。もっと言えば、片方は時間が減ってダウンしたとか。それだけのことであれば、総合学習はというのは見掛け倒しです。要するに、目指すべきものは、人間を総合的にしていくということであって、総合学習を格好良くやるということではないのです。そうなってくると、うちは総合学習をやりませんと言ってもおかしくないのです。

あるところで、この教科を総合学習でやってみようというのが出てくるかも知れませんね。むろん格好だけ見せるのでは駄目ですが、子どもに本格的に総合というものが生きてくれれば、自然に他の教科も違ってくるのだから、そういう意識で教科を動かしてみるというのはおもしろいかも知れません。いろんなものが出てきていいのではないでしょうか。

2　子どもたちが生き生きとし、個性的な総合性を持った人間になるように

文部省は恥じているべきことですが、昔「道徳」を始めた時に、時間割りにあるかどうかを調べて、月曜の第一時限にあるとお気に入ったのですね。特設道徳では、みんなの抵抗にあってやりづらかったので、調べて歩いた。そういう馬鹿な話もあるんですが、今は、総合学習という看板が掲げられているかどうかの調査をすると思えませんがね。教育委員会はどうでしょうね。

看板になくても、学校教育全般に染み渡っているやり方がありますからね。そういう感覚でやろうとしなければいけないでしょう。形態は自由に考えたらいいのです。それを今は、どうすれば良いかの形だけを論じているのです。仕事をするために食事をするのではなくて、ただどういう店に入れば格好がよいかということを話し合っているだけなのです。そういう滑稽なことは、やらない方がいいですね。

その地域に幾つかの学校があれば、みんなそれぞれ異なったやり方をしているというようになりたいですね。果たして、そうなりうるでしょうかね。ちょっと横を向いて、カンニングをするということばかりをやっていては困りものです。人のやっているようなことはやれないと、腹をくってやったらどうで

しょうか。そうすると、教科と総合学習の関係は千差万別になり、非常に楽しいものになると思います。そういう話は夢のようなものなのか。でも、やればやれますよね。好きにやればよいのですから。隣りを見ないで、この学校の教科と総合学習の関係はこんなに考えていると言えばいいのです。ろくに考えてないのはちょっと困ります。何もやらないで威張っているのは、なんともおかしいですがね。

「こういうようにやれば効果的ですよ」というのが出てくるでしょうが、それはもう少し先でいいんじゃないでしょうか。数年が経過してからでいいんじゃないでしょうか。二〇〇二年から実施ですから、二〇〇五〜六年迄は千差万別。好き勝手にやるのがいいのではないかと私は思っているのです。残念ながら、教委とか、校長会、〇〇主任会あたりが、抵抗すると思われますが。

総合が自由にやれるということで、日本では初めて、学校の教師の自由でやれるということが出てくるのです。だから、絶対、物真似は止めていただきたいと思います。実際、子どもたちが生き生きとし、個性的な総合性を持った人間になってくればいいのです。そのために総合学習をやるのだといっているのですが、今、言ったようなやり方はできるのでしょうか不安です。総合という言葉だけが遊んでいては困ります。

3　日本の教師も大胆不敵に

ここで日本の教師は、大胆不敵になってもらいたいと思います。二十一世紀はそうでないと、とてもやりきれないのではないでしょうか。お上の言うのに従わないと秩序が乱れるというのは、実はあべこべで、先生自体主体性が持てないから、学級崩壊が起こってきたのです。子どもに、自由に先生にぶつかってこいということが言えれば、学級崩壊は起こってこなかったでしょう。どうして自由にぶつかってこいと言えないのかというと、そこには管理体制があったり、校内の仕組みの問題があったりして、先生が自由に指導力を発揮することができないのです。

私のところで、かってのゼミの学生だった人の話ですが、その人の友達のご主人がリストラで首になった。妻子を抱えてどうにもならない。その子どもが、学校で先生に呼び出されて、態度が悪いと文句を言われたらしいのです。親にも言ってきたようです。その先生は、親から見ても立派にやっているとはとても思えない。いい加減で、自分のことしか考えていない。それだのに、学級が悪いのは子どものせいだ、親の家庭教育が悪いのだと子どもに文句を言う。我々は失業をしている。だから、子どもだって勉強に身が入らない。あの先生はけしからん。そう話したと言うのです。

とにかく、そうした世界はあるのです。教師は高給取りではないのですが、仕事がなくて生活の不安定な中で子どもを育てている者の悩みは、今の教師に分かるかと言われるのです。あまりにも保護され過ぎているぞというのが、その人たちの言い分なのです。

その言い分が正しいかどうかは別として、現実をしっかり見て、一生懸命に取り組んでいるかどうかということは、総合をいい加減にしていこうとしていないかどうかです。

総合学習をやるならば、先生も裸になって、自分の弱点をさらけ出して取り組まなくては。そうすれば、今話したリストラにあった親も、納得するかも知れないですね。

こういうことは少し言い過ぎのことですが、今は失業率も高いし、職のない人の子どもの生活が今どうなっているか。子どもの心がどうなっているか。教師にビンビン響いてくるのが当たり前なのです。総合学習は、こうした子どもの姿を正面から受け止めなければできないものです。

4　もっと子どもたちに心配させる

教師もつらい立場にあります。いろいろな親がいますから。だから決して、のうのうとしているわけではないのですが、自分をさらけ出さないで、綺麗事だけでやれるという感覚だけは捨てなくてはいけません。そうなれば、総合の年次計画なんか言っている時期ではないですね。そういうことを言っているのは、考え方が甘すぎますね。もっと突き詰めた問題なのです。何か、日本人全体が今、直面しているようなものですね。何かが飛んで来るかもしれない。だからそれ武器を作れ、軍隊を何とかせよと言い出す。そんなことで済む問題ではないですね。そんなことしたら、もっともっと不幸になるかも知れないのですよ。そういう事態に我々は対決しているのです。

だから、それだけの緊張感を、教師も子どもたちも持つべきですね。何回も言いましたことの結論になりますけれども、もっと子どもたちに心配させなくてはいけません。親の言うことを聞かないくせに、何かあると親が助けてくれるという、甘い考え方があるのです。そうでなくて、親にも文句を言いなさい。反抗もしたらいいじゃないですか。そのかわり、何でも都合よくやってもらえるということはないんだ、という認識はもってほしいです。

それは、親を恐れ距離をとるというのではなくて、親を人間として、子どもがきちんと認めるということなのです。もちろん、親も子どもを人間として認めなくてはいけないのは当然ですよ。そういうことがなければ、親にとって子どもは道具みたいなものになるし、子どもにとってもまた親は道具になってしまうのです。道具というのは、都合のいい時だけ使うが、後は知りませんよということでしょう。

5　総合的見地で物事を捉え、責任を負っていく教育を

そういうことを無くすために、総合的見地で物事を捉え、責任を負っていくということをやらなくてはいけないのです。そこから出発すると、教科と総合学習の関係も、総合学習の年次計画も、姿が変ってくると思います。そういう意味で、総合というのは非常におもしろいと思います。私は、ずっと総合にこだわってきたのですが、すごく腹が立ちましたよ。今のような、生っちょろいものとして考えてもらいたくないと思います。これは老人のぼやきかも知れませんが。

実際は難しいですよ。でも、やりようはいくらもあるのです。先程の計画の問題も、どんどん立てればいいのです。ただ、立てっ放しをしてはいけないのです。後始末さえやれば十分に役に立つのです。他のとこへ見に行くのもいいですよ。しかし、その結果はどうかということを、追い詰めていかなければならない。そういう粘り強さ、根気、しつこさがほしいですね。

それがないと、何をやっても抜けてしまうのです。底抜けにならないようにしなくてはというのが、私の考えです。

総合がうまくいっているかどうかは、なかなか分からないのです。やはり子どもを見て、子どもの中に総合がどう生きて動いているかを見る以外に視点はないと思います。今までのような系統学習では、内容

を覚えているか、このテクニックが出来るかどうかで見られますが、総合はそういうわけにはいかないのです。子どもを見て、この子の場合はこうなっている。この子はこう考えている。こう行動している。これはどうかと、見る以外にないのです。

今までは、子どもを見ているのではなく、子どもの中に知識の断片があるかどうかしか見てなかったのです。子どもを全体的に見るということに、日本の教師は慣れてないのです。そのことから、先ずやっていかねばなりません。そうすると、総合学習というものに意味があるようになっていくでしょう。そんなに難しいことではない。先生の視点を子どもに向けていくということなのです。それが総合学習を成り立たせるのです。

そんな面倒なことを言わないで、環境問題も入った、国際理解のこれも入った、○○のこれも入れた。だからいいでしょうと言う。それではね。デパートのショーウインドーを見て、満足しているというのと同じことです。やっぱり自分の相手である子どもを、どこまでもよく見るということです。本当は、もうどんどんそうなってくると楽しみにしていたのですが。どうもまだ、視線が宙に迷って、子どもの方へいっていないようです。とにかく、人間を深く見ればいいので、人間の研究が大事ですね。小説でもいいし、ドラマでもいいから、それを見て話し合うということですね。その捉え方はおもしろいとか、おかしいぞとかいうようなことを言い合っていれば、人間を見る目が育ってくるのです。これが教師の武器になります。それをやれば、自然に総合になってきます。

それをやらないで、教材のかけらを大事にして、それの並べ方ばかりを言っているので総合が壊れてくるのです。あえて言えば、教師に人間好きになってもらいたいと思います。

あとがき

この講演会は、元奈良育英小学校の岡埜元江先生が、私たち近畿の先生方が問題解決学習について考える機会を持つために、上田薫先生にお願いして下さり実現しました。

上田先生には、私たちのつたない実践を聞いていただき、その実践を受け、お話いただきました。そして、時間を割いて、私たちの質問に丁寧にお答えいただきました。

岡埜先生は、「上田先生にはご苦労をおかけしたが、大変、いいご講演だった。丁寧に話していただき、問題解決学習についても、大切なことがよく分かるお話だった。何かの形で出版しましょう。」と上田先生に校正をお願いし、出版へ向けて話し合っていました。しかし、岡埜先生が急に体調を崩され、出版の計画が、今まで途切れてしまっていました。

内容は問題解決学習全般についてで、上田先生は優しい言葉で、何度も身近な例を引きながら、解かりやすくお話いただきました。私たちは、その言葉に希望と勇気をいただき、また気持ちを新たにし、次の日からの学校での教育実践に向かっていくことができました。

今こそ、過酷な現実に立ち向かっている先生方に、この講演集を読んでいただきたいと思い、出版に向け取り組みました。

今回、上田先生の講演を編集する中で、私自身も、問題解決学習について、より深く学ぶことが出来ました。特に、私自身の生き方について、多くの示唆と励ましをいただきました。

出版に当たり、上田先生には、新たに「はじめに」の部分に執筆のご苦労をおかけしました。また、最初にテープ起こしをして下さった和歌山の溝端祥浩先生。ご助言など、編集に全面的にご協力いただいた大阪樟蔭女子大学名誉教授の川合春路先生。これらの方々のご尽力無しには、この講演集をみなさんにお届けすることは出来きませんでした。

本当に、ありがとうございました。

「長いページに、小見出し無しでは読みにくいのではないか。」というご助言もいただき、文中の言葉を基に、小見出しを付けました。お読みくださるみなさんの、お役に立てば幸いです。

今は、上田先生の丹誠込めたお話しをみなさんに読んでいただけることのうれしさと、私たち奈良の教育に携わる者に、ご助言・ご支援いただいた岡埜先生との約束を果たせた安堵感でいっぱいです。

みなさまが本書をお読みになった読後の感想等がございましたら、短くても結構です。日本文教出版社へお送り下さい。お待ちしています。

最後に、編集に根気よく、親身になってご協力いただいた日本文教出版株式会社の上田了介様、小林央和様、株式会社ユニックスの岡森恭子様にお礼を述べ、終わりの言葉とさせていただきます。

中川義三

二〇一五年八月

●講演者・編者紹介

上田　薫（うえだ　かおる）

1920年生まれ。京都大学文学部哲学科卒。学徒出陣、その後見習士官として中国へ。

帰国後、文部省に勤務。

1947(昭和22)年に小学校学習指導要領(社会科の創設)、1951(昭和26)年に第２次の学習指導要領と「道徳教育のための手引要綱」を作成。

その後、名古屋大学教授、東京教育大学教授、立教大学教授、都留文科大学学長、信濃教育研究所所長等を務める。

著作
『上田薫著作集』（全15巻）　黎明書房
『人間の生きている授業』　黎明書房
『未来にいかなる光を－重さと柔らかさを培う』　黎明書房
『子どもの中に人間を見よ』　国土社
『よみがえれ教師の魅力と迫力』　玉川大学出版部
『人が人に教えるとは－２１世紀はあなたに変革を求める』　医学書院
『沈まざる未来を－人間と教育の論に詩と句「冬雲」を加えて』　春風社
『林間抄残光』　黎明書房　　他多数

中川　義三（なかがわ　よしぞう）

1956年生まれ。奈良教育大学専攻科卒。卒業後、奈良県生駒市立生駒小学校に勤務。

昭和61年度全国小学校社会科研究協議会奈良大会にて、重松鷹泰氏、上田薫氏の教育論に出会う。

元奈良育英小学校・岡埜元江氏と共に、本講演会を企画。奈良県内の小学校の教諭、教頭、天理市教育委員会を経て、現在奈良県天理市立福住中学校校長。

上田　薫　講演集　「今、何をなすべきか」

2015年(平成27年)8月1日　初版発行

編　　者　中川　義三
発 行 者　佐々木秀樹
発 行 所　日本文教出版 株式会社
　　http://www.nichibun-g.co.jp/
　　大阪本社　大阪市住吉区南住吉４-７-５　TEL：06-6692-1261
　　東京本社　東京都中野区新井１-２-６　TEL：03-3389-4611

印刷・製本　株式会社ユニックス

ISBN978-4-536-60087-3　Printed in Japan